LE DÉNI DES CULTURES

Du même auteur

La Civilité à l'épreuve
Crime et sentiment d'insécurité
PUF, 1995

De l'affrontement à l'esquive
Violence, délinquances et usages de drogues
Syros, 2001

Demandes de sécurité
France, Europe, États-Unis
La République des Idées/Seuil, 2003

Les Adolescents, le sexe et l'amour
Itinéraires contrastés
Pocket, 2003

Émeutes urbaines et protestations : une singularité française
(avec Marco Oberti)
Presses de Sciences Po, 2006

HUGUES LAGRANGE

LE DÉNI DES CULTURES

ÉDITIONS DU SEUIL
*25, boulevard Romain-Rolland, Paris XIVe*

J'adresse mes remerciements à Suzanne Cagliéro,
Luc-Henry Choquet, François Dubet, Marie Duru-Bellat,
Renaud Epstein, Marie Gibard, Danielle Herlido, Mathieu Ichou,
Igor Martinache, Thierry Pech, Khady Sarr, Jean Schmitz,
et à mes collègues de l'OSC.

ISBN 978-2-02-101477-8

www.seuil.com

Table

INTRODUCTION

La mondialisation bouleverse les sociétés. Elle s'accompagne de changements techno-économiques majeurs que l'on assimile souvent à la modernité tout court. Elle se traduit au niveau global par l'accélération de la production et des échanges, la réduction des distances, l'emprise croissante des systèmes experts (automatismes, logiciels), le désencastrement du temps et de l'espace (le téléphone cellulaire et l'Internet multiplient les interactions en dehors du face-à-face). Des règles impersonnelles et une justice procédurale tendent à remplacer les anciennes allégeances et la coutume. Le destin social des individus est moins immédiatement lié à leur origine que par le passé. Mais les rythmes de ces changements divergent. Et ces divergences créent dans chaque société des chocs d'une telle intensité qu'ils suscitent des contre-réactions puissantes.

Certains observateurs affirment que cette modernisation s'engage sur un chemin unique, que les résistances sont des exceptions ou de simples retards (Emmanuel Todd, Philippe Fargues). D'autres, considérant l'opposition entre modernité et tradition comme contestable et ethnocentrique, ne veulent pas voir l'unité des changements et récusent l'idée même de modernité (Achille Mbembe, Jean-Loup Amselle pour l'Afrique, Partha Chatterjee en Inde, Gilberto Velho au Brésil). Pourtant, si la modernité japonaise diffère de l'américaine et de l'européenne, on peut admettre, je crois, l'existence d'une accélération globale de la modernisation tout en reconnaissant la pluralité des voies et des rythmes qui y conduisent.

Cette modernisation techno-économique rapide est marquée, dans les pays occidentaux aussi bien que dans les pays émergents, par un découplage entre : 1) l'intégration des marchés, 2) l'unification politique et institutionnelle, 3) l'évolution des briques de base de la société : famille, communautés et religion. L'articulation des transformations techno-économiques, culturelles et politiques est toujours difficile, mais singulièrement dans la période actuelle.

En Europe, cette modernisation ne s'est accompagnée ni de l'érosion de l'État-nation ni d'une intégration des nations dans une véritable entité politique. De nouveaux États ont émergé de l'ancienne Union soviétique (Biélorussie, Moldavie, Ukraine, républiques baltes). Malgré l'élargissement de l'Union européenne (UE), la fragmentation est allée croissante entre les États membres et en leur sein. La République tchèque et la République slovaque se sont séparées, plusieurs États ont émergé des décombres de l'ex-Yougoslavie. La Belgique est sur le point de se dédoubler et les tendances irrédentistes sont puissantes au Royaume-Uni (Écosse et pays de Galles), en Espagne (Catalogne, Pays basque), en Italie (Piémont), en Autriche (Tyrol, Carinthie), en Roumanie (Transylvanie). Le seul contre-exemple significatif est l'Allemagne. La dynamique d'unification des nations engagée aux XIXe et XXe siècles, intégrant des groupes différents au sein d'ensembles plus vastes politiquement articulés, s'est – provisoirement ? – arrêtée. L'état de l'UE, qui peine à constituer une réalité politique, est un bon indice de cet enlisement institutionnel depuis les années 1990. Les États membres renâclent à abandonner leurs prérogatives et recherchent une meilleure protection de leurs intérêts étroitement compris.

Parallèlement à cette fragmentation politique, on observe une élévation des inégalités au Nord. En 1830, les métropoles des empires coloniaux étaient très clivées : les classes étaient nettement marquées, les ouvriers et paysans se distinguaient et s'opposaient radicalement aux bourgeois. De 1830 à 1960, une part croissante des inégalités de ressources dans le monde était venue d'une inégalité entre les pays. Et, au moins dans les pays riches, on avait assisté à une diminution des inégalités internes. Ainsi, l'écart de revenu par tête entre l'Afrique et l'Europe était de 1 à 3 en 1830, contre 1 à 14 en 1960. Les inégalités dans le monde séparent alors essentiellement les pays riches et les pays pauvres. Depuis 1960, les inégalités au sein des pays riches tendent à augmenter, légèrement en Europe continentale, plus sensiblement dans le monde anglo-saxon. Parallèlement, dans les grands pays émergents – Brésil, Chine, Inde, Russie –, les inégalités se sont élevées mais simultanément l'écart de richesse avec les pays les plus développés s'est réduit. Aujourd'hui, les pays les plus développés sont plus inégalitaires et disposent surtout d'un moindre avantage relatif sur les autres, l'Afrique exceptée. Au Nord, la globalisation érode singulièrement les positions des classes populaires autochtones : ce sont elles qui sont les plus menacées par cette formidable redistribution des cartes à l'échelle de la planète. Dans les pays européens, elles ont longtemps bénéficié des États-providence les plus généreux. Le système d'assurances sociales, après la Seconde Guerre mondiale, a contribué à former des sociétés plus égales, constituant des ensembles unifiés par une histoire commune et définis par une assez forte similitude de conditions de vie. Si la demande de main-d'œuvre faiblement qualifiée s'est réduite au milieu des années 1970, entraînant l'interruption de l'immigration de travail, une immigration liée à la différence de richesse s'est poursuivie dans les années 1980 et 1990, à un rythme variable selon les pays. Les migrations vers les villes d'Europe continentale viennent alors principalement des régions rurales de l'Afrique et de la Turquie, tandis qu'un fort contingent asiatique se dirige vers le Royaume-Uni. Aujourd'hui, les couches populaires autochtones, menacées par le chômage, la précarisation de leurs statuts, la baisse de leurs revenus et de leurs retraites, manifestent une colère visant, entre autres, les migrants du Sud qui sont pris comme boucs émissaires et subissent de plein fouet, à travers les réactions xénophobes, ce *backlash* politique. En Europe, le choc de la globalisation s'est manifesté par la montée des politiques identitaires, la fermeture des frontières, le développement d'une idéologie sécuritaire. On a assisté au cours des dernières décennies à une élévation de la xénophobie et à un développement des mouvements populistes d'extrême droite. La ségrégation des quartiers s'est accrue en même temps que se développaient une polarisation des mœurs et un affaiblissement de la mixité dans les lieux publics.

Dans leur ensemble, les sociétés occidentales ont vu s'amorcer au cours des trois dernières décennies un reflux de la liberté mettant un point d'arrêt au mouvement de sécularisation. Cette involution morale en Occident est entrée en résonance avec le tournant conservateur et la re-traditionalisation des mœurs dans les pays que Sophie Bessis[1] appelle l'arc arabo-musulman et, par extension, dans les pays d'origine des migrants – Afrique, Asie centrale. Le retour de bâton politique et moral dans beaucoup de pays d'Orient a touché les formes familiales, les relations entre les sexes, les usages de l'espace public, atteignant l'ensemble de la sphère pré-politique pour paraphraser Hannah Arendt.

En Europe, rétrécissant la sphère publique, altérant les canaux et les institutions censés socialiser les nouveaux venus, ce retour de bâton stimule des conflits qui ont d'autres causes, également déterminantes. Les émeutes urbaines, la délinquance, les suicides, la séparation des sexes se diffusent dans de nombreux quartiers situés à la périphérie des grandes villes. Ces phénomènes qui impliquent spécifiquement les jeunes sont, selon moi, les symptômes d'une nouvelle question sociale qui n'a pas été envisagée dans toutes ses dimensions. Face aux dérives de la jeunesse, on a souvent insisté en France, à juste titre, sur les effets du chômage et de la réduction de la proportion des hommes actifs dans les quartiers sensibles. Là sont en effet réunies des conditions économiques et sociales comparables à celles qui ont conduit aux dérives connues dans les ghettos urbains d'Amérique du Nord : le chômage massif et sélectif s'est territorialisé et ethnicisé, les taux d'activité ont diminué, la dépendance de la population aux transferts sociaux s'est élevée. Depuis trente ans, cette situation n'a pas été fondamentalement modifiée.

Pour s'expliquer les dérives persistantes des quartiers, au-delà de la prise en compte – plus fréquente à gauche qu'à droite – des conditions économiques et sociales, deux types d'interprétation complémentaires ont été avancés en France. La première prétend que ces zones seraient le théâtre d'une désorganisation des familles et d'une altération des solidarités, alimentées par

1. *L'Occident et les autres*, Paris, La Découverte, 2003.

des politiques d'assistance sociale trop généreuses : une crise de l'autorité paternelle, un laxisme éducatif, un manque d'intérêt pour l'école y seraient courants. Plus ou moins ouvertement, on suggère que les transferts sociaux apportant un soutien aux mères isolées et des revenus de substitution aux ménages les plus démunis favorisent une perte d'exigence et un affaiblissement des valeurs du travail. On insinue, voire on affirme qu'ils contribuent à produire des parents qui n'exercent plus leur rôle d'adultes sur les enfants.

La seconde interprétation stigmatise le repli sur soi des migrants venus notamment d'Afrique et de Turquie. Elle met en avant le danger de dérives communautaristes où elle voit les ferments d'une contestation du droit commun et des valeurs républicaines [1]. Ces quartiers seraient peu à peu gagnés par des mœurs et des traditions venues d'ailleurs et jugées incompatibles avec les principes fondamentaux des sociétés occidentales. S'exprimerait ainsi, aux yeux des autochtones, un intolérable refus d'intégration : les populations immigrées ou issues de l'immigration seraient, au fond, coupables de ne pas « s'arracher » à leurs cultures d'origine, de souscrire aux injonctions supposées de coutumes et de pratiques radicalement contraires aux normes élémentaires de la société d'accueil.

Ces deux interprétations cohabitent parfois dans les mêmes discours alors qu'elles sont à bien des égards antinomiques : dissolution des mœurs et de l'autorité traditionnelle d'un côté, retour de la tradition et de certaines formes d'autoritarisme patriarcal de l'autre ; pas assez de valeurs dans le premier cas, trop (et surtout pas les bonnes…) dans le second ; pathologies d'une modernité rétive à imposer une autorité structurante sur les plus jeunes ici, refus de plus en plus catégorique de la modernité là. Quoi de commun, au final, entre la thèse d'un déclin moral et celle d'une radicalisation culturelle ?

1. Ce que ne font ni les Américains ni les Anglais. Du moins jusqu'aux émeutes des Midlands en 2005, qui ont marqué une inflexion des politiques au Royaume-Uni. Cf. Romain Garbaye, « Crossing Paths ? The British and French experiences with racial and ethnic diversity since 9/11 », *International Conference on Multiculturalism and its Discontents*, CARTSS, University of Colorado, Boulder, 23-25 avril 2007.

À rebours de la première interprétation, ma conviction est que les dérives des quartiers d'immigration ont des ressorts qui, au-delà des difficultés socio-économiques, puisent dans un excès d'autorité ainsi que dans un déficit d'autonomie des femmes et des adolescents. Dans les quartiers, ce n'est pas tant un délitement du lien social entretenu par un phénomène de « désaffiliation » qui fait problème, qu'une forme de « suraffiliation » des individus à des liens locaux et à diverses formes d'emprises familiales. Qu'on le veuille ou non, ces difficultés ont aussi à voir avec des questions culturelles.

Est-ce à dire qu'il faudrait embrasser la seconde interprétation ? Je ne le pense pas non plus. La thèse du retour à la tradition s'avère également défaillante, car elle tend à essentialiser la culture d'origine : conçue comme un monolithe de représentations et de croyances en exil, celle-ci se voit alors doter de traits et d'orientations invariables qui dicteraient aux individus leurs conduites et leurs choix et les rendraient inaccessibles au pacte républicain. Or, s'il y a bel et bien aujourd'hui, dans les quartiers d'immigration, un problème culturel, celui-ci résulte moins d'un irrédentisme des cultures d'origine que des normes et des valeurs nées de leur confrontation avec les sociétés d'accueil. Ce sont les conditions de l'expérience migratoire, cette rencontre complexe et souvent douloureuse, tissée de conflits et de frustrations, qui engendrent une grande partie des difficultés.

Pour comprendre la nouvelle conflictualité sociale, qui implique non seulement les quartiers pauvres et immigrés mais aussi les autres segments de la société, il faut s'intéresser de près aux courants migratoires, aux cultures, aux structures familiales. Ce sont précisément les pays d'Afrique, appauvris dans les décennies 1980-1990, qui ont nourri les migrations vers l'Europe et notamment vers la France. La ségrégation urbaine joue également un rôle majeur. Le reflux de l'idéal de solidarité et de la capacité d'intégration politique a ouvert une période de tensions, qui a fait ressurgir une question urbaine qu'on avait soigneusement enfouie. En prenant pour référence les ghettos nord-américains, auxquels nos cités HLM ne se comparent ni par la taille ni par le degré de ségrégation, on a longtemps cherché à récuser, en même temps que la qualification de ghetto, l'existence de processus d'ethnicisation qui ne touchent certes qu'une fraction limitée des quartiers de nos villes. La prise de distance avec les migrants a des conséquences négatives en termes de réussite scolaire mais elle crée aussi le sentiment d'une citoyenneté de second ordre. Les émeutes urbaines et les déviances ont donc surtout mobilisé les enfants des grandes familles isolées par la ségrégation urbaine. Et, à l'intérieur de cet ensemble, elles ont d'abord impliqué des adolescents masculins qui cumulent plus de difficultés scolaires que les filles. Ces réalités sont l'expression d'arrangements familiaux et de rapports entre les sexes qui tranchent radicalement avec l'évolution des mœurs en Europe amorcée, du nord au sud, au lendemain de la guerre.

Faute de tenir compte de ces questions, les pouvoirs publics apportent des réponses à la fois globales et craintives. Obligés de donner des gages à une opinion publique inquiète, ils oscillent entre l'affirmation d'une indifférence de principe à la confession, à la couleur de la peau et à la culture d'origine, et des actions ostentatoires pour refouler les « nouveaux barbares » venus du Sud. Cette occultation a été largement partagée en France par la droite et la gauche. On n'envisage pas de lire les phénomènes sociaux en référence à l'origine culturelle. On ne le *peut* pas, ajoutera-t-on, la statistique publique rechignant à tenir compte de ces paramètres. Or cet obstacle à son tour est un produit de notre histoire : sans y prendre garde, on a étendu un principe – tout ce qui relève des choix subjectifs ne saurait apparaître dans les statistiques publiques – à l'ensemble de ses conséquences objectives, comme, par exemple, le fait de donner une éducation confessionnelle à ses enfants. On a ainsi glissé du respect des consciences individuelles et des préférences privées à la dissimulation des faits sociaux. Des éléments aussi déterminants que la langue maternelle, la confession dans laquelle on a été élevé, le lieu de naissance des ascendants n'existent pas ou bien ont été éliminés des données publiques[1]. De fait, les aspects objectifs

1. Le lieu de naissance des parents a été enregistré puis éliminé des recensements, et rien de systématique n'est accessible sur une base territoriale fine.

essentiels qui situent un individu dans une culture, qui façonnent sa socialisation et une partie de son rapport au monde, sont délibérément ignorés. Nous sommes condamnés à faire la sociologie de la nation telle qu'elle voudrait être et non telle qu'elle est. Aussi les politiques publiques qui s'attachent à traiter la question des banlieues ont-elles ceci en commun qu'elles ne disent pas à qui elles s'adressent. Les « chômeurs », les « jeunes en difficulté » n'ont d'autre identité, dans les rapports publics, que le déficit par lequel on les caractérise. Au total, la neutralité affichée est moins égalitaire et universaliste qu'aveugle aux différences et aux besoins de ces familles.

Cette occultation des différences de valeurs n'est pas neutre : au contraire, elle renforce l'hostilité et favorise la ségrégation. Chez les classes moyennes, antiracistes en paroles, elle encourage des pratiques inavouées de contournement de l'esprit républicain dont les dérogations à la carte scolaire sont peut-être le témoignage le plus criant. Dans les classes populaires autochtones, elle entretient une xénophobie déjà alimentée par les difficultés économiques : elles ne comprennent pas cet « excès de sollicitude » envers des gens qui trichent parfois avec le système de protection sociale et ont des mœurs que beaucoup réprouvent en privé. Au total, il n'est ni honnête ni finalement efficace de faire comme si nous portions tous les mêmes valeurs, comme si nous souscrivions tous aux mêmes principes, alors que nous avons des modes de vie distincts, des conceptions différentes des rapports entre les sexes et entre les générations, et que nous nous faisons une idée variable de l'autorité et de la liberté.

Les raisons du refus de considérer la dimension culturelle des questions sociales sont d'abord idéologiques et politiques. Ceux qui tentent de résister à ce consensus sont vite soupçonnés de complaisance à l'égard du discours raciste, d'infraction aux valeurs républicaines ou encore d'indulgence relativiste. Bref, qui parle « culture » ou « origines ethniques » s'expose à des accusations de droite comme de gauche. Du coup, cohabitent le silence gêné de ceux qui n'osent pas aborder ces sujets, et les simplifications bruyantes des briseurs de tabous professionnels qui ne craignent pas, eux, de s'emparer du terrain abandonné par les premiers.

Ce « déni des cultures » n'est pas seulement le fait de l'opinion courante et du débat public. Il touche également la recherche académique et le monde savant. Les tropismes de la tradition sociologique hexagonale, en particulier, poussent à écarter ou à contourner ces catégories. Et, là encore, faute de reconnaître la dimension culturelle des enjeux d'une société postnationale, nous nous trompons souvent sur leur nature, leurs ressorts et les remèdes qui pourraient y être apportés.

Les conséquences de ce refus sont nombreuses.

1) On parle souvent de *l'*immigration au singulier là où il y a *des* itinéraires et *des* contextes historiques très divers. Les différences entre les personnes et les familles venues du Maghreb, d'Afrique sahélienne, des pays qui bordent le golfe de Guinée ou de Turquie, pourtant déterminantes, sont gommées. Du coup, on cible mal les réponses. Par exemple, on reste dans une logique d'assistance sociale tournée vers les familles défaites, abîmées par l'alcool ou les drogues, alors même qu'à la différence de ce qui se passe dans le « quart-monde » d'origine européenne, la plupart des familles sahéliennes ou turques ne connaissent pas ces difficultés : contrairement aux idées reçues, elles forment le plus souvent des foyers unis, ce qui ne les empêche pas de connaître des taux de délinquance et d'échec scolaire plus élevés que la moyenne. Plus largement, faute de distinguer entre ces diverses expériences, on ne voit pas que les quartiers sensibles sont aujourd'hui marqués par des problématiques propres aux migrations récentes d'Afrique subsaharienne, posant des questions différentes de celles que soulèvent les familles d'origine maghrébine.

2) On laisse le champ libre à diverses formes d'essentialisation rapides de l'origine culturelle, qui favorisent le rejet populaire. On ne veut pas reconnaître qu'il existe des conflits normatifs et que la meilleure réponse à y apporter n'est pas le déni. Prenant pour contre-référence les ghettos nord-américains, avec lesquels nos cités HLM n'ont que peu de points communs, on récuse d'un même élan l'existence de processus d'ethnicisation, qui certes ne touchent qu'une fraction limitée des quartiers de nos villes, mais affectent beaucoup plus largement les rapports sociaux.

3) On nourrit une crise de confiance entre les migrants et les institutions. Faute d'avoir construit un tel rapport de confiance, on est conduit, pour décrire les dérives d'une fraction de la population jeune issue de l'immigration africaine, à utiliser une terrible langue de bois et à parler par euphémismes. Cette incapacité à dire clairement les problèmes qu'elle pose et à reconnaître les tares qui sont les nôtres se retourne en marque de mépris.

4) Le rejet dont ces populations sont victimes est le corollaire de notre incapacité à porter des jugements sur les mœurs qui se développent dans les quartiers. Au cours des dernières décennies, ils ont été gagnés par une involution morale. Il ne s'agit pas de l'acceptabilité des croyances mais de leur affichage. Un des aspects nouveaux de l'islam dans les quartiers est la dé-privatisation des pratiques et des marques de religiosité. Particulièrement dans un pays comme la France où le religieux a été étroitement confiné à la sphère privée et aux lieux de culte, cela constitue un bouleversement. Pour ne pas accroître le malaise, on s'interdit d'interroger les mœurs qui prévalent dans les quartiers, le processus diffus de séparation des sexes dans l'espace public, de réduction des libertés des femmes et des filles, d'abandon en pratique d'un idéal de mixité et d'égalité entre les sexes. Ce sont pourtant là les témoignages de la diffusion de mœurs néopatriarcales et d'une religiosité étroite.

Ces tensions entre les quartiers et le courant central de la société française, et cette dualisation des mœurs sont préoccupantes. Appellent-elles une réponse autoritaire, fondée sur une ignorance délibérée du fossé culturel ? Selon moi, l'action publique ne doit pas renoncer à mettre en œuvre des politiques d'intégration. Mais elle doit considérer la diversité des cultures qui cohabitent sur notre territoire comme un point de départ incontournable. L'objectif de ce livre n'est pas de susciter de nouvelles polémiques ni d'aiguiser les différends culturels, mais d'objectiver un certain nombre de faits et de mobiliser des outils d'analyse pour sortir à la foi du déni et des instrumentalisations idéologiques. Il s'agit en somme de mieux comprendre ce qui arrive à nos sociétés en reconnaissant qu'elles sont confrontées à une question culturelle dans les quartiers sensibles. Ces difficultés ne se réduisent pas aux contraintes et aux blocages qui viennent des institutions et elles ne se ramènent pas non plus à la question, au demeurant importante, de la discrimination des minorités visibles : elles plongent également leurs racines dans les fonctionnements sociaux, les configurations familiales, les tensions et les conflits qui résultent des dynamiques à l'œuvre au sein de la société civile, notamment en raison des migrations récentes. Or, considérer l'origine culturelle et les parcours migratoires comme des déterminants importants de la situation présente, c'est bouleverser le récit habituel, aussi bien sociologique que politique, de nos difficultés.

Après quelques hésitations, j'ai adopté les termes d'*origine culturelle* ou *ethnoculturelle* pour désigner les différences qui renvoient, selon des configurations variables, à la région de naissance des parents des interviewés, à la langue parlée, aux modèles familiaux [1]... La querelle du « sémantiquement correct » bat son plein. Le mot *race* est une abomination. C'est en son nom que des holocaustes ont eu lieu. Son funeste destin emporte avec lui des mots comme *ethnie* ou *ethnicité* qui n'ont pas su se démarquer d'une résonance biologique, qu'ils charrient de manière d'autant plus honteuse qu'ils prétendent l'euphémiser. Dans le sillage de l'ethnie, la *culture* n'est pas indemne, surtout quand d'aventure elle prétend expliquer et qu'elle voisine alors avec le culturalisme. La notion d'*identité*, enfin, est complexe et renvoie autant au projet des migrants, au trajet engagé qu'aux dispositions dont ils héritent. Or, c'est cette dimension de l'héritage, un héritage sous inventaire, remodelé, réapproprié, dont je souhaite, comme on le fait avec le milieu socioprofessionnel, marquer la puissance. Comme le note fort justement Didier Fassin, notre embarras sémantique n'appelle pas une rectification mais une problématisation. Il faut d'abord remarquer que les mots ne portent plus aujourd'hui le même sens qu'hier [2]. L'utilisation du mot race

1. Celle qu'en substance retiennent Franz Boas, Claude Lévi-Strauss, Luc de Heusch et bien d'autres.

2. Didier Fassin, « Nommer, interpréter. Le sens commun de la question raciale », in Didier et Éric Fassin, *De la question sociale à la question raciale ?*, Paris, La Découverte, 2006.

dans le contexte du XIXe siècle véhiculait, outre une arrogance et une volonté dominatrice, une prétention taxinomique qui ne se limitait pas à repérer des différences phénotypiques mais se voulait explication naturaliste de l'ordre social. Les Français qui, de la Seconde Guerre mondiale aux années 1970, ont vécu dans un espace culturellement assez homogène, en sont restés de ce point de vue à l'armistice signé en 1958 à l'Unesco avec le texte de Claude Lévi-Strauss, *Race et histoire*, où l'illustre ethnologue livrait une brillante réfutation des thèses racistes. Mais ils ignorent le plus souvent un autre texte, « Race et culture », dans lequel le même auteur souligne la présence dans toutes les cultures d'une bonne dose d'ethnocentrisme[1]. C'est la dialectique des deux qui nous constitue.

Pour ma part, j'emploie l'adjectif *culturel* pour parler des liens qu'un individu a, du fait de sa naissance et de sa socialisation, avec une ou des cultures. La culture ou l'ethnicité désigne à l'échelle individuelle à la fois un ensemble de dispositions et d'orientations morales, et une référence identitaire. Tylor mentionne « l'héritage que tout individu acquiert dans son contexte de vie[2] ». En parlant d'héritage et d'acquisition, il suggère que l'individu ne reçoit pas la culture passivement mais qu'il se l'approprie. J'essaierai d'éviter d'employer le mot ethnie en tant que substantif pour ne pas suggérer qu'il existerait un véritable groupement humain défini par une descendance commune ou des interactions effectives, ou *a fortiori* qu'il y aurait un invariant biologique, alors même qu'il n'est question que de délimiter des rapports humains.

Quand on distingue, dans le contexte nord-américain, les comportements des Noirs et des Blancs, on n'a pas besoin de supposer qu'il existe une race noire ni une race blanche, mais seulement de constater une ligne de démarcation qui fut et reste très forte entre ceux dont les ascendants, à quelque degré,

1. Cf. Éric Fassin, « Aveugles à la race ou au racisme ? », in Didier et Éric Fassin, *De la question sociale à la question raciale ?*, *op. cit.*

2. Cité par Luc de Heusch, « L'ethnie : les vicissitudes d'un concept », *Archives européennes de sociologie*, vol. 38, n° 2, 1997 p. 185-206.

sont noirs de peau et ceux qui ont le teint blanc. Un fait simple et sidérant oblige à le reconnaître : l'absence d'intermariage entre ces groupes[1]. La frontière qui sépare les Afro-Américains des Euro-Américains est absolument étanche. Ce n'est pas en refusant de la nommer qu'on y change quelque chose : la *color line* est une réalité[2]. À quoi s'ajoute le fait que ces Blancs et ces Noirs ont des références identitaires qui les particularisent : les Blancs sont d'origine européenne et les Noirs sont les descendants d'esclaves capturés dans leur grande majorité dans les zones de la forêt en Afrique de l'Ouest. Pour caractériser les différences ethnoculturelles, je reprends ici une distinction d'Irène Théry à propos du sexe, qui me paraît cruciale : « La distinction masculin/féminin est adverbiale, normative, relationnelle, elle définit une manière de se comporter, un rôle, et ne peut être rabattue sur *le* masculin et *le* féminin comme substances. Ce qui a un genre, ce ne sont pas les individus mais les relations sociales elles-mêmes[3]. » Les comportements sont ordonnés par des visées qui prennent en compte les normes, les systèmes de rôles, y compris les rôles sexués. Cela ne signifie pas que l'ethnicité, ce qui nous rattache à une culture, soit inventée ou arbitraire. C'est un point sur lequel je me sépare du constructivisme radical qui, à la suite des travaux de Fredrik Barth et Benedict Anderson, a partiellement inspiré les positions de Jean-Loup Amselle, de Elikia M'Bokolo, de Jean-Pierre Chrétien et d'autres en France[4]. À mon sens, l'utilisation de ces catégories

3. En 2006, les couples mixtes composés d'une Blanche et d'un Noir (ou l'inverse) représentaient 0,67 % des couples mariés. Or, si les appariements entre Noirs et Blancs se faisaient au hasard, on devrait observer 11 % de mariages interraciaux.

2. Faut-il parler de races ? Pas nécessairement, mais certainement de cette séparation des groupes qui tient à la construction américaine de la couleur : est noire toute personne qui a un ancêtre noir (difficile de préciser le nombre de générations…). Ce choix, aussi arbitraire que le choix symétrique, fait de l'actuel président américain un Noir, sans hésitation.

3. *La Distinction de sexe*, Paris, Odile Jacob, 2007, p. 218. Cette position ne revient pas à admettre que le rapport entre sexe et genre est contingent.

4. Le texte princeps de Fredrik Barth est « Model of Social Organisation », Royal Anthropological Institute, *Occasional Papers*, n° 23, 1966. Jean-Pierre Chrétien s'inscrit dans cette perspective ; il écrit dans *Esprit*, en août 2005,

de culture et d'ethnicité en Europe ne peut se faire sans prendre en compte au moins deux données essentielles : l'histoire des migrations et les formes de ségrégation spatiale. Les tensions qui traversent en Amérique du Nord les relations entre Noirs et Blancs renvoient à l'esclavage et aux lois d'apartheid sur le sol même des États-Unis. Les Noirs y sont des autochtones, tandis que les migrants sont, selon des temporalités variables, des Européens venus au début du XXe siècle, puis des Hispaniques. Quand, pour réfléchir aux tensions dans les quartiers d'immigration ici, on identifie les Noirs européens aux Noirs américains, on privilégie une homologie coloriste qui peut être trompeuse : les couleurs ne sont pas faites de la même manière de part et d'autre de l'Atlantique. On décalque, parfois hâtivement, me semble-t-il, les problématiques nord-américaines. La grande utilité de la comparaison des histoires et des politiques publiques est de s'attacher à définir des homologies qui ne font pas nécessairement correspondre les éléments terme à terme.

Les analyses qui vont suivre privilégient les familles venues d'Afrique noire et notamment du Sahel. Il me semble d'abord que, présentant le contraste maximal avec les normes dominantes, elles donnent à voir les problèmes d'une manière plus nette. Par ailleurs, ces migrants venus du Sahel, englobés dans l'appellation de Subsahariens, qualification en creux des Noirs d'Afrique, ont reçu beaucoup moins d'attention en France que les familles maghrébines. En outre, les problèmes posés par les quartiers dits sensibles ne sont pas les problèmes des familles africaines. Ce sont des questions de justice et d'inclusion sociale qui impliquent les familles situées dans et hors de ces quartiers, qu'elles soient africaines, autochtones ou issues d'autres régions du monde. Les difficultés et les tensions affectent l'ensemble

---

dans une recension polémique de *Négrologie*, de Stephen Smith (Paris, Calmann-Lévy, 2004) : « Il faut décrypter les ressorts du social et du politique derrière les passions pseudo-identitaires. » Jean-Loup Amselle et Elikia M'Bokolo (éd.), dans *Au cœur de l'ethnie* (Paris, La Découverte, 1999/2005), développent des positions radicalement constructivistes que je ne partage pas. Pour une critique de la thèse du constructivisme radical, voir Thomas Spear, « Neo-traditionalism and the limits of invention in British Colonial Africa », *Journal of African History*, vol. 44, 2003.

des rapports entre les groupes sociaux en France et, bien sûr, le fonctionnement des institutions. Elles ne se résoudront pas sans que de puissantes actions publiques permettent à une fraction croissante des enfants des familles maghrébines et noires de se sentir appartenir pleinement à notre société.

En situant les faits dans leur contexte politique et moral, je me propose de parcourir les diagnostics majeurs à travers lesquels on a pensé les tensions sociales à la fin du siècle dernier. L'originalité du propos à cet égard sera de confronter ces lectures à la réalité d'un échantillon de quartiers sensibles. Les problèmes et les tensions des quartiers pauvres ont été, si l'on peut dire, interprétés successivement à travers plusieurs récits, notamment le récit du déracinement par la mobilité et la désaffiliation, et le récit de l'effondrement de l'autorité. Ces constructions ont pour point commun de contourner les différences culturelles. J'insiste au contraire sur ce qu'une conscience des enjeux culturels nous apprend, en prenant spécifiquement pour objet les questions qui ont trait à la socialisation de la jeune génération. En raison de leur isolement et de l'absence de réponses politiques adéquates, se sont développées dans les quartiers pauvres des réactions – abstention politique, réclusion des femmes, violences – qui, loin de s'exclure, sont complémentaires. On peut comprendre dès lors que la clé d'une autre dynamique sociale et culturelle pour les quartiers pauvres et immigrés passe, non par une demande incantatoire de restauration de l'autorité, mais par un vigoureux encouragement à l'autonomie. Sur ce chemin, doivent être mis en avant, selon moi, une extension de l'activité des femmes issues de l'immigration et un développement de leur autonomie susceptible d'endiguer les dynamiques autoritaristes mais aussi de restaurer leur autorité sur les enfants. Loin d'être utopique, cette transformation se profile dans les quartiers d'habitat social même, et demande à être encouragée. Elle appelle en particulier la mise en place d'une politique d'*empowerment* des femmes.

Dans les premiers chapitres (I et II), je propose un tableau récapitulatif des évolutions les plus marquantes de ces dernières décennies (développement des tensions urbaines en Europe, fermeture des frontières, manifestations de xénophobie et réactions politiques et morales liées à l'inquiétude provoquée par l'ouverture économique du monde).

Dans les trois chapitres suivants (III à V), je décris les processus économiques et sociaux qui ont conduit à la formation des cités telles que nous les connaissons et les effets des changements migratoires et de la ségrégation sur les conduites des adolescents. J'envisage ce que les difficultés de réussite et les inconduites des jeunes doivent à l'héritage familial, aux coutumes véhiculées par les migrations récentes et aux conditions de vie des familles en France.

J'observe ensuite (chapitres VI à VIII) que la dégradation de la situation sociale constatée ces dernières décennies dans les quartiers les plus ségrégés a interagi avec l'involution des mœurs. Je décris la synergie, à mon sens négative, sur les plans social et moral ainsi que ses conséquences à l'échelle locale de cette culture de la pauvreté, soulignant que cette sous-culture spécifique des familles originaires d'Afrique noire dans les cités diffère sensiblement de la « culture de la pauvreté » décrite à propos des ghettos nord-américains.

Dans les derniers chapitres (IX à XII), j'aborde les enjeux liés aux politiques publiques, aussi bien celles qui ont été menées jusqu'ici que celles qui pourraient ou devraient l'être dans les années à venir. C'est aussi l'occasion d'examiner certains des schémas d'explication mobilisés pour rendre compte des dérives de ces quartiers, notamment à travers l'idée de « désaffiliation ». Quelles sont les conditions d'une intégration plus réussie des familles migrantes venues d'Afrique ? Quels sont les apports des politiques de la ville ? Je suggère qu'on doit distinguer entre mixité sociale et mixité culturelle. Je me demande comment des politiques sociales plus inclusives pourraient être définies à partir de l'idée de sous-culture spécifique et notamment autour de l'*empowerment* des femmes dans les cités. Bref, à quoi pourraient ressembler des politiques qui s'appuient sur la pluralité culturelle qui est désormais la nôtre ?

CHAPITRE I

CLASH ET *BACKLASH* AU NORD

Au cours des trente dernières années, la tendance des sociétés, au moins à l'Ouest, à poursuivre la seconde révolution des Lumières – celle qui, dans l'euphorie des lendemains de la guerre, avait conduit dans beaucoup de pays à élargir les libertés et, simultanément, à élever les solidarités en réduisant les inégalités – s'est inversée. La nouvelle phase de globalisation, engagée depuis plus de trois décennies maintenant, a suscité des inquiétudes qui nourrissent en compensation une demande de sécurité, un retour des préjugés et des superstitions. À l'orée du troisième millénaire, les hommes et les femmes sont saisis par un vertige devant la marge considérable d'imprévu qui surgit de l'écart en tous domaines entre les prévisions et la réalité, écart que le brouillage des valeurs et le sentiment diffus de la dégradation irrévocable de la planète amplifient.

Le reflux de la liberté à l'Ouest

La fin du XIXe siècle a été marquée par la montée des aspirations universalistes et l'exigence de liberté. De la Première Guerre mondiale au milieu des années 1970, l'Europe et l'Amérique du Nord ont vécu sur le plan moral dans un climat freudien, si l'on entend par là un cadre mental traduisant « l'anxiété séculière qui résulte du processus de modernisation, du luxe des sociétés occidentales et de l'inefficacité croissante des institutions et consolations religieuses[1] ». Le XXe siècle, en son cœur, contribue à façonner un « homme psychologique, avec pour seul

1. John Forrester, « Freud, baromètre du siècle », *Esprit*, novembre 2004.

idéal une introspection expérimentale conduisant à la maîtrise de soi[1] ». L'intériorisation de la loi est forte et le sens de l'interdit central dans la constitution de la personnalité, mais ils ont forgé un individualisme exigeant qui, à mesure qu'il prend conscience du monde dans lequel il se trouve plongé, en discute les fondations[2].

Durant le second après-guerre, en un temps où le monde se transforme technologiquement très vite – électricité, automobile, radio, cinéma, etc. –, la vie sociale s'ouvre et se libère. Les femmes continuent d'entrer dans le monde du travail et obtiennent le droit de vote. Ce mouvement est parallèle au développement des études secondaires et supérieures qui mettent, dès le milieu des années 1970, filles et garçons à égalité de scolarisation. Le développement de la contraception, la maîtrise du nombre et de l'intervalle des naissances constituent le socle de cette émancipation des femmes qui couvre l'Amérique et l'Europe du nord au sud. Une fraction de la jeunesse se tourne alors vers les États-Unis où elle croit percevoir, en dépit de la guerre du Vietnam, un changement des conduites : la contraception, l'expérimentation des drogues, une séparation plus précoce des parents libèrent la jeune génération. À Berlin-Ouest en 1967, en France en 1968, en Italie durant l'automne 1969, des mouvements de contestation d'une tonalité nettement antiautoritaire se développent et trouvent un large écho au-delà des cercles estudiantins. Par-delà la vieille rhétorique des organisations d'extrême gauche, à travers des formes parfois caricaturales qui empruntent de manière éclectique à un marxisme tiers-mondiste et aux méthodes des surréalistes, se font sentir une volonté de dépoussiérage des institutions d'avant guerre, une quête de liberté, un désir d'engager des relations moins convenues entre les sexes mettant l'accent sur la sincérité ou l'authenticité

1. *Ibidem.*
2. À mon sens, ce qui inspire l'individualisme des jeunes de l'après-guerre jusqu'aux années 1960 n'est pas cette critique du sujet à laquelle se livrent Derrida et Foucault mais une aspiration que traduisent mieux Marcuse et l'école de Francfort.

plus que sur la fidélité. Dans le même temps, les conflits de générations s'aiguisent. Au Royaume-Uni, les révoltes culturelle et politique sont plus dissociées. La rupture entre les générations est surtout culturelle ; dans les Midlands anglais, les *rockers*, après les *mods*, s'approprient les tribunes des stades en bousculant les pères de famille. Les formes varient mais le mouvement d'ensemble est lisible. Au moment où s'amorce la migration de ceux qui viennent travailler dans l'Europe des Trente Glorieuses, les sociétés européennes, moins avancées technologiquement et intégrées économiquement qu'elles ne le sont aujourd'hui, sont traversées par un souffle de liberté et un sentiment de confiance en elles-mêmes. De fait, le sentiment d'insécurité y est rare.

Au Royaume-Uni, en Europe continentale – Allemagne, Italie et France –, dans les décennies qui suivent les chocs pétroliers, la tendance optimiste née après la guerre se renverse. Une défiance envers la jeunesse se répand. En France, la diminution des emplois industriels entraîne un double mouvement de hausse du chômage, de réduction des taux d'emploi aux deux extrémités du spectre des âges – l'Allemagne réussissant mieux par des dispositifs de formation-reconversion à amortir le phénomène. L'évolution des salaires selon l'âge et la génération d'entrée sur le marché du travail fournit un indice précis du retournement qui s'opère : après le second choc pétrolier, la régression du taux des salaires d'embauche et l'augmentation rapide des salaires avec l'âge marquent une dévalorisation de la jeunesse au profit des aînés. Cette fermeture de l'avenir pour les jeunes générations va se traduire notamment par une augmentation du suicide des jeunes[1]. Face à la réduction de leurs possibilités de réalisation, nombre de ceux qui ont 20 ans dans les années 1980-1990 vont devenir eux-mêmes les vecteurs actifs d'un nouveau pessimisme.

1. Cf. Christian Baudelot, « Une jeunesse en panne d'avenir », in Daniel Cohen et Philippe Askenazy (éd.), *Vingt-sept questions d'économie contemporaine*, Paris Albin Michel, 2008, et Louis Chauvel, « L'uniformisation du taux de suicide masculin selon l'âge : effet de génération ou recomposition du cycle de vie », *Revue française de sociologie*, vol. 38-2, 1997.

Depuis, le reflux des aspirations à la liberté a pris une ampleur croissante dans les pays occidentaux, investissant les conduites presque à l'insu des consciences. Cette involution morale s'est installée dans notre paysage mental progressivement, et elle s'est approfondie dans les dernières décennies. Le reflux intervient au cours d'une phase historique, inaugurée il y a plus de trente ans dans les pays occidentaux par l'élévation des prix du pétrole, le ralentissement de la croissance, le chômage de masse et le vieillissement de la population (notamment au Japon et en Europe). En moins d'un demi-siècle, les valeurs et les priorités changent. Ce reflux de l'aspiration à la liberté et le nouveau conservatisme sont venus pour une part de l'intérieur même des sociétés occidentales. Nous avons maintenant assez de recul pour voir que l'antimodernisme des trente dernières années s'exprime dans des idiomes divers, mais qui convergent partout vers une critique des excès de la liberté[1]. En raison du développement d'un sentiment d'insécurité personnelle, notamment dans les couches populaires et peu scolarisées, des pressions se sont exercées conduisant à la multiplication des dispositifs de surveillance technologiques et à une inflexion autoritaire de la loi pénale, à laquelle peu de pays échappent[2].

Le retour de bâton s'annonce explicitement par la crainte devant les dérives d'une société « trop libre ». Il mêle une perte de confiance en soi et une régression des valeurs d'autonomie. Les Américains et les Européens nés peu après la guerre sont ceux qui ressentent peut-être le plus grand malaise devant l'évolution morale des dernières décennies. Si l'on considère les années 1975-2010, on ne peut qu'avoir le sentiment d'un épuisement de l'aspiration à la liberté – qui s'était accompagnée d'un cycle de progrès social au cours des années 1945-1975 – et d'un virage autoritaire. Susan Faludi, dans un livre retentissant publié aux États-Unis au début de la décennie 1990, *Backlash*, a décrit par le menu l'offensive antiféministe et le développement des violences

1. Bien différent de l'antimodernisme libertaire évoqué par Jackson Lears (1994) pour la période 1880-1920 aux États-Unis.

2. Dans des sociétés où le contrôle social a besoin de subterfuges technologiques : caméras, fichiers, etc.

envers les femmes depuis la fin des années 1970. Elle anticipe l'émergence d'une tendance qui va s'approfondir.

La généralisation des risques associés à la globalisation réduit la prévisibilité des trajectoires professionnelles, augmente l'exigence de mobilité. D'un point de vue psychologique, la mondialisation impose une forte capacité d'autonomie. Or, si les risques sont plus élevés en haut de l'échelle sociale, où ils représentent des opportunités, en bas, ils constituent d'abord des dangers. Pour les plus pauvres et les plus démunis de bagage scolaire, il n'y a là que des probabilités de perte qui appellent des consolations et des compensations.

L'évolution religieuse traduit une volonté de répondre à l'angoisse que suscite l'exigence d'autonomie. En Amérique du Sud, les Églises évangéliques, qui calquent en tout point une démarche commerciale avec des promesses de guérison et de succès immédiats, paraissent plus séduisantes que le catholicisme. Les mouvements pentecôtistes qui favorisent dans les couches populaires un abandon de soi aux faiseurs de miracles gagnent du terrain dans les quartiers urbains les plus pauvres où, précisément, l'Église catholique cède du terrain. Le développement des Églises évangéliques dans toutes les Amériques va de pair avec la crispation de l'Église catholique[1]. Celle-ci a en effet opéré un repli dogmatique, on a vu revenir des conceptions conservatrices qui avaient été abandonnées moins d'un demi-siècle plus tôt. Le pontificat de Jean-Paul II et celui de Benoît XVI ont mis un terme à la période d'*aggiornamento* ouverte par Jean XXIII et poursuivie avec Vatican II. L'Église qui avait tenté de chevaucher la vague libératrice au cours des années 1950-1960 s'est renfermée. En Russie, c'est une Église orthodoxe très conservatrice qui s'est relevée des décombres du communisme. Sur le plan des pratiques, jusqu'à une date récente, face aux effervescences religieuses dans le monde, l'Europe faisait figure d'exception, connaissant une réduction régulière de la pratique dans les terres protestantes aussi bien que catholiques. Le mouvement s'est partiellement renversé. Entre 1981

1. Pour ne pas parler de l'Afrique, qui se situe dans une autre sphère.

et 2000 la pratique au culte connaît un léger regain de faveur dans les pays du Nord alors que la dynamique de sécularisation marque le pas au Sud, si l'on en croit les enquêtes européennes[1]. Les observateurs du phénomène religieux parlent aujourd'hui d'un mouvement de dé-sécularisation, auquel l'Europe paraît avoir résisté plus que l'Amérique mais qu'elle n'infirme pas. On peut discuter l'idée qu'il y ait un retour du religieux dans les pratiques, mais il est manifeste qu'une volonté de moralisation, de type néopuritain ou néofondamentaliste, s'est diffusée.

Sur les deux continents, les peurs suivent des évolutions parallèles sans abandonner leur spécificité. Dans les années 1940-1950, aux États-Unis, la clinique psychanalytique, explique Ch. Lash, rencontre des pathologies que la clinique freudienne ignorait largement : l'état limite, caractérisé par de violentes oscillations de l'estime de soi allant de la perte à l'excès et par une inaptitude à la continuité des engagements. Les individus, même s'ils sont plus enclins qu'en Europe à affronter les défis de l'adaptation à ce monde ouvert, en intériorisant la norme d'autonomie, souffrent fréquemment de pathologies de l'ordre de la perte, de l'insuffisance, de l'incapacité à remplir un idéal du moi exigeant. Le syndrome narcissique qui s'étend, implique une faible capacité de sublimation et un besoin d'approbations renouvelées pour remplir ce moi insatiable. Le développement de ce syndrome n'est pas seulement le produit d'une nouvelle orientation dans cette direction des cliniciens, il traduit un changement de la forme des troubles liés aux exigences des sociétés contemporaines.

Depuis le milieu du XXᵉ siècle, les référents qui structurent le développement personnel changent. Suivant le diagnostic porté de manière prémonitoire par David Riesman, ce n'est pas en regardant en soi (introspection) que l'on se fixe des buts de vie, mais en cherchant dans le regard des autres. Les sources de l'estime de soi et de l'identité glissent de l'*intro-détermination* vers une plus grande *extro-détermination*. L'individu

1. Cf. Eric Kaufmann, « A Dying Creed ? The demographic contradictions of liberal capitalism », *ESRC Research Findings*, mars 2007.

du dernier tiers du XXe siècle trouve dans les jugements extérieurs les sources de l'estime de soi. Il a, selon David Riesman, rarement l'occasion de porter sur lui-même un regard réflexif et se réfère constamment au jugement d'autrui. Les monades individuelles qui se rencontrent dans l'espace social semblent se définir dans des face-à-face sans aucune élaboration personnelle préalable. Les rapports à autrui nous façonnent et paraissent seuls compter. En ce sens, subjectivement assertif, l'individu contemporain diffère moins, en réalité, de l'homme des sociétés traditionnelles que de l'homme intro-déterminé du XIXe et du premier XXe siècle qui, désireux de se diriger lui-même, voulait mettre à distance les interactions avec autrui pour se construire dans un rapport de soi à soi. La névrose de culpabilité qui accompagnait l'intro-détermination s'efface devant un sentiment narcissique de perte, d'incapacité à remplir un idéal du moi boursouflé par ces comparaisons incessantes [1]. Les jalousies et les ressentiments nourrissent ainsi l'insatisfaction. Vers la fin du XXe siècle, qu'on le déplore ou qu'on s'en réjouisse, la promesse de gratifications ostensibles est devenue le moteur central des entreprises des hommes. Ce n'est pas le goût de l'effort ni l'exigence personnelle qui s'estompent mais leur sens : ils ne sont valorisés que pour ce qu'ils permettent d'afficher. Corrélativement, l'exigence que portait la psychanalyse paraît de moins en moins efficace pour répondre aux pathologies dépressives associées au narcissisme et à l'extro-détermination. On se tourne vers les gourous et les psychotropes qui apportent un soulagement de manière moins périlleuse et contribuent « à une privatisation du malaise interne [2] ». Ce mal-être psychique n'a plus besoin de se dire dans un entretien thérapeutique ni de se transcender dans des entreprises créatrices. Chez beaucoup, la peur, crainte extérieure, remplace l'anxiété. Dans cette société extro-déterminée, le recours à l'autorité puisée dans la tradition et les religions, instituées ou non, est aussi mieux à même de jouer ce rôle consolateur qui s'avère nécessaire dans une période

1. Alain Ehrenberg, *La Fatigue d'être soi*, Paris, Odile Jacob, 1998 ; et *idem*, *La Société du malaise*, Paris, Odile Jacob, 2010.

2. Selon la formule de Pierre-Henri Castel.

de chômage de masse que les difficiles remaniements proposés par l'introspection et l'analyse.

On stigmatise les excès de l'individualisme, précisément quand l'individu peine à remplir l'exigence d'autonomie. En réalité, la dénonciation de l'hyper-individualisme contemporain cache mal une régression de la subjectivité. L'individualisme de performance qu'appelle la vie contemporaine s'oppose à l'individualisme autonome et introspectif adossé à une autodéfinition des buts de vie. On confond volontiers l'adoption d'une norme d'internalité – le fait de s'imputer son sort qui prévaut chez les individus contemporains – avec l'intro-détermination, c'est-à-dire la fixation par soi-même de critères de réussite. Le volontarisme des individus extro-déterminés indique certes que l'individu contemporain est acteur, mais il n'entraîne pas autant que chez l'intro-déterminé la mise à distance des exigences et des pressions normatives. Cet individualisme contemporain est, pour les plus chanceux, un individualisme d'émulation. Parmi ceux qui sont nés après la fin des années 1960, les difficultés d'accès à une position professionnelle ont émoussé l'insouciance et la liberté qu'on trouvait chez leurs devanciers. Pour les jeunes contemporains, les normes d'internalité sont fortes mais les marges d'action et la capacité d'autonomie trop faibles et ils s'inscrivent, qu'ils le veuillent ou non, dans une logique de la compétition qui les aliène. Cet individualisme extro-déterminé se distingue, de manière radicale, de l'individualisme intro-déterminé, par son immersion dans un interactionnisme généralisé[1]. Le retour de la normativité, la présence constante des autres, ne repose pas aujourd'hui, pour la majorité des Occidentaux, sur la tradition mais sur la puissance des normes implicites résultant de l'agrégation des comportements. Les outils modernes – téléphone, Internet, etc. – ne nous contraignent pas moins que la communauté d'autrefois, et ils rendent difficiles les manifestations d'un écart subjectif.

Depuis deux ou trois décennies, alors qu'on fait assaut de critiques contre les hypothèses de base de la psychanalyse et

1. Qui explique, au moins en partie, la domination aujourd'hui de la posture interactionniste en sciences sociales.

contre ses faibles preuves empiriques, on se montre peu critique à l'égard des credo religieux. Chacun est encouragé à faire une plongée dans l'irrationnel le plus absolu, à invoquer des croyances dont par définition on ne peut guère envisager de considérer les justifications. Le retour de la religiosité, chargé de coups de force contre la rigueur de l'esprit, magnifiant sans réserve ce qui fut, légitimant les traditions les plus injustes, est entouré d'un étrange respect. Certes, il est toujours difficile de concilier liberté et rationalité. Il s'agit d'une tension dans l'ordre des valeurs qu'il faut admettre, et lorsque les individus prétendent à une cohérence idéologique élevée, cela débouche souvent sur des drames personnels. Ainsi, en Angleterre, « quand, à la fin de l'ère victorienne, il y a eu un affrontement entre science et théologie, beaucoup de Victoriens, écrit Charles Taylor, se sentirent dans le cas, à l'encontre de leurs plus profondes aspirations, d'abandonner leur foi [1] ». À la fin du XXe siècle, il en va autrement car la science a perdu de son arrogance en dépit de ses succès : l'affrontement des valeurs n'a plus lieu, parce que le besoin de cohérence a disparu ou du moins s'est affaibli. La liberté s'est épanouie en un pluralisme d'indifférence, volontiers schizophrène, qui s'arrange fort bien des contradictions. Aux États-Unis, par exemple, l'idée d'un monde créé par *intelligent design*, le créationnisme, coexiste avec une ferme confiance dans la science et la technologie.

L'involution de la liberté individuelle, aujourd'hui associée à la perception des menaces écologiques ou économiques comme les signes d'une colère divine, et l'affirmation de la nécessité d'un retour à la tradition, ne sont pas inédites. Sans remonter à l'an mille, on a pu voir par le passé ces alternances d'avancées et de reflux de la peur et de la liberté[2]. En schématisant beaucoup, le mouvement vers la liberté porté par les Révolutions française et américaine s'est épuisé dans les années 1850, au moment où les puissances européennes s'engageaient dans la seconde aventure

1. *Les Sources du moi*, Paris, Seuil, 1998, p. 493 et *sq*.

2. Au moment de la Révolution, la tendance vers la liberté chevauche souvent l'universalisme. Depuis un demi-siècle, ce sont plus souvent les revendications identitaires qui accompagnent le mouvement d'émancipation.

coloniale. Le cycle ouvert par la réaction victorienne et impérialiste finit, si l'on veut en dater l'achèvement, dans l'affrontement de 1914. Un deuxième cycle de liberté morale et d'affirmation universaliste se déploie de la Grande Guerre à 1975. Depuis, nous avons vécu, durant plus de trois décennies, ce qu'on peut thématiser comme un moment de réaction morale[1]. Des formes de liberté nouvelles se combinent avec des demandes de protection ou de réorganisation institutionnelle marquées par la peur. Ces tendances contraires dessinent deux pôles dont l'action simultanée rend le temps présent moins lisible. En effet, dans les pays occidentaux, le *backlash* très sensible à certains égards s'accompagne dans d'autres domaines de la poursuite d'une ouverture morale, certes de plus en plus timide. Le reflux de la liberté n'a pas été organisé par une réflexion directrice, si ce n'est un « procès des Lumières », qui a accompagné, notamment en Europe, le désir de fermer le cercle de la nation.

On ne peut soutenir sérieusement que cette involution morale ait été favorisée par l'action coercitive des institutions et de la loi civile : elle s'inscrit d'abord dans les comportements ordinaires. Aujourd'hui, le décalage entre la loi et l'opinion sépare des législations encore porteuses de l'élan de liberté d'après guerre, et des pratiques lestées d'un nouveau conservatisme issu de la société civile. Ainsi, les changements législatifs intervenus dans les années d'après guerre en matière de divorce ou de procréation, de même que la prise en compte de la cohabitation hors mariage pour l'attribution de prestations, témoignent encore d'une volonté de s'éloigner d'une conception traditionnelle selon laquelle seules les relations instituées sont porteuses de droits[2]. Partout où la protection de la personne, quel que soit son statut, tend à primer sur celle des entités collectives, on peut penser que la normativité institutionnelle continue de diminuer. Ce mouvement d'individualisation des droits et de

1. Est-il en train de s'achever ou, du moins depuis le changement politique aux États-Unis, de marquer le pas ?

2. Cf. l'excellente étude réalisée dans une perspective comparatiste par R. Séchet, O. David, L. Eydoux, A. Oualet, « Les familles monoparentales », *Dossiers d'études*, CNAF, n° 42, 2003.

mise à distance de la tradition familialiste, qui s'est accompagné d'une plus grande égalité entre les sexes, a été inauguré par les pays du nord de l'Europe. Les premiers, ils ont reconnu la pluralité des modes de vie et la nécessité de dissocier l'octroi des aides d'un modèle familial unique pour les attacher à la personne. Cette tendance s'est diffusée moins rapidement au Sud ; ainsi, la loi italienne ne s'est affranchie que récemment des normes véhiculées par le catholicisme (arrivée tardive d'un texte légalisant le divorce). Toutefois, dans l'ensemble, l'évolution législative dans le sens d'une ouverture morale et d'une individualisation des droits, tire sa force de l'élan donné par la liberté pratique des mœurs après la Seconde Guerre mondiale. Disons, pour faire image, que la marée au moment de la renverse continue de monter dans le lit du fleuve alors que sur les bords l'eau descend déjà vers la mer. Les lois civiles et les institutions qui les portent en Europe évoluent encore, quoique de plus en plus lentement, dans un sens plutôt libéral et égalitaire jusqu'à la fin du XXe siècle, mais parallèlement les lois pénales connaissent une dynamique inverse : elles se moulent sur l'inflexion autoritaire de l'opinion, traduisant sans doute une conflictualité sociale qui ne dit pas son nom[1].

Devant les défis du monde ouvert, toutes les sociétés ont dû inventer un ensemble de dispositifs, définir les priorités nécessaires pour reconfigurer les équilibres sociaux et faire face aux ruptures de la cohésion, notamment dans les villes. Certaines ont embrassé les enjeux nouveaux frontalement, d'autres l'ont fait de manière réactive, cherchant à préserver le monde qui meurt plutôt qu'à préparer la genèse de celui qui vient.

Les néoconservateurs américains et l'altérité intérieure

Aux États-Unis, dès avant l'arrivée au pouvoir de Ronald Reagan, les néoconservateurs – parmi lesquels les milieux évangéliques, catholiques, mormons – prennent de l'ascendant. Ils lancent des campagnes pour le rétablissement des valeurs familiales, le renforcement de l'autorité parentale et contre

1. Denis Salas, *La Volonté de punir*, Paris, Hachette Littératures, 2005.

l'avortement, mènent une lutte acharnée contre les courants libéraux (féministes, gays…) qui revendiquent une plus grande égalité des droits. Ce sont eux qui ont empêché que soit adopté l'*Equal Rights Amendment*, bien qu'il fût inscrit dans les plateformes politiques des Partis démocrate et républicain dès le lendemain de la Seconde Guerre mondiale.

La puissance des idées néoconservatrices au XXe siècle résulte de la déstabilisation et de l'inquiétude que produisent l'ouverture économique du monde dans les années 1970 et 1980 et ses répercussions au cœur même des sociétés qui furent promotrices de cette globalisation. Mais cela n'épuise pas l'explication. Au cours des années 1970-1980, les changements économiques impliquent dans les sociétés occidentales des recompositions plus drastiques des activités que ceux des décennies immédiatement postérieures à la guerre. Alors qu'en Europe continentale, les logiques de l'exclusion – chômage et sous-emploi – l'emportent, aux États-Unis, face à la disparition des emplois industriels, l'ajustement de l'offre de travail se fait par une baisse des salaires et un fort accroissement des inégalités de revenus. Là, des taux d'emploi élevés – de 70 % à 80 % de la population en âge de travailler – n'ont pu se maintenir que par un développement considérable des services et la formation d'une masse de travailleurs pauvres vivant au cœur des villes. De ce fait, à l'issue du Mouvement des droits civiques, les États-Unis ont été confrontés de manière aiguë à une altérité intérieure – les ghettos noirs – qui n'a rien à voir avec une présence étrangère. Les explosions qui touchent dans les années 1960 les villes nord-américaines mettent en jeu la ségrégation résidentielle et économique des Noirs en milieu urbain[1].

Les taux d'incarcération ont atteint aux États-Unis des niveaux vertigineux à la fin du XXe siècle – plus de 650 pour cent mille.

1. L'immigration hispanique n'est pas perçue alors comme une menace pour le modèle social américain. Ni les tensions urbaines ni les taux de criminalité élevés observés dans les centres urbains ne sont imputés aux migrants. En somme, les tensions sociales épousent alors la *color line* et non l'opposition des immigrés et des natifs.

Les détenus sont, dans des proportions écrasantes, des Noirs. Cela n'est pas pur arbitraire : les taux d'homicides enregistrés chez les Noirs vivant dans les grands centres urbains sont très élevés. Charles Silberman, comparant l'implication dans la criminalité des Noirs et de plusieurs groupes définis par des critères culturels – Portoricains, Mexicains-Américains, Chicanos – à l'aube des années 1970, observe des disparités considérables, qui ne sont pas corrélées à la hiérarchie des revenus : les groupes hispaniques ont alors des revenus médians inférieurs d'environ 20 % à ceux des Noirs et, pourtant, des taux de criminalité nettement inférieurs. Les travaux les plus récents mettent en évidence la pérennité de cette différence dans les taux de criminalité. Alfred Blumstein et Joe Wallman enregistrent des différences énormes dans les taux de meurtres avec armes commis par les jeunes de 18 à 24 ans selon qu'ils sont noirs ou blancs[1]. Le rapport des taux d'homicides entre Noirs et Blancs sur la période 1980-1995 est de l'ordre de 7 pour 1, que l'on considère les homicides dont la victime est connue de l'auteur ou la moyenne globale. Si les taux des interpellés peuvent être affectés par un biais de sélection assez fort, il est probablement sensiblement plus faible pour les homicides *jugés*. Ces différences, concernant un crime grave comme l'homicide, ne peuvent être seulement la conséquence des désorganisations induites par la crise de l'emploi masculin au cours des années 1970 et 1980 : elles se manifestent déjà à l'aube des années 1970, avant que les effets désastreux de la chute de l'emploi pèsent sur la socialisation des Noirs vivant dans les centres urbains. Silberman souligne que les Blancs aux États-Unis ont découvert la profondeur de la colère et de la haine que trois siècles et demi d'humiliations avaient construites chez les Noirs américains et avec quelle rapidité cette colère pouvait exploser en épisodes de violence[2]. Pour lui, la sur-implication

1. Le regroupement entre « Whites et Hispaniques » a été rendu obligatoire du fait que certaines années les Hispaniques étaient comptés à part, d'autres années avec les Blancs ; cf. Alfred Blumstein, Joe Wallman, *The Crime Drop in America*, Cambridge, Cambridge University Press, 2000.

2. Charles E. Silberman, *Criminal Violence, Criminal Justice*, New York, Vintage Books, 1980, p. 182.

des Noirs dans la violence reflète une accumulation de frustrations. C'est en s'appuyant sur cette idée d'une discrimination et d'un mépris spécifique qu'il explique le surcroît de criminalité des Noirs. Mais cette explication reste trop globale.

Personnes interpellées ou jugées aux États-Unis

Type de crime	Disparité entre les proportions de Noirs et d'Hispaniques interpellés (rapportées à la population) New York 1970-1972	Disparité entre les proportions de Noirs et de Mexicains-Américains interpellés San Diego 1971-1973	Disparité des taux d'homicides jugés entre Noirs et Hispaniques ou Blancs non hispaniques États-Unis 1980-1995
Homicides	2,8/1	7/1	7/1
Vols avec violence	4,4/1	7,8/1	–

Sources : Charles E. Silberman, *Criminal Violence, Criminal Justice*, 1980, p. 163-165 ; A. Blumstein and J. Wallman, *Crime Drop in America*, 2000.

Au milieu des années 1950, un anthropologue, Oscar Lewis, souligne l'importance des désorganisations familiales parmi les familles du quartier San Juan de Porto Rico, La Esmeralda. Ses travaux décrivent la précocité des unions libres, qui sont la forme essentielle du « mariage », la rotation des hommes, l'assomption de la violence par les femmes et le fait que près d'un tiers d'entre elles ont eu recours à la prostitution à un moment de leur vie. Lewis montre également qu'il y a une forte instabilité temporelle des unions chez les Portoricains de New York qui vivent dans le Bronx et à Coney Island, et gardent dans les années 1960 des liens étroits avec Porto Rico. Dans *Blackways of Kent,* une étude nuancée sur un groupe originaire des Caraïbes qui vit au sud du Piedmont aux États-Unis, Lewis suggère que les contacts des familles noires avec différents styles de vie ont accentué, au moment de la déségrégation, la désorganisation de ces familles.

Coécrit par un politique, Daniel Patrick Moynihan[1], et un universitaire, Nathan Glazer, et publié en pleine montée de la lutte pour les droits civiques, un rapport alerte l'opinion sur la déstructuration de *la* famille noire. Il souligne notamment que la pauvreté des Noirs américains est une caractéristique durable qui n'est pas seulement subie mais initiatrice de réponses adaptatives, que c'est une culture qui favorise la perpétuation des situations de précarité économique et affective. Dans le contexte nord-américain, la « culture de la pauvreté » est définie comme un cadre de vie durable – marqué par la matrifocalité (famille centrée sur la mère), l'instabilité du couple et le déficit d'activité masculine – créateur de valeurs, d'attitudes et d'habitudes qui tendent à priver celui qui veut en sortir des moyens de le faire. Cette culture résulte de l'intériorisation des possibles liés au contexte local et d'une adaptation à ses contraintes. Tel est en substance l'argument avancé aux États-Unis par plusieurs auteurs académiques de renom pour rendre compte de la pérennité de la situation de sous-réussite sociale, d'échec scolaire, d'instabilité familiale et de délinquance des Noirs. Cette analyse est plus convaincante que celle de Silberman. La description faite par Moynihan rencontre celle de Lewis, et gêne ceux qui adhèrent au Mouvement des droits civiques, mais on ne fait pas en 1964 le lien entre la dislocation des familles noires et l'altération des familles blanches.

Les choses changent deux décennies plus tard. Alors, la droite américaine a propagé une interprétation de la situation sociale comme le résultat d'un effondrement moral, et non comme la conséquence d'une dramatique élévation des inégalités. Elle juge que l'évolution morale des familles, celle de la famille noire en particulier, est la cause de cet effondrement. Peut-on comprendre autrement les taux d'homicides dix fois plus élevés dans les ghettos, les grossesses adolescentes quatre fois plus fréquentes et les consommations de drogues vertigineuses ? La droite suggère que les changements qui ont affecté les relations conjugales ont bouleversé non seulement l'autorité familiale mais la structure même des familles.

1. Un sénateur démocrate qui a l'oreille de l'administration Kennedy.

Durant les années 1960, la grande majorité des Américains ne pensaient pas leur société comme une société de classes mais comme une société organisée autour d'un courant central, où le développement des inégalités de revenu a créé un fossé, contribuant à une altération des mœurs[1]. La puissance idéologique que revêt outre-Atlantique le thème de l'effondrement moral ne se comprend pas tant qu'on méconnaît la résonance entre la désinstitutionnalisation du mariage dans les cercles larges des classes moyennes de l'Amérique blanche qui se développe au cours des décennies 1960 et 1970, et l'altération de l'organisation familiale spécifique aux Noirs dans les centres urbains. Au début des années 1980, la dislocation de la « famille noire », qui atteint une fréquence très élevée, se donne comme un futur possible des familles blanches. Comme le montre Clem Brooks[2], les préoccupations politiques pour le déclin de la famille, quoique décalées dans le temps, sont directement associées à la dynamique du divorce aux États-Unis. Entre 1980 et 1996, le pourcentage d'Américains qui considèrent le déclin de la famille comme le problème *le plus important* que le gouvernement ait à traiter passe de 2 % à 10 %. L'ébranlement produit par le changement des relations entre les sexes et l'affaiblissement du lien conjugal ont été des facteurs d'amplification de l'insécurité ressentie par l'Amérique blanche. La crainte qui découle de cet ébranlement des structures primaires de la société a suscité une puissante réaction morale et politique.

Les néoconservateurs éprouvent une véritable répulsion devant l'idée d'égalité au sein du couple. Suivant une vision très ethnocentrique de la « loi naturelle », ils donnent à la famille nucléaire qui s'est imposée en Europe de l'Ouest, au XIXe siècle[3], une

1. Cf. Sheldon Danziger, Peter Gottschalk, *Uneven Tides*, New York, Russel Sage, 1993, p. 27.

2. « Religious influence and the politics of Family decline concern : Trends, sources and the US political behaviour », *American Sociological Review*, vol. 67, avril 2002.

3. Loin d'être la forme de famille traditionnelle en Europe, c'est un modèle qui n'existait pas en Europe jusqu'au XVIIIe siècle et qui s'est imposé plus tard. Il y a des parallèles à l'Est au XIXe siècle (cf. Jack Goody, *La Famille en Europe*, Paris, Seuil, 2001).

États-Unis : pourcentage de divorcés, séparés et sans conjoint parmi les 20-39 ans

Blancs

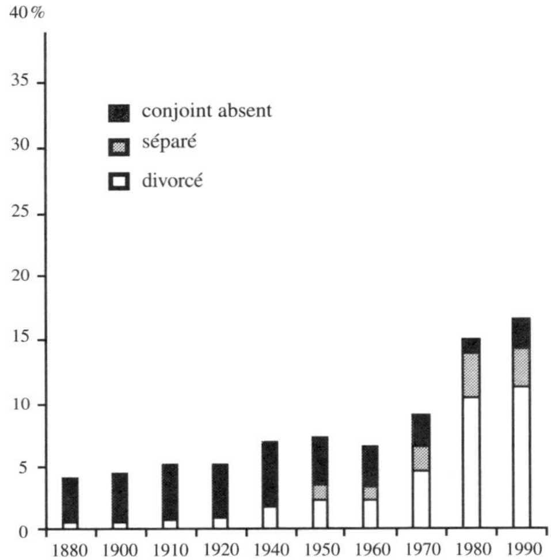

Noirs

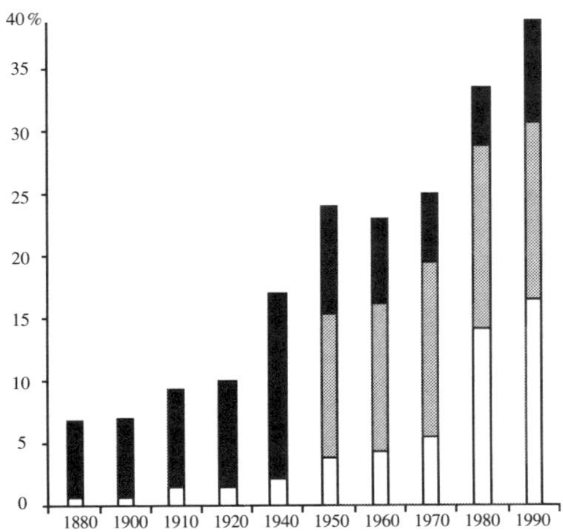

Source : S. Ruggles, 1997.

valeur éternelle et sacrée et veulent en faire un sanctuaire privé où la vie publique et ses conflits ne doivent pas pénétrer. Les néoconservateurs prétendent mettre au fondement de l'ordre microsocial un agrégat de familles closes sur elles-mêmes. La sphère de la reproduction doit être absolument séparée de la sphère de la production et échapper de ce fait aux principes de réciprocité compétitifs qui la régissent. Aussi militent-ils ardemment pour le maintien de l'asymétrie entre les sexes. Irving Kristol, un de leurs théoriciens les plus éminents, non seulement insiste sur le caractère impersonnel du respect que les enfants doivent à ceux qui les ont engendrés, mais étend cette exigence aux rapports des femmes à leur mari. L'asymétrie entre mari et femme ne trouve pas chez lui une justification « naturaliste » qui ferait de la femme un être par essence plus fragile : elle est principielle et quasi religieuse. Dans une société où les différences d'âge entre conjoints sont faibles, où beaucoup de femmes travaillent et bénéficient d'un minimum de protection sociale, l'asymétrie des prérogatives entre les sexes ne peut plus chercher son fondement dans une dépendance objective : elle implique désormais de faire de la sphère familiale un monde à part, dominé par un principe intemporel de soumission. La réponse des néoconservateurs à l'ébranlement de la globalisation consiste à séparer la « maison » et le « monde », à faire de la cellule familiale un ensemble protégé de l'univers économique mondialisé[1].

Cette dissociation, par les courants néoconservateurs, des principes qui régissent la sphère familiale de ceux qui gouvernent le monde professionnel n'a été rendue possible que par une mutation assez récente : la fermeture de la famille sur l'extérieur, phénomène qui ne se produit pas avant la fin du XVIIIe siècle en Occident. Cette clôture distingue les sociétés modernes des sociétés traditionnelles. Elle s'oppose complètement aux fonctionnements familiaux présents en Afrique noire, y compris en milieu urbain. Là, la cellule familiale est ouverte sur le monde, les liens avec les collatéraux sont étroits, les entreprises économiques mobilisent toute la parenté, leurs succès étant d'ailleurs

1. Voir R. Tagore, *Home and the World*, New Delhi, Penguin, 2005.

également partagés, et souvent absorbés, par l'appétit de cette famille large.

Aux États-Unis, le libéralisme économique et le dédain pour les dispositifs protecteurs ont toujours été associés à un moralisme appuyé. Les Américains sont plus enclins à la fréquentation des églises, à la valorisation de la famille et de la patrie, plus opposés à l'avortement, au divorce par consentement mutuel, à l'euthanasie que les Européens continentaux. Pour les puritains comme Benjamin Franklin (1706-1790), l'aspiration à la liberté s'entend comme une conduite morale, écrit Robert N. Bellah[1]. Les puritains d'outre-Atlantique ont pointé les excès de la liberté, les contradictions d'une « liberté naturelle », entendue comme la capacité de faire ce que l'on veut, le mal comme le bien, c'est-à-dire émancipée de cette alliance entre Dieu et l'homme, qui n'autorisait à faire que ce qui est « bon, juste et honnête ». Bref, ils pensent qu'un mésusage de la liberté, détachée de toute moralité, risque de la ruiner. C'est en associant liberté et exigence morale que l'individualisme utilitaire s'imposera aux États-Unis comme une armature idéologique forte : il fonctionne sans faille pendant des décennies après l'Indépendance et il faut attendre le milieu du XIXe siècle pour voir s'épuiser le cadre moral érigé par les fondateurs et la liberté rompre avec ce pesant commandement moral.

Pour les néoconservateurs, l'effondrement de la structure familiale dans les ghettos urbains est un signal. D'un côté, ils déploient une critique des politiques publiques mises en œuvre par la *Great Society* de Johnson, considérant que la pauvreté est une construction sociale confortée par les dispositifs d'assistance. De l'autre, les néoconservateurs reprennent l'initiative idéologique en soutenant un argument darwiniste partiellement contradictoire : l'évolution morale des pauvres, dont les ressorts se trouvent en bonne part au sein même de ces populations, serait en train de ruiner la vitalité de la société. Les néoconservateurs situent la cause de l'effondrement moral chez les Noirs non pas dans un changement de l'offre de travail mais dans leurs attitudes

1. *Habits of the Heart*, New York, Harper Collins Publishers, 1988.

éducatives. Le délabrement des mœurs dans les strates pauvres, l'affaiblissement de l'idéologie de l'effort se traduiraient par l'altération de la stabilité familiale dont témoignent des proportions élevées de familles monoparentales et de divorces. Dans des pays riches, les pauvres s'adaptent si bien, d'après eux, à un état de sous-développement et de sous-réussite qu'ils s'y maintiennent. Charles Murray, qui assume pleinement l'idée d'une « culture de la pauvreté », écrit dans les années 1980 que la détérioration des conditions d'existence, dans les centres urbains habités par des millions de Noirs, « donne lieu à des modes d'adaptation et à des schémas de comportement prenant la forme d'une pathologie qui tend à s'autoreproduire[1] ». Les pauvres sont soupçonnés d'amollissement et d'enkystement dans la pauvreté. Par ailleurs, les néoconservateurs dénoncent dans l'État-providence américain un État maternant[2] fondé sur les aides aux familles avec enfants, souvent monoparentales. Ils considèrent que les familles noires sont responsables en tant qu'acteurs sociaux de la désorganisation sociale et de la pauvreté elle-même, encouragés en cela par la gauche libérale.

Radicalisant l'idée d'une culture de la pauvreté, telle qu'elle a été décrite par Nathan Glazer et Daniel Patrick Moynihan ou Oscar Lewis, les *think tanks* néoconservateurs des années 1980 ont reformaté cette analyse en inversant les conclusions de leurs auteurs. Charles Murray, Lawrence Mead, Newt Gingrich, James Q. Wilson et quelques autres visent l'État-providence, accusé d'encourager chez les pauvres un laisser-aller, une manière de vivre en profitant des avantages conquis par les classes méritantes. Ils suggèrent que, dans les milieux populaires, une forme de machisme désinvolte de la part des hommes, une liberté de mœurs excessive, un penchant à la facilité alimenté par les politiques publiques, mettent en danger la famille. Ce schéma va structurer l'alliance entre un libéralisme compétitif en matière économique et un puritanisme conservateur en matière morale,

1. Cité par D. P. Moynihan, T. Smeeding et L. Rainwater, *The Failure of the Family*, New York, Russell Sage, 2004.
2. Cf. George M. Friedrickson, *The Comparative Imagination*, Berkeley, University of California Press, 2000.

associés dans l'exigence d'un État social aussi parcimonieux que possible. Ainsi, dans l'argumentaire et les réflexions politiques de la droite américaine se télescopent deux critiques : celle qui stigmatise une indolence native des Noirs pauvres et celle qui critique la liberté de mœurs moderne encouragée par l'État social.

La notion de culture de la pauvreté a été passionnément discutée outre-Atlantique. Une majorité d'observateurs rejettent les versions les plus directement référencées à une incapacité foncière des Noirs de réussir. Cependant, les interprétations mobilisant l'idée que des habitudes spécifiques, quelque chose comme un mode de vie propre aux habitants des centres urbains, avec ses tares et sa créativité, ont eu un écho bien au-delà des cercles néoconservateurs. Le balancier, après avoir oscillé entre des interprétations simplistes, semble devoir se stabiliser sur une position où l'héritage historique et le contexte social récent ont leur place. Pour l'historien S. Ruggles, l'essentiel de l'accroissement des divorces et des séparations aux États-Unis, observé aussi bien à la veille de la Seconde Guerre mondiale que dans les années 1960-1980, est dû à la conjonction de l'élévation de l'emploi des femmes et *à la réduction des opportunités professionnelles pour les hommes, noirs en particulier* (emplois stables rémunérés au-dessus du salaire médian). Toutefois, Ruggles comme Oppenheimer[1] considèrent que les conditions du marché du travail et en particulier l'accroissement de l'implication des femmes et le déficit d'emplois stables pour les hommes ne suffisent pas à rendre compte de l'évolution de la mise en couple et du mariage dans les années 1960-1980. Ainsi, S. Ruggles écrit que des différences culturelles non mesurées sont probablement responsables d'une part des variations de la solidité du couple chez les Blancs et les Noirs[2]. Les changements intervenus sur le

1. S. Ruggles, « The rise of divorce and separation in the United States, 1880-1990 », *Demography*, vol. 34, novembre 1997, p. 455 ; V.K. Oppenheimer, « Women's rising unemployment and the future of the family in industrial Societies », *Population and Development Review*, vol. 20, 1994.

2. S. Ruggles, « The rise of divorce and separation in the United States, 1880-1990 », *Demography*, *op. cit.*, p. 455.

marché du travail, notamment de la place du travail peu qualifié, les néoconservateurs ne les voient pas ou ne veulent pas les voir, ils se focalisent sur une dimension exclusivement morale : l'altération de la cellule familiale et l'entrée massive et volontaire des femmes sur le marché du travail qui leur paraissent immorales. Le *backlash* conservateur nord-américain repose sur la stigmatisation des Noirs américains, la réaction sociale s'annonce comme une entreprise de remoralisation. Il s'agit de séparer un domaine exposé à la compétition économique et dérégulé, et un domaine abrité, centré sur la sphère familiale et la religion. Le *backlash* consiste à séparer la « maison et le monde », à l'intérieur même de la société nord-américaine.

Involution des mœurs et fermeture des frontières en Europe

Si les défis liés à la globalisation sont similaires de part et d'autre de l'Atlantique, l'altération de la structure familiale se manifeste plus tard en Europe qu'aux États-Unis, à la fin du XXe siècle[1], et la réponse carcérale y est moins ample et moins systématique.

En Europe du Nord-Ouest, le divorce s'accroît fortement au milieu du XXe siècle : en 1939, on compte un divorce pour trente-six mariages, en 1968, on en compte un pour six, et en 2003, près d'un sur trois. Les données fournies par la démographie montrent qu'il y a eu, entre 1965 et 1980, une révocabilité croissante de l'engagement matrimonial ; après cette date, le phénomène, sans s'inverser, connaît un coup d'arrêt. Dans les pays du nord de l'Europe (Danemark, Suède, Royaume-Uni), la divortialité a progressé le plus fortement entre 1965 et 1975. Cette progression intervient quelques années plus tard dans les pays moins septentrionaux – Belgique, Pays-Bas, France. Le

1. Entre 1960 et 1980, la progression du taux de monoparentalité a été sensiblement plus forte aux États-Unis qu'en Europe du Nord même (les taux de familles monoparentales américains dépassent 26 % en 1995 alors que les taux en France, en Allemagne, en Scandinavie sont inférieurs à 15 %, le Royaume-Uni étant dans une position intermédiaire) ; d'après D. P. Moynihan, T. Smeeding et L. Rainwater, *The Failure of the Family*, New York, Russel-Sage, 2004.

phénomène est plus lent en Allemagne et en Autriche. Au nord et au centre de l'Europe, les années de progression rapide du taux des divorces sont les années 1970, ensuite les taux se stabilisent ou diminuent (Danemark, Royaume-Uni). Dans les pays du sud de l'Europe, la progression des divorces a son tempo propre : il n'y a ni vive accélération ni forte décélération. L'Espagne ne « connaissait » pas de divorces sous le franquisme et le nombre des divorces reste faible au milieu des années 2000 en dépit de la sortie de la dictature. Il est et demeure sensiblement moins élevé en Italie et en Grèce que dans l'Europe du Nord. Le Portugal fait exception : durant la dictature de Salazar, les taux des divorces sont faibles. Ils s'élèvent progressivement après la chute du dictateur, et leur croissance les rapproche des niveaux nordiques en 1995, au moment où beaucoup de Portugais qui étaient venus s'installer en Europe du Nord rentrent chez eux. Dans les pays du sud de l'Europe qui n'ont pas connu l'explosion de liberté des années 1960, ou l'ont vécue plus tard (*Movida* en Espagne dans les années 1980), et qui n'ont enregistré, jusqu'au milieu des années 2000 ni de migrations des pays du Sud ni les réactions qu'elles ont suscitées ailleurs, le changement du climat moral a été plus progressif. C'est dans le nord de l'Europe que la poussée de la divortialité a connu ses « années glorieuses » pendant la transition entre la période de croissance rapide des années 1945-1975 et la période de croissance ralentie des années 1980 et 2010[1].

Accompagnant la montée du divorce, les évolutions familiales dans plusieurs pays d'Europe ont été marquées par une progression considérable du taux de monoparentalité, dont

1. Parallèlement, dans la plupart des pays européens, on observe que les taux de monoparentalité non liée au veuvage se sont fortement élevés dans la période 1960-1985 (Royaume-Uni, Allemagne de l'Ouest, France, Suède, Pays-Bas). Dans ces pays, l'augmentation a commencé à la fin des années 1960. Dans la plupart des pays une inflexion de la croissance se produit entre 1985 et 1990 et les taux de monoparentalité sont à peu près stables depuis deux décennies. Un pays développé possédant des statistiques détaillées ne connaît pas cette dynamique, le Japon, où les taux sont restés très bas – moins de 7 % ; cf. R. Séchet *et al.*, « Les familles monoparentales », *Dossiers d'études*, *op. cit.*

Évolution des taux bruts de divortialité (pour mille) dans quelques pays du nord de l'Europe

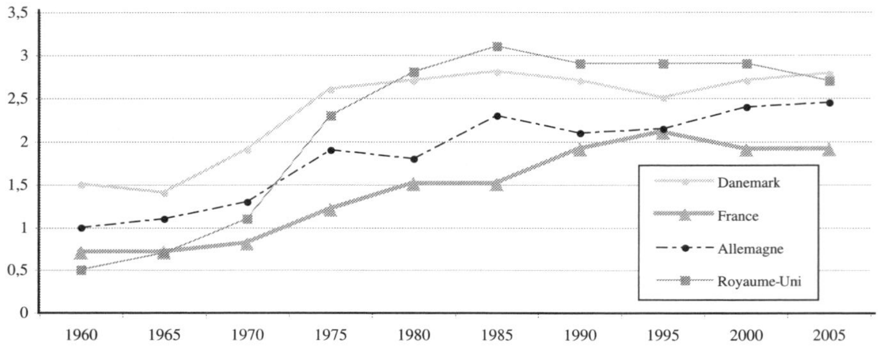

Source : Conseil de l'Europe, taux de divortialité.

les modalités et la signification changent[1]. Au Royaume-Uni, le pourcentage de familles monoparentales dirigées par une femme célibataire est passé de 1 % en 1971 à 9 % en 1999[2] ; par contraste, au Sud, la monoparentalité reste largement liée au veuvage. À partir des années 1970, en France comme dans beaucoup des pays d'Europe, la monoparentalité liée au veuvage a fortement diminué tandis que celle qui découle du divorce s'élevait – 47 % en 1999 – et que la monoparentalité résultant de la séparation de parents non mariés atteignait 32 %. À la fin du XXe siècle, les situations de monoparentalité proviennent plus des difficultés du maintien d'une vie commune que des accidents de la vie. Même si les raisons des ruptures diffèrent pour les milieux populaires et les milieux aisés, une évolution

1. Certes, la croissance de la monoparentalité n'est pas uniforme : le nord se distingue du centre et du sud de l'Europe (nous avons peu d'indications sur les pays de l'Est). Dépassant 20 % au Royaume-Uni et au Danemark, les taux de monoparentalité sont plus faibles en Belgique, aux Pays-Bas et en Allemagne. En France, ils sont stables de 1968 à 1982, mais augmentent sensiblement de 1982 à 1999, de 9,8 % à 16,7 %. Cette situation est moins courante dans le sud de l'Europe (entre 5 et 10 % en Grèce, Italie, Espagne, Portugal en 1999).
2. N'ayant pas été mariée.

s'opère dans ce sens. Moins souvent déterminée par le décès du conjoint, la monoparentalité apparaît donc aussi comme le signe tangible d'un ébranlement des valeurs familiales traditionnelles. La stabilisation du taux des divorces peut être conçue comme un point d'inflexion dans l'évolution des mœurs. Les années 1970 délimitent un changement historique. L'altération du lien conjugal se produit non pas après le développement du chômage mais pendant les années de plein-emploi. Le ralentissement de la croissance, l'élévation du chômage, l'affaiblissement des protections sociales commandent sans doute une prudence nouvelle dans les comportements, mais le changement des mœurs a précédé ces difficultés. Depuis le début des années 1980, alors que le lien conjugal cesse de s'affaiblir et qu'un nouvel engouement pour la famille se développe, on assiste à un foisonnement de nouvelles peurs.

Parallèlement, partie d'un niveau très bas au lendemain de la Seconde Guerre mondiale, l'homicidité augmente depuis la fin des années 1970, tout en restant beaucoup plus faible qu'aux États-Unis. Le besoin de sécurité se manifeste en Europe par une demande punitive qui va bien au-delà d'une réponse à la délinquance et à la criminalité. Cette posture vindicative se déploie durant la dernière décennie du XXe siècle et la première du siècle nouveau, alors que la tendance de la criminalité est orientée à la baisse. Le tournant répressif, « appelé » en quelque sorte par l'opinion, va se traduire par un durcissement des législations et une élévation des taux d'incarcération. Une des évolutions les plus marquantes est celle des Pays-Bas, où les taux inférieurs à 30 pour cent mille au début des années 1980 vont franchir avant la fin du siècle la barre des 100. Le phénomène est généralisé du nord au sud de l'Europe à l'exception de la Finlande.

Les changements qui travaillent les sociétés européennes dans leurs profondeurs ne se cristallisent pas, si l'on excepte le Royaume-Uni, dans une poussée politique moralisatrice. La réponse sociétale aux ébranlements dus à la globalisation vise en Europe les immigrés du Sud et de l'Est. Au Royaume-Uni, dans une période de mutations rapides et de tensions liées à l'immigration, les néotravaillistes ont bien perçu la nécessité de sécuriser l'opinion. Dès les années 1990, ils mettent l'accent sur les dangers de l'isolement et du repli individualistes. Simultanément les éditorialistes soulignent le risque d'effondrement des valeurs de discipline avec la montée de la monoparentalité, effondrement qui serait à l'origine des émeutes et de la délinquance des jeunes des quartiers d'habitat social. En préconisant une refondation de la communauté, ils prétendent remédier aux dysfonctionnements engendrés par les réponses ultralibérales au défi d'un monde ouvert, tout en évitant le tournant autoritariste engagé par les conservateurs britanniques. Ils tentent ainsi d'amortir le *backlash* qu'on observe en Amérique du Nord. Averti des dérapages de la dérégulation à outrance pratiquée dans les années 1980, Tony Blair veut satisfaire la double contrainte de l'ouverture économique et de la réassurance sociale. Son analyse a des traits communs avec celle des néoconservateurs d'outre-Atlantique, notamment sur les origines de la crise des centres urbains, mais elle diverge sur les réponses à donner. Pour expliquer l'importance des taux de délinquance des adolescents, le New Labour a pointé les conséquences de l'augmentation du nombre des familles monoparentales et la désinstitutionnalisation du couple, notamment dans les familles afro-caribéennes. Dans les années 1990, alors que l'afflux des migrants du sous-continent indien engendre des tensions nouvelles, il élabore une réponse qui cible encore la fragilisation des familles noires. Dans une conférence donnée à l'université de Tübingen[1] en présence de Gerhard Schröder, Tony Blair livre une synthèse de son interprétation de la société contemporaine : il insiste sur la force et la vitesse des changements qu'il faut accueillir, mais qui impliquent, en contrepartie, une refondation des liens communautaires[2]. Il affirme que c'est en ren-

1. La conférence donnée en 2000 reprend des conceptions qu'il avait développées dans le programme du New Labour près d'une dizaine d'années auparavant.

2. « Mon opinion est que les valeurs traditionnelles et le changement ne sont pas ennemis mais amis, parce que c'est précisément au cœur du changement que nous avons besoin de consolider les fondements de notre stabilité. C'est quand le vent souffle fortement que nous avons besoin de racines profondes »

forçant une néocommunauté – dont la famille est le pilier central – que l'on peut faire face aux exigences de flexibilité et de prise de risque d'un monde en transformation. Cela suppose pour les familles des droits (solidarité, éducation) et des devoirs (tenir leurs enfants). Tony Blair suggère qu'il ne faut pas seulement plus d'éducation, mais aussi des politiques sociales qui s'attaquent au cœur de l'exclusion, à son noyau dur. Loin de se limiter à la privation temporaire d'emplois, la situation est caractérisée par un déficit d'entreprise et par une attitude qu'il résume d'un mot emprunté au débat nord-américain : la culture de la pauvreté. « Nous avons besoin d'entreprise, dit-il, nous devons encourager le petit business, de nouvelles structures [...] pour combattre la culture de la pauvreté, l'abus de drogues, le manque d'aspirations, l'instabilité familiale[1]. » Il oppose à la passivité la mobilisation à tous les niveaux des ressources de l'entrepreneuriat. La nécessité d'une lutte contre l'amollissement s'adresse à toutes les couches de la société. L'accent mis au Royaume-Uni sur la refondation de la *community* n'a pas été perçu, on ne retient de l'argumentation que « l'audace » d'un discours autoritaire issu de la gauche, et l'idée de la diffusion d'une culture de la facilité et de la déresponsabilisation[2]. En effet, le New Labour se fait aussi l'avocat d'une restauration de l'autorité parentale qui passe par la sanction des parents d'enfants délinquants et par des stages de parentalité pour les familles qui manquent à leurs obligations éducatives.

Alors que les néoconservateurs outre-Atlantique veulent restaurer la cohésion en séparant la sphère domestique et le domaine économique, les néotravaillistes tentent plutôt d'introduire

---

(nous traduisons) ; http://www.welethos.org/dat-english/00-lecture_1-blair.htm.

1. *Ibid.*

2. Celle-ci est récurrente dans tous les mouvements puritains, ainsi au XVIIe siècle, les pratiques sportives ont été développées dans les collèges, de même que des formes d'entraînement plus ou moins militarisé, pour éviter que les enfants de la bourgeoisie ou de l'aristocratie ne soient gagnés par la mollesse qui découle du confort et des facilités. Une volonté farouche d'éviter que, chez eux, ne soit ruiné d'une façon trop définitive le goût de l'effort a armé l'idéologie des classes dirigeantes.

un trait d'union entre famille et société. Dans un pays où le démantèlement de l'État social a été entrepris dès 1979, où la progression des divorces intervient plus tôt et plus fortement qu'ailleurs en Europe, est revenue au New Labour la tâche de produire des réponses à l'affaissement de la gouvernance familiale.

En Europe continentale, c'est moins l'ordre familial que l'immigration qui cristallise le *backlash*. L'agrandissement de l'Union a échoué à produire une entité supranationale. Les États, sous la pression des opinions, ne cessent de chercher à reprendre des prérogatives qui leur permettent d'obtenir des avantages nationaux, voire régionaux, et une protection plus forte de leurs intérêts. Simultanément, le retour de bâton politique prend depuis quelques décennies la forme d'une fermeture des sociétés sur elles-mêmes. Partout les politiques migratoires sont devenues plus restrictives, parallèlement à une montée en puissance des partis d'extrême droite. Ce durcissement trouve en partie son origine dans une profonde transformation du climat moral et une inquiétude croissante de la population. Un peu partout en Europe continentale, un mouvement de fermeture des frontières s'est produit depuis le début des années 1980, accompagnant la montée des passions populistes. Honteuse à bien des égards, cette politique apparaît à beaucoup comme un mal nécessaire : elle est censée réduire les mécontentements autochtones qui enveniment les rapports politiques et menacent parfois le pacte démocratique. Mais elle pourrait bien être en réalité une des sources majeures des tensions qu'elle est censée juguler. Répondant à une virulente hostilité aux étrangers, elle a en effet modifié sensiblement le paysage politique et les rapports sociaux tant au sein des États qu'au sein de l'Union européenne.

Après les accords de Schengen en 1995, l'idée s'est répandue que l'Europe allait connaître une forte mobilité interne et qu'en conséquence les flux de part et d'autre de ses frontières extérieures devaient être limités. En réalité, les migrations internes, du moins jusqu'à l'ouverture aux anciens pays de l'Est, sont restées très modestes. Parallèlement, en dépit de la fermeture des frontières depuis 1974, du fait du net accroissement des écarts de richesse entre le Nord et le Sud, la pression migratoire s'est renforcée. Dans les années 1960, l'inégalité entre les hommes à l'échelle de la planète trouvait principalement sa source dans une inégalité entre les États occidentaux et les pays du Sud qui venaient d'accéder à l'indépendance. Alors que l'écart du revenu par tête entre l'Europe et l'Afrique est de 3 pour 1 en 1830 au moment où la France s'engage dans la colonisation de l'Algérie, il est de 15 pour 1 en 1960 lors de la décolonisation[1]. Le fossé croissant entre l'Europe et l'Afrique est l'aliment essentiel de la poussée migratoire vers l'Europe, mais celle-ci intervient dans un contexte où, à l'inverse des années d'après guerre, la volonté d'intégration s'est tarie.

De ce fait, sans être considérable, la progression des taux de population étrangère en Europe s'est poursuivie malgré le blocage de l'immigration de travail. De plus, trois pays du sud de l'Europe, dont la population étrangère était très faible, ont connu un bouleversement des taux d'étrangers au cours des années 2000 : l'Espagne, l'Italie et le Portugal. Les flux migratoires empruntent à partir des années 1980 les voies de l'asile, du regroupement familial et de l'immigration illégale. Le sentiment d'une Europe assaillie par les migrants du Sud, dopé par l'inquiétude devant un monde ouvert, s'est ainsi diffusé, imprégnant tant l'opinion publique que l'esprit des législateurs. Soucieux de répondre à l'inquiétude ambiante, ceux-ci ont repris à leur compte la fameuse phrase de Michel Rocard : « La France ne peut pas accueillir toute la misère du monde », en oubliant sa seconde partie : « … mais elle doit savoir en prendre fidèlement sa part ». En 2000, il n'y avait pourtant, au sein de l'UE, que 19 millions de non-nationaux, dont 6 millions venaient en fait d'un autre pays de l'Union, soit moins de 3 % de résidents venus de pays extérieurs à l'UE.

1. Depuis 1960, sans que les inégalités moyennes avec l'Afrique – ce n'est pas vrai pour l'Asie – aient diminué, une part croissante des inégalités globales résulte de la croissance des inégalités au sein des pays riches et des pays pauvres, comme en témoigne l'évolution des indices de Gini.

Tous les aspects de l'immigration ont fait l'objet de mesures restrictives au cours des années 1990 – contrôles d'identité renforcés, conditions de délivrance des titres de séjours et de travail plus parcimonieuses, hébergement des visiteurs étrangers strictement contrôlé, accords de réadmission par lesquels les pays signataires s'engagent à reprendre les clandestins, extension des possibilités de rétention des étrangers expulsables, généralisation des visas[1] pour les ressortissants des pays extérieurs à l'UE, mise en place des passeports biométriques et du « Système d'information Schengen[2] »... Les tensions internationales ont contribué à ces changements. Ainsi, après les premiers attentats terroristes de 1986, la France a exigé des visas même pour les courts séjours (trois mois), c'est-à-dire même pour les séjours touristiques. La lutte antiterroriste a commencé en France par une sorte de blocus « circulatoire ». Cette mesure sera finalement supprimée pour les ressortissants des pays de l'OCDE, mais elle perdurera pour « les pays du Sud ». En Italie, le durcissement est plus récent mais non moins manifeste : l'accueil d'un étranger irrégulier y est durement sanctionné.

S'agissant du droit d'asile, les textes adoptés à Londres en 1992, et le règlement de Dublin ensuite, ont introduit la notion de demande manifestement infondée et restreint la liste de pays considérés comme présentant des risques sérieux de persécution. L'accueil est devenu restrictif : en France, on observe un divorce entre les demandes d'asile et l'octroi, comme si l'octroi répondait à des objectifs politiques et devait correspondre, non plus à un volume de demandes, mais à un seuil « tolérable ». Dans les pays

1. Le visa est, pour les autorités, un moyen de contrôle de l'immigration. L'Union européenne a ainsi fixé une liste de 130 pays dont les ressortissants doivent être munis d'un visa pour venir en Europe ; à laquelle l'État français a ajouté une vingtaine de pays.

2. Les législations et les politiques des divers États membres sont très variables – notamment en ce qui concerne la durée de la rétention. Ce texte fixe notamment à dix-huit mois la durée maximale de placement en rétention des étrangers susceptibles d'être expulsés. Un progrès pour certains pays dans lesquels n'existait aucune durée maximale (ils étaient au nombre de sept au sein de l'UE). C'est pour tenter d'unifier ces textes et ces pratiques qu'a été élaborée la « directive retour », qui a fait l'objet d'un accord de compromis entre les Vingt-Sept.

de l'OCDE, de 2001 à 2008, les demandes d'asile ont enregistré une baisse moyenne de 50 %. Dans ces mêmes années, le taux de refus du statut conventionnel de réfugié a augmenté considérablement et la protection à titre humanitaire a baissé dans les mêmes proportions [1]. La volonté d'interpréter de façon plus étroite la convention de Genève semble avoir touché la plupart des pays industrialisés. Cette attitude de fermeture, amplifiée sous les gouvernements de droite, est désormais anticipée par les demandeurs potentiels [2].

Le durcissement des conditions d'entrée touche aussi particulièrement le couple et la sphère familiale. Les États de l'UE ont adopté, à Copenhague en 1993, des résolutions visant, comme on l'écrit pudiquement, à « harmoniser » les législations concernant le regroupement familial. Dès cette époque, celui-ci n'est autorisé que sous condition d'ancienneté de résidence, de logement approprié et de ressources [3]. De plus, certains pays exigent que l'étranger qui veut faire venir sa famille ait bénéficié au préalable d'un renouvellement de ses titres de séjour. En 2008, un rapide tour d'Europe montre que le regroupement familial est strictement restreint dans la plupart des grands pays à l'exception du Royaume-Uni, des Pays-Bas et du Danemark. Les mariages mixtes – qui par ailleurs sont tenus pour un signe d'intégration – sont entrés dans l'ère du soupçon [4] : le Code civil néerlandais permet aux officiers d'état civil d'autoriser ou de refuser un mariage entre un Néerlandais et un étranger ; au Royaume-Uni, la loi fait obligation, depuis 1999, aux officiers d'état civil de signaler au ministère de l'Intérieur les mariages qu'ils soupçonnent d'avoir été arrangés ; en France, le maire peut saisir le procureur de la République, lorsqu'il

1. UNHCR, *Global Trend*, 2008.

2. Ainsi, « le Danemark a connu une baisse prodigieuse des demandes d'asile avec l'arrivée d'un gouvernement de droite », *Libération*, 20 juillet 2007.

3. Une chambre par enfant, alors que ces familles ont souvent plus de trois enfants.

4. Cf. Claude-Valentin Marie, *Prévenir l'immigration irrégulière : entre impératifs économiques, risques politiques et droits des personnes*, Conseil de l'Europe, 2002.

doute de la sincérité de l'union, et surseoir à la célébration. Un décret de 2007 impose par ailleurs un test de français avant regroupement.

Pour « obtenir une protection en droit, il suffisait il y a trente ans de décliner son pays d'origine, de montrer que l'on n'était plus reconnu par aucune ambassade pour être considéré comme un réfugié. Aujourd'hui, il faut non seulement prouver qu'on est victime, [...] mais aussi parvenir en des "lieux" où une demande peut être adressée. Jusqu'aux années 1970, il y avait une catégorisation, distinguant bons et mauvais réfugiés en fonction de leur aversion pour les dictatures brunes ou rouges. Cette dichotomie politique a été remplacée par celle du faux/vrai demandeur d'asile. Accepter quelqu'un comme demandeur d'asile renvoie à la souveraineté de l'État d'accorder ou non l'asile : la référence au droit international n'apparaît plus dans ce vocable. Les États européens, qui ont élaboré au XXe siècle un droit protecteur indépendant de la nationalité, un droit universel à la protection et à la dignité, sont revenus sur celui-ci. C'est par la constitution, à travers des espaces liminaires, de catégories de sujets eux aussi liminaires – situés sur le seuil, ni inclus ni exclus – que les États modernes réalisent cette forme "d'exclusion-incluante" que constitue l'asile aujourd'hui[1] ». Du diptyque « surveiller et punir » qui témoignait d'une volonté d'inclusion de ceux-là mêmes qui enfreignaient les lois, on est passé au diptyque « identifier et exclure » qui témoigne d'une volonté d'éloignement. Au panoptique qui s'inscrit dans une logique de domination se substitue le souci de bannir[2]. Les étrangers sont maintenus dans ces « espaces liminaires » pour être admis sur le territoire ou expulsés. Les « sans-papiers » sont exclus de l'espace des États-nations européens et cantonnés dans des zones qualifiées par l'Association nationale d'assistance aux frontières pour les étrangers (Anafé) de « zones d'arbitraire et de secret »,

1. Mathilde Lagrange, *L'Asile : accès à la protection dans l'espace et en droit ?*, IEP Lyon II, 2007, p. 8.

2. Didier Bigo affirme que nous sommes à l'ère du « Banopticon », dont les zones d'attente et les centres de rétention sont les symboles ; cité par M. Lagrange, *L'Asile : accès à la protection dans l'espace et en droit ?*, *op. cit.*

à l'interface des frontières. Ces logiques de la mise à l'écart et de la rétraction, en lieu et place des logiques de domination et de coercition, sont caractéristiques des dernières décennies. Dans tous les pays d'Europe, les zones de rétention et de renvoi se généralisent. « L'Italie et les Milanais ont construit [une] grande cage dans laquelle ils ont mis des hommes et des femmes. [...] Maintenant des cages comme ça, il y en a partout en Italie, et celle de Lampedusa est devenue une machine infernale. L'engrenage central des déportations de masse mises en œuvre par l'Italie avec la complicité de l'Union européenne », écrit Fabrizzio Gatti[1]. Les événements de Rosarno en janvier 2010 et les violences contre les Roms soulignent, s'il en était besoin, que les pays du sud de l'Europe se sont aussi engagés dans les politiques identitaires, par l'expulsion et la répression au mépris des droits les plus fondamentaux.

Un complexe obsidional s'est développé. Schengen est devenu de plus en plus l'emblème d'une Europe-forteresse, et tous les partis, à l'exception de l'extrême gauche et des Verts, ont peu ou prou approuvé cette fermeture stricte des frontières. Au lieu que l'UE promeuve les pratiques les plus avancées, c'est le plus petit dénominateur commun qui devient la règle de cette grosse machine multicéphale. De nos jours, dans la plupart des pays, les statuts individuels forment, comme dans la Rome antique, des cercles de précarité croissante : au centre, les nationaux du pays, puis les ressortissants européens, suivis des résidents non communautaires, puis des non-communautaires non résidents, des demandeurs d'asile, etc. Dans la dernière couronne extérieure, à l'extrême périphérie, se tiennent les sans-papiers[2]. Là, le poids des migrants venus du Sud s'élève, ce sont des Européens de fait vivant en sursis et aux marges. Les enfants de sans-papiers héritent de cette précarité radicale.

Peut-on comprendre ces évolutions du droit et des pratiques sans les replacer dans leur contexte global ? Le ralentissement

1. Fabrizzio Gatti, *Billal*, Paris, Liana Levi, 2007, p. 334.
2. C. Wihtol de Wenden « La dynamique mondiale des flux migratoires », *Esprit*, août-septembre 2002.

de la croissance, le vieillissement de la population, l'essoufflement de l'État-providence ont érodé la sécurité et la confiance des classes populaires autochtones qui ont endossé une partie de l'argumentaire des droites nationalistes[1]. Sous des formes variées, dans la plupart des pays d'Europe, ces classes populaires exaspérées par des violences qui semblent manifester l'arrogance des derniers arrivés – lesquels devraient, selon elles, se tenir cois – ont réagi de manière autoritariste en appuyant des politiques de restriction des droits d'entrée et de reconduite à la frontière. Elles apportent ainsi leur concours aux politiques de la peur. La fermeture des frontières prolonge une insécurité sociale nourrie par la mondialisation, l'ouverture des économies et la concurrence avec les pays émergents en désignant les pauvres du Sud comme une menace.

La crispation générale contre les étrangers venus de la rive sud de la Méditerranée ou d'Asie du Sud-Est est corrélative de mouvements de repli dont les expressions se sont généralisées mais aussi diversifiées dans la plupart des pays d'Europe. Cette attitude s'est renforcée avec l'installation durable des migrants venus d'Afrique et d'Asie du Sud-Est. Certes, ce dernier facteur ne constitue pas une condition nécessaire. La puissance de l'extrême droite est très sensible dans l'est de l'Allemagne – Brandebourg, Poméranie –, régions où le niveau de revenu est nettement plus faible qu'à l'Ouest, mais qui ne sont pas un lieu de forte présence immigrée. De même, au Danemark, qui s'est illustré par les tensions entre la population et les migrants de confession musulmane, on dénombre moins de 3 % d'étrangers dans la population active en 2000. En Italie, où jusqu'en 2000 le taux d'étrangers est presque nul – on compte 0,5 % de travailleurs étrangers dans la population active en 1995, et seulement 1 % en 2000 –, s'est développé un ostracisme à l'égard des nationaux méridionaux, dont la Ligue du Nord[2] est le porte-

3. Le mouvement Fortuyn conjugue ouverture morale et xénophobie articulant un antimodernisme xénophobe autochtone et un néoconservatisme à la Charles Murray.

2. Pour elle « l'Afrique commence au sud de Rome ».

drapeau, ostracisme qui s'est étendu aux Roms et aux Sénégalais. Les situations inverses sont toutefois globalement plus fréquentes : en Suède, au Royaume-Uni, en Belgique, aux Pays-Bas, en France, la population issue des migrations d'Afrique et d'Asie est importante. En Autriche, pays de l'UE où la proportion d'étrangers dans la population active est l'une des plus fortes (10 % en 1995-2000) mais l'octroi de l'asile généreux (50 % en 2005), le phénomène Haider, manifestation d'un nationalisme alpin ancien, a trouvé de nouveaux succédanés : les partis ethnonationalistes ont obtenu en septembre 2008 plus de 29 % des suffrages. On retrouve une configuration analogue en Suisse, pays de très forte immigration, qui s'est illustré récemment par la polémique sur l'interdiction des minarets. En France, l'immigration maghrébine a considérablement augmenté au début des années 1960 et la proportion des étrangers parmi les actifs est restée, depuis vingt-cinq ans, supérieure à la moyenne des grands pays européens. Les craintes diffuses dans les couches populaires ont favorisé l'adoption de positions xénophobes dont l'implantation de l'extrême droite dans les bastions ouvriers du Nord, de la vallée du Rhône et de l'est de la France témoigne. La montée de l'extrême droite dans les suffrages populaires commence en 1983 avec la percée électorale du Front national et dure un bon quart de siècle, avec des fluctuations jusqu'à ce que la cause xénophobe perde, provisoirement, son mordant dans les quartiers les plus ségrégés. De même, on a vu en Suède, en Norvège, en Hongrie se développer des formations ethnonationalistes qui revendiquent des mesures drastiques contre les étrangers et, plus ou moins ouvertement, leur expulsion. Dans l'Europe des Vingt-Sept, le sentiment d'une menace liée à la présence des migrants augmente avec l'importance de la population d'origine non européenne et ce sentiment est amplifié par le manque de familiarité avec la culture d'origine des migrants d'après Silke Schneider[1]. Ainsi s'affirme la face sombre de la démocratie – pour reprendre le titre d'un livre de Michael Mann[2]. Cette

1. Cf. Silke Schneider, « Anti-immigrant attitudes in Europe : Outgroup size and perceived ethnic threat », *European Sociological Review*, 24-1, 2008.

2. M. Mann, *The Dark Side of Democracy*, Cambridge, Massachusetts, 2005.

politique de protection de l'homogénéité ethnoculturelle s'accompagne d'un déclin des valeurs de générosité.

Dès le début des années 1980, la rhétorique de l'extrême droite joue sur une nouvelle définition de l'identité et se démarque complètement du discours chrétien et paternaliste issu de la période coloniale. Elle ne revendique pas une quelconque supériorité mais, comme l'avait remarquablement exposé Pierre-André Taguieff dans *La Force du préjugé,* une posture différentialiste : le droit à rester entre nous.

Le Vlaams Blok devenu Vlaams Belang – « l'Intérêt flamand » – l'illustre fort bien en Belgique. La montée en puissance de ce mouvement s'est appuyée sur des thèmes ouvertement xénophobes, spécialement orientés contre les migrants d'origine marocaine. Il a propagé la volonté de cultiver sa différence au point que l'État fédéral, déjà fragile, est désormais menacé d'éclatement. Les francophones ont dominé en Belgique de 1830 à 1960 ; les Flamands, à travers ce parti, ne cherchent pas à dominer à leur tour, mais ne veulent pas assumer la charge de la Wallonie – berceau d'une industrie obsolète et de la social-démocratie qu'ils considèrent comme vieillie, partageuse et inactive. Il y a là un catégorique refus du pluriculturalisme qui caractérise la Belgique depuis sa fondation. L'hostilité aux Wallons se double d'une xénophobie marquée à l'endroit des Marocains dont témoignent plusieurs incidents graves survenus à Anvers. Situés à tous les niveaux de l'échelle sociale, les partisans du Vlaams sont réunis par une même allergie aux influences étrangères et, sur le plan moral, par un credo très conservateur, fortement imprégné par le catholicisme de la Contre-Réforme. Le Vlaams Belang, favorable à une conception restrictive du divorce, est réticent devant l'extension du travail des femmes, hostile au mariage homosexuel et aux manifestations des gays dans la vie publique[1]. Ce parti rassemble des individus qui éprouvent

1. C'est pourquoi la députée Ayaan Hirsi Ali, qui a critiqué ouvertement les aspects conservateurs et antiféminins de l'islam contemporain, a rejeté avec vigueur les invitations à participer à des débats que lui adressait le Vlaams Blok.

un sentiment d'aliénation dans leur propre pays, irrités par un discours politique incapable d'énoncer les préoccupations des « vraies gens[1] ».

La fermeture des frontières pose problème aux libéraux. Pour accepter ou soutenir une telle politique, ceux-ci ont besoin d'une élaboration du sens des menaces qui ne se contente pas des arguments xénophobes habituels. Cette élaboration a été faite aux Pays-Bas par le mouvement de Pim Fortuyn, qui a tenté de défendre conjointement la fermeture des frontières et l'État social libéral. Sur le plan moral, tout sépare les Flamands de Belgique, qui sont d'authentiques néoconservateurs, de ce météore qui trouble les classements en Flandre néerlandaise. Hostile aux immigrés, le discours de Fortuyn ne recourt pas aux arguments anciens qu'on trouve dans l'extrême droite nationaliste comme le Vlaams Belang ou le mouvement de Haider en Autriche. Il refuse la venue des migrants du Sud parce qu'elle met en cause les valeurs libérales néerlandaises. Le mouvement de P. Fortuyn, qui reprend une critique xénophobe fondée sur une défense des libertés, est littéralement ambivalent. L'audience d'un mouvement, qui stigmatise à la fois l'immigration – *Netherlands are full !* – et l'*establishment*, n'a cependant pu se maintenir après la disparition de son talentueux leader qu'en amplifiant le thème xénophobe au détriment des accents libertaires d'origine. Les tensions ont pris localement un nouveau relief avec l'assassinat de Theo Van Gogh par un islamiste radical « en représailles » contre l'auteur d'un film qui souligne l'oppression des femmes sous la loi musulmane. Ce n'est certainement pas un hasard si c'est aux Pays-Bas, dans des villes hanséatiques comme Rotterdam et Amsterdam, qui furent en Europe les avant-postes de la libération des mœurs et de la tolérance, que Fortuyn a trouvé

1. Le Vlaams Belang, qui stigmatise l'État dépensier de Bruxelles, a une base populaire ; son électorat se caractérise d'abord par la faiblesse de son niveau d'études, les employés des entreprises privées exposées à la concurrence y dominent alors que réciproquement les fonctionnaires, les employés des collectivités locales, les personnels de l'enseignement et du travail social y sont très peu représentés. Il y a donc une alliance entre des couches modernes et « exposées aux exigences de la compétition internationale » et des couches populaires inquiètes devant la mondialisation.

le plus grand écho (34 % des voix aux élections municipales de 2002 à Rotterdam). La spécificité de son mouvement consiste dans l'émergence explicite d'une critique de l'immigration comme véhicule de valeurs réactionnaires. Revendiquant un libéralisme moral, le droit des gays de vivre ouvertement leur homosexualité, l'émancipation des femmes et la parité entre les sexes, il met mal à l'aise ceux qui pensent que les avancées de la liberté des mœurs vont naturellement de pair avec l'accueil de l'autre et l'ouverture des frontières[1]. Cette synthèse idéologique détonante n'a toutefois pas résisté : les tendances au *backlash* ont fini par l'emporter sur le désir de liberté. Finalement, le mouvement Fortuyn a laissé place à un mouvement d'extrême droite classique (le PVV), qui est aujourd'hui en passe d'arbitrer la formation de la coalition qui va gouverner les Pays-Bas.

En France, l'inflexion des politiques suscitée par la mondialisation consiste d'abord à tracer la ligne de démarcation entre ceux qui sont admis dans le cercle central et les autres, sachant qu'une fois entrés, les nouveaux membres seront nécessairement, dans une certaine mesure, bénéficiaires des avantages du club. Après 1974, le contrôle des flux de migrants non européens devient l'obsession politique à droite, puisque Schengen oblige à laisser circuler les autres Européens qui, au demeurant, ne se précipitent pas chez nous. La chronologie des dispositions restrictives est fortement corrélée avec les moments où la droite exerce le pouvoir, totalement ou en partie – cohabitation oblige[2]. Ainsi, en 1978, est mis en place un mécanisme de retour forcé qui devait conduire au rapatriement d'un demi-million de Maghrébins dans leur pays d'origine. Au début de 1981, la loi Bonnet rend plus strictes les conditions d'entrée. Toutes les phases où la droite est au pouvoir sont l'occasion d'offensives pour fermer le cercle : lois sur les conditions d'entrée en 1986, circulaires donnant aux préfets le droit d'exercer des

1. La portée du phénomène Pim Fortuyn et sa signification ont été occultées en France.

2. La gauche, au pouvoir en 1981, avec le titre de séjour unique de dix ans, avait donné un statut moins précaire aux migrants.

reconduites à la frontière, charters, dénonciation des abus de l'asile. Cette parenthèse se referme en 1989[1], mais en 1993, avec la réforme du Code de la nationalité, le débat rebondit. On évoque un critère nouveau : la nationalité doit être le résultat de l'expression d'une volonté d'être français, ce qui n'est pas critiquable en soi mais joue dans ce contexte un rôle purement restrictif ; on remet en cause le principe du double droit du sol et, parallèlement, on allonge à deux ans le délai d'obtention de la nationalité suite à un mariage ; aujourd'hui, en 2010, il faut quatre ans. La droite en France, dans les dernières décennies, s'est focalisée sur les reconduites à la frontière de ceux qui ne disposent pas de titre régulier. Si ces politiques d'expulsion n'ont guère fonctionné, si les régularisations s'imposent – ceux qui sont entrés ayant vocation à être régularisés –, il reste que la droite fait de la volonté d'exclure les étrangers du Sud du club France une politique permanente. Le *territoire* national tend à recouvrer le sens que lui prêtait l'étymologie ancienne : celui sur lequel le magistrat public exerce le droit d'effrayer, de mettre en fuite par la terreur qu'il inspire (*jus terrendi*).

Explosions urbaines

Les explosions de violence qui font surface dans les quartiers des villes d'Europe du Nord et s'étendent parfois à des zones industrielles excentrées s'inscrivent dans ce contexte de fermeture nationale et d'hostilité entre autochtones et migrants. Elles en sont la contrepartie.

Dans plusieurs villes anglaises[2], au début des années 1980, une série d'émeutes, inaugurée par les affrontements entre les jeunes originaires des Caraïbes et la police, font près de 400 blessés dans le quartier de Brixton dans le sud du Grand Londres. Ces événements ont suscité un rapport d'enquête qui

1. François Mitterrand se sent cependant obligé de prononcer sa phrase malheureuse sur « le seuil de tolérance atteint… » ; il faut noter qu'avant le retour de la droite en 1991, l'offensive reprend avec le renforcement des conditions de délivrance des certificats d'hébergement.

2. Si l'on excepte les affrontements de 1958 à Manchester entre les autochtones et les migrants venus de Jamaïque.

souligne l'importance du sentiment de frustration chez ces jeunes Noirs régulièrement désavantagés dans leur recherche de travail. À l'aube des années Thatcher, le rapport Scarman recommande une meilleure représentation des minorités dans les forces de police et des mesures pour combattre les désavantages des Noirs dans l'accès à l'emploi. La même année, une trentaine de villes anglaises sont le théâtre de mini-émeutes. Des incidents entre les jeunes issus de l'immigration asiatique éclatent à Tottenham en 1985, à Oxford en 1990. En 1991 et 1992, d'autres violences impliquant les jeunes des quartiers ouvriers sont signalées dans une dizaine de villes, de Cardiff à Newcastle. Au seuil des années 2000, plusieurs villes textiles des Midlands – Oldham, Burnley, Bradford –, où vivent de fortes minorités venues du sous-continent indien et des Caraïbes, connaissent des émeutes opposant des groupes et la police.

Le Royaume-Uni vit encore un épisode émeutier d'une grande intensité à Birmingham en 2005, où la dimension d'affrontement entre des jeunes originaires des Caraïbes et du Pakistan était importante[1]. Dans ce pays, les émeutes interviennent dans des zones marquées par la désindustrialisation, où vivent des immigrés venus pendant la période d'expansion de l'après-guerre. Elles se focalisent sur les questions de logement plus que d'emploi, notamment dans le parc social où une forte dissimilarité ethnique et une exclusion des migrants d'Asie du Sud – Pakistanais, Bangladais – se sont développées (dans les Midlands ce sont les prolétaires blancs qui bénéficient des logements collectifs aidés). Au cours des années 1990, au Royaume-Uni, il n'y a pas de diffusion spatiale de la présence de ces migrants. En dépit de leur accroissement numérique, ils sont confinés à des portions limitées de l'espace urbain. Les villes des Midlands se « balkanisent » dans le contexte de la nouvelle économie des services des années 1990-2000, et si la ségrégation ethnique n'a pas fortement augmenté, comme le souligne Ludi Simpson, son niveau élevé joint à un accroissement de la population originaire du Pakistan et du Bangladesh dans les deux dernières décennies du XXe siècle alimente des

1. À la suite d'une rumeur de viol impliquant une jeune femme noire.

réactions d'ostracisme dans la population, qui se renforceront après le 11 septembre 2001 [1]. Dans les années 2000, les tensions locales pour l'accès aux ressources au sein des classes populaires redoublent.

À l'instar du Royaume-Uni, mais un peu plus tard, les pays du nord de l'Europe continentale connaissent des tensions ethniques qui se traduisent là encore par des affrontements urbains. Aux Pays-Bas, des incidents de grande ampleur ont éclaté à Rotterdam en 2000 ; la campagne électorale de 2006 a révélé dans beaucoup de villes la force des tensions entre les jeunes issus de l'immigration et les autorités. Ces tensions débouchent sur des émeutes localisées à Utrecht en mars et à Amsterdam en octobre 2007. Même si la dynamique émeutière y reste limitée à ce jour, la Belgique connaît également des échauffourées à Anvers après le meurtre d'un Marocain en 2002, et des incidents à Anderlecht à la suite d'une intervention de la police. En Allemagne, où vit une importante population turque, les violences urbaines sont rares, mais les villes allemandes, qui ne comportaient pas jusque dans les années 2000 de grandes cités HLM abritant les familles issues de l'immigration, commencent à voir se développer des zones ségrégées où les jeunes Turcs connaissent des taux de chômage élevés. Des affrontements interviennent également au Danemark, alors que le taux de chômage est bas depuis 1990, dans un contexte caractérisé par un affrontement idéologique et une stigmatisation des migrants du Sud, dont l'épisode des caricatures de Mahomet a marqué l'acmé provisoire. À Copenhague, en février 2008, des émeutes éclatent lorsque les jeunes d'un quartier populaire où vivent beaucoup d'immigrants s'opposent à la police à la suite de l'évacuation forcée d'un *squat*. En décembre 2008-janvier 2009, dans la prospère Norvège, des émeutes surviennent dans le centre d'Oslo sur l'avenue Karl-

1. D'après Ludi Simpson, il n'y a pas eu de 1980 à 2000 de *white flight* ni d'autoségrégation ; la ségrégation ethnique, qui est plus élevée dans les Midlands que dans les villes d'Île-de-France, s'est maintenue. Cf. « Statistics of racial segregation : Measures, evidence and policy », *Urban Studies*, 41-3, 2004.

Johan, mettant aux prises la police et des jeunes issus de l'immigration palestinienne.

En octobre et novembre 2005, la France est le théâtre d'émeutes d'une ampleur inégalée qui mobilisent contre la police des centaines de milliers de jeunes issus des migrations africaines. De nouveau il y a un épisode très violent à l'automne 2007[1].

Les émeutes urbaines des dernières décennies du XXe siècle ont mobilisé essentiellement les jeunes issus de l'immigration maghrébine. Les premiers « rodéos » de 1981 se déroulent dans l'Est lyonnais (Minguettes à Vénissieux, Grappinière à Vaulx-en-Velin, cité Olivier-de-Serres à Villeurbanne). Les affrontements collectifs et les incendies de véhicules des années 1994-1998, qui ont été les plus intenses, se situent dans la couronne parisienne, de nouveau dans l'Est lyonnais et la région toulousaine. La région méditerranéenne a été touchée à un degré moindre. Quant à l'Ouest – à l'exception de Toulouse –, il ne connaît pas de mouvements aussi importants. Cette géographie correspond à la France industrielle et urbaine des années 1930-1960. C'est là que se sont installés, dès les années 1930, les immigrés algériens et qu'ont grandi leurs enfants, comme on peut s'en persuader en regardant une carte de l'immigration dans l'entre-deux-guerres.

Les lieux des émeutes de 2005 sont différents de ceux des émeutes qui mobilisèrent les jeunes issus de l'immigration maghrébine dans les années 1980 et 1990. Plus de trois cents villes, petites ou grandes, sont touchées du nord au sud du pays pendant l'automne. Inexistantes à Marseille, faibles dans l'Est lyonnais où pourtant, par le passé, les violences urbaines furent

1. Les événements comme les violences collectives qui sont intervenues en Grèce durant l'automne 2008, à Vilnius en Lituanie en 2007, dérivent du désarroi des jeunes des couches moyennes devant un avenir barré. Elles ne sont pas, me semble-t-il, interprétables dans les mêmes termes que les violences des banlieues françaises, anglaises, belges, néerlandaises ou scandinaves. En Espagne, la série des émeutes racistes qui se développent autour d'Almeria et d'El Ejido en Andalousie en février 2000 contre des travailleurs marocains se rapproche plus des épisodes de lynchage du sud des États-Unis que des émeutes du nord de l'Europe.

importantes, les émeutes de novembre 2005 ont plus d'acuité au nord-est de Paris, qui fut leur épicentre, et dans les communes de la vallée de la Seine – Évreux, Rouen, Le Havre – où sont installées de grandes familles originaires d'Afrique de l'Ouest. Les émeutes françaises récapitulent, dans un moment fugitif, l'histoire urbaine récente, les vagues d'immigration successives venues d'Afrique.

Les explosions urbaines qui parcourent les villes européennes durant le dernier quart du XXe siècle sont le fait des jeunes originaires des pays du Sud (Afrique, Caraïbes et Asie centrale), qui vivent dans les grandes villes ou leurs périphéries. David Waddington et Mike King ont montré dans un livre récent que les émeutes qui éclatent des années 1980 à 2000 au Royaume-Uni ont été alimentées par une attitude de confrontation de la part des forces de police. D'ailleurs, les enfants des migrations turques sont peu impliqués en Allemagne, où les réponses des pouvoirs publics, jusqu'à ce jour en tout cas, ont été globalement plus inclusives. Comme la négociation salariale, l'action publique semble là, beaucoup plus qu'en France ou au Royaume-Uni, viser l'apaisement et le compromis[1]. T. Lucas souligne qu'autour de l'an 2000 la confiance dans la police est plus élevée chez les jeunes originaires de Turquie que chez les jeunes Allemands depuis plusieurs générations[2]. Cette marque de confiance dans la police est rarissime en France de la part des descendants d'immigrés africains. L'attitude des forces de l'ordre, et, au-delà, de la population, distingue la France et le Royaume-Uni d'un côté, l'Allemagne de l'autre. Elle a des conséquences sur les formes et l'intensité des conflits qu'on ne saurait ignorer.

Que veulent les jeunes qui lancent des cocktails Molotov, incendient des voitures et parfois des écoles ? Quelles sont leurs motivations ? On a le sentiment d'explosions de colère

1. D. Waddington, F. Jobard and M. King, *Riots in UK and France*, Portland, Willan Publishing, 2008.
2. *Ibid.*

dépourvues de sens. Aucune interprétation ne paraît capable de les traduire dans un idiome connu. S'ils sont en échec ou discriminés, les jeunes issus des immigrations du Sud ne sont pas pour autant d'abord des victimes. Si empêtrés dans les difficultés soient-ils, ils restent des acteurs dont les conduites et les inconduites sont porteuses de sens. Leur implication dans les émeutes relève de cet agir protestataire suscité par des tensions sociales, culturelles et politiques. Peu élaboré, certes ! Les révoltes frumentaires, dont l'historien considère la portée politique, l'étaient-elles davantage ? Si l'on ne dispose pas d'une sociographie précise des émeutiers, il ressort des études sur ceux qui ont été arrêtés en France, et qui ne forment pas un échantillon parfaitement représentatif, que les enfants de familles nombreuses d'origine africaine qui ont eu un parcours scolaire médiocre sont surreprésentés. D'une manière générale, ces émeutes qui mobilisent aux avant-postes des jeunes Noirs, Maghrébins, Pakistanais, Bangladais, Surinamiens des quartiers populaires semblent porter la trace des tensions Orient-Occident, d'un ressentiment nourri par la circulation d'une information planétaire saturée d'émotion.

Les jeunes issus des migrations du Sud sont aussi très impliqués dans la délinquance ordinaire, qui est un indice précis des blocages, frustrations et ressentiments qui affectent nos sociétés. Aux Pays-Bas, un rapport remis au ministre de la Justice en 1997 souligne la forte implication dans la délinquance des adolescents appartenant aux minorités ethniques : entre 2 et 3 fois plus que les jeunes d'ascendance néerlandaise des mêmes milieux sociaux. Cette sur-implication est le fait des jeunes originaires du Maroc plus que de Turquie. Au Royaume-Uni, les adolescents d'ascendance mixte – Anglo-Caribéens – sont plus souvent l'objet de procédures judiciaires que les Anglo-Anglais et que les adolescents d'origine asiatique[1]. En Allemagne, où l'on ne donne pas facilement de renseignements sur l'origine ethnique, les débats publics récents ont attiré l'attention sur la délinquance des jeunes des *Länder* de l'Est.

1. D'après un rapport du *Home Office* sur la délinquance juvénile en 2006.

Hans-Jörg Albrecht mentionne un rapport du Service correctionnel pour les jeunes de l'État de Bade-Wurtemberg qui souligne l'augmentation de l'implication des *ethnic Germans* mais aussi des jeunes issus de l'immigration turque dans la criminalité enregistrée[1]. La surreprésentation des adolescents issus des migrations africaines dans la délinquance sanctionnée est patente en France. Ces différences d'implication entre allochtones et autochtones, dont il faut évidemment discuter la signification, méritent réflexion.

Les tensions qui accompagnent la concentration des migrants du Sud dans certains quartiers urbains s'expriment aussi de manière moins bruyante mais non moins dramatique. À côté des explosions émeutières et des conduites délictueuses, on observe des implosions qui se manifestent par des tendances suicidaires et des désordres psychiques graves. Aux Pays-Bas, les taux des tentatives de suicide sont nettement plus élevés parmi les jeunes femmes originaires du Surinam – 4 ‰ – et de Turquie – 7 ‰ – qu'au sein de l'ensemble des jeunes femmes d'ascendance néerlandaise – 2 ‰. Si les migrants d'origine marocaine dans la maturité ont des taux de suicide plus faibles que les Néerlandais d'ascendance néerlandaise, en revanche, chez les hommes jeunes, ces taux sont supérieurs à ceux des natifs. Des psychiatres britanniques ont observé un surcroît de tentatives de suicide chez les migrants originaires du Pakistan et du Bangladesh[2]. Plusieurs d'entre eux soulignent par ailleurs l'importance particulière de la proportion des psychoses parmi les adolescents élevés dans des familles originaires des Caraïbes, sans qu'on puisse relier ces occurrences à une accumulation d'événements traumatiques qui en expliquerait le volume. La fréquence des suicides pourrait être une réponse aux excès de la modernisation, c'est-à-dire, pour faire court, à des situations où l'individu n'est plus guidé. Ce mécanisme touche typiquement

1. Hans-Jörg Albrecht, « Ethnic minorities, crime and criminal justice in Germany », *Crime and Justice*, vol. 21, 1997, p. 34.

2. Cf. F. Khan, « Suicide and Self-harm in South Asian Migrants », *Psychiatry*, vol. 5, 8, 2003. Pour les pays du sud de l'Europe, et singulièrement pour la France, nous ne disposons pas de données générales par origine ethnique.

les jeunes migrants venus des pays à fort contrôle social, plongés subitement dans un contexte occidental. Le désespoir suicidaire pourrait traduire aussi l'excès des contrôles exercés par la famille dans un contexte où l'aspiration à la liberté et à l'autonomie est élevée. Dans ce cas, c'est l'excès des contraintes normatives et non leur absence qui pourrait être le déterminant majeur des violences contre soi. Beaucoup de récits laissent penser que ce mécanisme joue davantage pour les générations issues des migrations, nées en Europe, vivant dans des environnements peu contraignants, alors qu'elles ont été socialisées dans une culture de la dépendance. Quoi qu'il en soit, quelque chose qui s'exprime de manière implosive ou explosive marque la vie des jeunes issus des migrations africaines et asiatiques en Europe, et spécialement en Europe du Nord. La révolte urbaine fait de la limitation des possibles une contingence historique, un obstacle surmontable, alors que le suicide en fait un obstacle absolu. Ni l'un ni l'autre n'en sont les conséquences mécaniques.

Ce rapide panorama des tensions urbaines en Europe dessine une géographie assez précise et riche d'enseignements. Les émeutes urbaines partagent l'Europe entre nord et sud – la France étant la frontière méridionale. Dans l'ensemble, les pays les plus touchés sont ceux dont l'expansion coloniale au XIXe siècle fut la plus grande et la plus durable. En France, au Royaume-Uni, aux Pays-Bas, dans d'autres pays du Nord, et maintenant en Europe du Sud, les flux migratoires ont redéfini la question sociale. Dans les quartiers immigrés d'Europe, au cours des dernières décennies du XXe siècle, parmi les secondes générations, les tensions et les frustrations, restées largement silencieuses chez les migrants eux-mêmes, se manifestent ouvertement. Les lignes de fracture, qui aux États-Unis séparent les Noirs et les Blancs[1], passent dans les sociétés d'Europe du Nord par les secondes générations issues des migrations d'Afrique et d'Asie centrale.

1. Et, à un degré moindre, parmi les Noirs et les Blancs d'origine hispanique, la *color line* étant là moins nette.

Au cours des deux dernières décennies du XXe siècle, toutes les sensibilités politiques ont dû tenter d'apporter des réponses à ce mélange de difficultés scolaires, de développement des inconduites et de violences urbaines. La question de la monoparentalité et de la culture de la facilité a été placée au premier plan au Royaume-Uni. En France, la perte de cohésion familiale n'a pas la résonance qu'elle revêt dans le monde anglo-saxon. Les réactions politiques sont, plus que dans d'autres pays d'Europe continentale, empreintes d'une peur de l'ouverture de la société sur l'extérieur, d'une panique morale. Nulle part en Europe la réponse politique n'a été à la mesure de l'enjeu. Après l'effondrement du mur de Berlin, l'Occident n'ayant plus de credo à combattre se trouve dépourvu d'idéologie directrice, si ce n'est une certaine conception de la démocratie, des droits de l'homme et de la parité entre les sexes. Or, particulièrement depuis 2001 et les attentats du 11 Septembre – mais bien avant à une moindre échelle, je pense à la réaction officielle en France face à la victoire du FIS en 1992 en Algérie, à l'inexécution de beaucoup de résolutions de l'ONU au Proche-Orient –, les Occidentaux se sont assis sur leurs propres principes quand les conséquences de leur application ne leur convenaient pas. Ce déni de la loi internationale et des droits de l'homme a contribué à affaiblir leur prétention à définir un ordre démocratique[1].

1. Je pense aux contraintes physiques dans la conduite des interrogatoires et à la pratique occasionnelle de la torture pour obtenir des aveux.

CHAPITRE II

BACKLASH AU SUD

Le ralentissement durable de la croissance, la permanence de l'affrontement Israël-Palestine, l'effondrement du système communiste ont ouvert, bien avant la fin du XXe siècle, une nouvelle période de tensions idéologique entre l'Orient – au sens ancien – et l'Occident, tensions qui ne sont pas sans lien avec celles qui traversent les pays d'Europe. L'inquiétude populaire se focalise sur les effets de l'hyper-croissance asiatique qui met en cause nos avantages relatifs, pourtant elle ne s'attache guère pour l'heure aux différences de notre culture avec celle des ressortissants des pays asiatiques dès lors qu'ils ne sont pas musulmans. La scène idéologique et politique reste – pour combien de temps ? – polarisée par le sentiment d'une menace liée à l'islam. Et l'appréhension des classes populaires, suscitée au fond par l'ouverture du monde et le bouleversement des positions acquises, se tourne « naturellement » vers cette « menace ».

Réaction en Orient

Le statut des Orientaux – Turcs, Persans et Arabes – dans les représentations occidentales a toujours été fort différent de celui des peuples colonisés d'Afrique. La domination ne s'est pas manifestée à leur endroit de la même manière que pour les Africains noirs. Ils se situent du même côté que les Occidentaux mais ont une revanche à prendre sur l'histoire. En réponse à l'affirmation hégémonique de ces derniers, un ressentiment oriental se manifeste de façon récurrente depuis la fin des années 1960 sous la forme de crispations identitaires et de réactions fondamentalistes.

La rivalité Orient-Occident a une profondeur historique millénaire, mais elle a trouvé depuis trente ans dans l'exacerbation de la guerre israélo-palestinienne et les changements impliqués par l'élévation de la rente pétrolière une extraordinaire stimulation. Depuis les guerres de 1967 et de 1973, le nationalisme arabe séculier est en déroute. La guerre du Golfe, l'intervention en Afghanistan en réponse aux attentats du 11 Septembre et la guerre en Irak ont entraîné un changement de registre ; de ce fait, quarante ans après les décolonisations, les États-Unis, et par extension les Occidentaux, sont perçus de nouveau dans le monde comme puissance impériale (du moins jusqu'en 2008). Cette phase a potentialisé une réaction anti-occidentale, déjà puissante, au sein de l'ensemble du monde musulman, du Maroc à l'Indonésie.

Le reflux de l'autonomie et de la liberté se manifeste aussi, sous des formes certes très différentes mais de manière parallèle, en Orient et en Afrique. Une involution des mœurs s'est produite dans beaucoup des pays qui avaient, en même temps que se développaient les luttes anticoloniales, modernisé leur vie civile en étendant les droits individuels et l'autonomie des femmes. Les relations entre des sociétés extrêmement différentes, toutes marquées par la référence à l'islam, ont été remaniées – l'Égypte, la Jordanie, la Syrie sont passées au second plan –, les pôles directeurs de la lutte contre les Américains et leurs alliés se sont déplacés à l'est. Ces changements du leadership se sont accompagnés d'un retour de la religiosité sous l'influence du wahhabisme saoudien et des nouveaux fondamentalismes du monde turco-persan, qui mettent l'accent sur une interprétation littéraliste de l'islam, ultraconservatrice sur le plan moral. Des contre-révolutions morales sont intervenues en Iran, en Afghanistan, au Pakistan, dans toute la zone d'influence de l'islam, de l'Indonésie à l'Arabie, en Afrique sahélienne et sur tout le pourtour méditerranéen. Au cours des dernières décennies s'est renforcée une affirmation identitaire dans beaucoup de pays de l'arc arabo-musulman. La réaction islamique, qui se déploie sur les décombres du nationalisme arabe séculier, ne se contente pas de restaurer des croyances musulmanes, mais tente d'instaurer un « style de vie distinctif » qui, sous de nombreux aspects, contrarie les tendances à l'égalité des sexes et promeut des valeurs rigoureusement patriarcales[1].

Youssef Courbage et Emmanuel Todd soulignent l'existence d'un « puissant mouvement de convergence à l'échelle planétaire » entre les civilisations, marqué par une « hausse du taux d'alphabétisation des hommes et des femmes, par la baisse de la fécondité et par l'érosion de l'endogamie »[2]. Dans le monde arabe comme dans beaucoup de pays du Sud, les années 1975-2005 ont été en effet celles de la « transition démographique ». Ce processus est remarquable et, à l'horizon d'un siècle, la baisse de la fécondité accompagne en tendance le processus de scolarisation des femmes plus étroitement encore que la scolarisation masculine, comme le notent régulièrement les rapports du PNUD[3]. Pour autant, cette baisse de la fécondité et cette hausse de la scolarisation connaissent des rythmes divers selon les pays et les régions. Or, dans une période où le besoin d'accroissement de la scolarisation est extrêmement fort, en raison de la diffusion massive des processus de traitement symboliques de l'information, les différences de rythme peuvent être décisives. De plus, cette élévation de la scolarisation ne produit pas une forme de modernisation semblable au processus qui, en Occident, a fait marcher d'un même pas le changement technique et les progrès d'un individualisme réflexif. Le mot « modernisation » est très ambigu. Aujourd'hui, la modernité technique, la diffusion des nouveaux moyens de communication – téléphone mobile et Internet – renforcent les libertés pratiques mais réduisent l'espace nécessaire à une posture réflexive. Ces technologies favorisent les tendances grégaires, la formation des entre-soi, un foisonnement de néocommunautés labiles.

1. Hamadi Redissi, dans un ouvrage consacré au triomphe de l'islam wahhabite, en détaille les sources anciennes au sein de la tradition musulmane : *Le Pacte de Nadjd, ou comment l'islam sectaire est devenu l'islam*, Paris, Seuil, 2007 ; voir aussi les analyses d'Abdelwahab Meddeb, *La Maladie de l'islam*, Paris, Seuil, 2002.

2. Youssef Courbage et Emmanuel Todd, *Le Rendez-Vous des civilisations* (qui inverse l'idée de *Choc des civilisations* de Samuel Huntington), Paris, La République des Idées/Seuil, 2007.

3. Programme des Nations unies pour le développement.

« L'homme d'aujourd'hui, sous l'influence de l'électronique et de la virtualisation qui en découle, se retribalise, il plonge dans un environnement d'informations simultanées, de sorte que l'empathie se substitue à la distance froide, le simultané au successif [...] », écrit Daryush Shayegan [1]. Faute de pouvoir unifier culturellement de vastes ensembles, les médias de masse engendrent cependant une uniformité de surface. Cette modernisation n'a pas les mêmes caractères ni les mêmes conséquences que le processus de modernisation des mœurs qui se diffuse en Europe et en Amérique du XVIIIe au XXe siècle [2]. Comme le souligne Régis Debray, nous habitons une culture, une langue, pas un réseau technique, et le fait que nous nous servions du même ordinateur n'abolit pas les différences culturelles. En Occident, la laïcisation de la sphère publique a été inséparable de la notion de modernité – c'est précisément sur ce point, sur les libertés individuelles dans l'espace public, que des enjeux se cristallisent. La modernisation technique, en particulier dans les pays producteurs de pétrole, mais aussi dans beaucoup de pays d'Asie qui n'en ont pas, est en quelque sorte découplée d'une individualisation des mœurs, de ce travail sur soi qui, en Occident, a accompagné l'éthicisation de la foi [3] durant la Réforme. Il faut admettre que la modernité n'est pas une, il y a des modernités, du moins des voies et des rythmes de modernisation, en conflit.

La phase récente de modernisation techno-économique en Orient a entraîné de vives réactions dans les pays où elle est intervenue de la manière la moins organique, imposée d'en haut comme en Iran ou résultant, comme en Arabie saoudite ou dans les Émirats, d'un changement induit par l'afflux des capitaux du pétrole. Dans les nations les plus peuplées, elle a suscité une réaction morale forte. Le retour de bâton a été violent et a inauguré un cycle *jihadiste* contre un Occident assimilé à la

1. *La lumière vient de l'Occident*, Paris, Éditions de l'Aube, 2001, p. 201.
2. Le cas du Japon est plus complexe.
3. C'est-à-dire le fait que le salut est de plus en plus associé à la conduite de chacun, à sa moralité et non à un décret céleste insensible aux conduites des hommes pendant leur passage sur la terre.

décadence. Cette réaction s'est opérée là où la modernisation a paru la plus menaçante parce qu'elle était aussi la plus artificielle, la moins endogène. On n'observe pas de réaction à la modernisation techno-économique aussi forte dans les pays émergents où celle-ci est intervenue de manière plus organique, bien que le rythme de la croissance et du changement technique y ait été plus fébrile, plus rapide. En Inde, les partis qui se réclament de l'*Hindutva* (l'intégrisme hindouiste) ne sont pas hostiles à la modernisation et la libéralisation engagées par le parti du Congrès. En Chine, la modernisation suscite des luttes pour les libertés démocratiques aujourd'hui très intenses. Ces luttes et le renouveau du confucianisme chinois semblent être des affirmations identitaires spécifiques plutôt qu'un témoignage antimoderne. À la différence des pays producteurs de pétrole, pour lesquels la modernisation s'est imposée d'en haut, c'est à la fois de la société civile et des acteurs économiques, en Inde notamment, que sont venus les changements au début des années 1980 et 1990. Pour l'heure, les mœurs issues de traditions parfois millénaires coexistent avec une modernité technique et commerciale et s'imbriquent avec des mœurs nouvelles, sans provoquer une forte réaction moraliste.

Il n'en est pas de même dans la plupart des pays musulmans. Alors que l'opinion publique en Europe s'effraie des injonctions d'un islam qui serait resté celui du Prophète, les spécialistes insistent sur la *westernisation* des sociétés musulmanes[1]. Ils soulignent le fait que les pays musulmans sont pris dans le mouvement de modernisation inauguré par les sociétés occidentales[2]. Cela me paraît un peu rapide. Les tensions liées à la modernisation techno-économique prennent une forme expressément politique dans les sociétés où les autorités prétendent, ou ont prétendu, au gouvernement des âmes, comme en Iran, en

1. Cf. Olivier Roy, *L'Islam globalisé*, Paris Seuil, 2005 ; P. Haenni, *L'Islam de marché*, Paris, La République des Idées/Seuil, 2005.

2. Le respect le plus rigoureux de la séparation des sexes en public, la diffusion en privé de pratiques rien moins qu'ascétiques témoignent-ils de la modernité ? En tout cas pas au sens où l'autonomie pratique et la liberté personnelle ont été pour les Occidentaux corollaires de la modernisation technique.

Afghanistan, au Pakistan, au Soudan, en Éthiopie, en Somalie ou en Arabie. Au cours des années 1990, dans ces pays, les fondamentalistes ont pris en charge un agenda social conservateur ; s'ils ne cherchent pas toujours à changer les institutions, ils ont largement contribué à promouvoir la charia dans la vie civile[1]. Dans plusieurs pays, du nord du Nigeria à la vallée du Swat au Pakistan, une interprétation stricte de la loi musulmane a conduit à des lapidations publiques et à d'autres violences[2]. Par-delà ces situations extrêmes, au cours des trente-cinq dernières années, là même où il y a une modernisation techno-économique venue d'en haut, le *backlash* a été extrêmement net s'agissant des mœurs : séparation des sexes, réclusion des femmes (*purdah*), affaiblissement des droits individuels dans la loi civile, développement d'une interprétation littérale des principes religieux. Cet agenda autoritaire et moraliste a eu des répercussions en chaîne dans la plupart des régions de tradition musulmane, même éloignées des épicentres les plus conservateurs. Le retournement fondamentaliste n'est pas parti des secteurs les plus arriérés des sociétés du Moyen-Orient ou de l'Asie centrale. Il est présent dans les villes et chez les classes cultivées en Turquie, en Arabie et en Iran[3], où une fraction des élites a compris qu'il fallait surfer sur la vague fondamentaliste pour profiter de la globalisation[4]. Dans ces pays, les élites éduquées à l'Ouest jouent le rôle d'intellectuels organiques dans l'alliance de classe apparemment paradoxale entre une population pauvre et traditionaliste et des couches sociales qui profitent de la globalisation économique. Celles-là mêmes qui avaient promu des avancées des droits favorisent désormais le retour de prescriptions morales iniques.

3. Cf. Olivier Roy, *L'Islam globalisé*, *op. cit.*

4. Au Nigeria, douze États du Nord ont mis en application la loi civile musulmane.

1. Cf. Fariba Addelkha, *Être moderne en Iran*, Paris, Karthala, 1995 ; Nilufer Göle, *Musulmanes et modernes. Voile et civilisation en Turquie*, Paris, La Découverte, 1993.

2. Ces poussées fondamentalistes institutionnalisées vont parfois au-delà des mœurs. Ainsi, en Iran, l'âge du mariage des femmes a été abaissé à 13 ans, tandis que depuis 1986 l'âge réel augmente.

Dans tous les pays arabes, le conservatisme moral a une base ancienne, liée aux organisations sociales segmentaires, dont ont hérité les États. Ainsi, bien que dans la plupart des pays les lois impliquent le consentement de la fiancée à son mariage, une femme a besoin d'un tuteur pour se marier – habituellement son père. La femme doit « obéissance à son mari », qui dispose à travers le *talaq* (répudiation) de la possibilité de se séparer d'elle (l'inverse est impossible). En Iran, depuis 1980, la polygamie est redevenue légale ainsi que la répudiation (sous contrôle du juge). En Égypte, la Constitution amendée en 1971 proclame l'islam religion d'État, rejetant les Coptes et faisant de la charia la principale source d'inspiration de la loi civile. En 1985, le *Jihane Act* abroge la loi sur le divorce et la remplace par des dispositions restrictives qui resteront en vigueur durablement[1]. L'involution est sensible également en Tunisie, où la poussée paritaire et séculière fut imposée d'en haut : Bourguiba avait pris d'énormes distances avec la tradition patriarcale, interdisant la polygamie et la répudiation, élevant l'âge légal du mariage des femmes[2]. Au Maroc, en revanche, la lutte pour l'indépendance a été simultanément une lutte pour l'islam, et conduisit à l'établissement en 1958 d'un Code de la famille (*Mudawana*) qui prenait le contre-pied de l'héritage du Code civil français. Depuis, la modernisation du Code de statut personnel a été maintes fois différée. Le Code de la famille de 1984 en Algérie marque un retour en arrière, matérialisé par de larges concessions aux conservateurs religieux. En dépit de l'élan donné, dans les années qui précédèrent l'indépendance, à l'éducation des femmes et bien que la moitié des médecins et un tiers des avocats et magistrats soient des femmes, la majorité d'entre elles disent qu'elles n'ont pas eu la liberté de choisir leur mari[3].

3. Récemment, une loi plus favorable aux femmes a été votée, encore qu'elle exonère, dans le cas de divorce à l'initiative de la femme, le mari du devoir de verser une pension.

2. M. Tessler *et al.*, « Tunisian attitudes toward woman and child rearing », in J. Allman (éd.), *Woman's Attitudes and Fertility in the Muslim World*, New York, Praeger, 1978.

3. Interviewées à la fin des années 1970, d'après D. et M. Coester, « Formation of Marriage », in *International Review Encyclopedia of Comparative*

L'accroissement de la pénétration de la charia dans la loi civile depuis près de trente ans concerne l'ensemble de ces pays.

En Afrique noire, la libéralisation des échanges dans un contexte défavorable, les politiques d'ajustement structurel dictées par la Banque mondiale et le FMI ont déstabilisé les sociétés, à l'Ouest notamment, et suscité des inquiétudes. Comme en Iran ou en Algérie, la modernisation, qui s'opère sous une contrainte extérieure, induit, par compensation, un besoin de sécurité, et du ressentiment contre l'Occident. Alors que beaucoup de pays d'Afrique sahélienne avaient tenté dans les années 1960 de favoriser à la fois une politique de développement économique et une évolution morale libérale, la fin des années 1990 voit une désillusion à l'égard du développement et simultanément, sous une critique de l'individualisation des mœurs, une volonté de restriction de l'autonomie des femmes.

En Afrique de l'Ouest, l'islam a trouvé une forte asymétrie des sexes lorsqu'il s'est emparé des sociétés du Sahel sous les Almoravides au XIe siècle. Cependant, l'islam noir, soufi, qui s'est transformé durant le XIXe siècle avec la réforme musulmane d'El Hadj Omar et d'Ahmadou Bamba, a plutôt été un courant politico-religieux égalitaire – sauf, et dans un second temps, avec les peuples conquis – qui a triomphé au sein de sociétés très hiérarchiques. Cet islam noir s'est internationalisé très tôt. Les grandes confréries fondées par Usman dan Fodio (*qadiriyya*) et Ahmadou Bamba (*mouridiyya*) ont depuis toujours des relais en Algérie (Ayn Madi) et au Maroc (Fès). Le Mauritanien Sheikh al Wahhab Ujdud établit des liens avec les Tijanes du Nigeria. Après les indépendances, l'islam noir ne reste pas à l'écart des évolutions de l'islam moyen-oriental : il va en subir l'influence. Les leaders religieux africains, qui avaient maintenu leur pouvoir face aux puissances coloniales en séparant fortement le religieux du politique, font face après la décolonisation à des enjeux différents. Dans les années 1960, les confréries deviennent des vecteurs d'influence politique recherchés. Les leaders soufis sont

---

Law, Tübingen et Dordrecht, Mohr Siebeck and Martinus Nijhoff, 1997, p. 22.

mobilisés par les acteurs politiques et entrent en compétition pour s'attirer les soutiens les plus larges.

L'éloignement des musulmans noirs, depuis deux décennies au moins, de la tradition d'ouverture morale de l'islam soufi semble associée à la montée des fondamentalismes dans le reste du monde musulman. Ce sont, dans la plupart des pays africains, les élites socio-économiques éduquées à l'Ouest qui ont été porteuses d'une radicalisation de l'islam. Ce sont elles qui provoquent des scissions et des transformations dans l'islam noir. Dans les années 1980 et 1990, la séparation entre les domaines religieux et politique, nette dans l'islam des confréries soufies, a tendu à se brouiller[1]. Symptomatiquement, au Sénégal, des étudiants qui ne viennent pas des familles maraboutiques développent le mouvement radical Hizb-at-tarqiyyah, puis le Mouvement mondial pour l'unicité de Dieu[2]. En Gambie, les étudiants formés à l'université Al-Azhar du Caire ont entrepris de purifier les pratiques de l'islam, et l'influence wahhabite s'est accrue. Des réseaux politico-religieux foncièrement antisoufis ont été financés au Sénégal par la Libye de Kadhafi, par l'Arabie saoudite sous l'égide des wahhabites, par les Frères musulmans d'Égypte. Ils militent activement pour l'implantation de la charia. Ainsi, en 2003, un Comité islamique pour la réforme du Code de la famille, au Sénégal, rédige un code qui s'en inspire largement. En Afrique du Nord et au Sahel, dans les années 1980 et 1990, les associations féministes qui s'affrontaient avec les forces religieuses autour de la réforme de la loi familiale, et avaient marqué des points, voient leur légitimité se réduire.

Bien avant les indépendances, à la fin du XIXe siècle, des réformateurs musulmans avaient affirmé la nécessité d'adapter la loi familiale musulmane à la modernisation des sociétés ; les indépendances ont marqué un premier retour vers des normes plus strictes. Dans un pays comme le Mali, où le clergé musulman n'est guère puissant, le premier gouvernement de Modibo Keita

1. Cf. R. Loimeier, « Nigeria, the quest for a viable religious option », in W. S. Miles, *Political Islam in West Africa*, Viva books, New Delhi, 2008.

2. Cf. Leonardo A. Villalon, « Shades of islamism on a sufi landscape », in W. S. Miles, *Political Islam in West Africa*, *op. cit.*

a fait adopter un code séculier. Ailleurs, sous la pression des néofondamentalistes, les confréries soufies se sont faites les porteurs d'un agenda moral autoritaire et misogyne. La généralisation de la référence à la charia et sa mise en œuvre pratique participent, aux yeux de leurs protagonistes, d'une « décolonisation » morale, d'une volonté de s'écarter des codes et des valeurs apportés par les Européens.

Un système dual s'est ainsi établi dans le droit civil en Afrique : les lois influencées par le droit européen, notamment le Code civil napoléonien dans les pays francophones, coexistent avec un droit coutumier extrêmement patriarcal. Ce droit ignore la notion d'individu et ne considère la personne qu'au sein d'entités plus larges – la famille étendue – qui sont les véritables sujets de droit. Or le droit coutumier, loin de perdre du terrain, en a gagné dans les dernières décennies. Certes, l'adoption en 1981 d'une Charte africaine des droits de l'homme a permis de reconnaître une série de droits fondamentaux individuels, mais cette charte est largement restée lettre morte. Dans beaucoup de pays, la réaction contre le pouvoir colonial est passée par une réaction contre les lois plus égalitaires entre les sexes qu'il avait promues. Le retour vers la tradition interprétée dans un sens conservateur et rigide s'est amplifié. En se faisant les champions d'un anti-occidentalisme dont le fondamentalisme wahhabite est la forme majeure, les nouvelles élites parviennent à obtenir le soutien politique des couches populaires et ainsi à canaliser le mécontentement dû au fait que l'indépendance n'a pas apporté de progrès économique, voire l'inverse. En reconstruisant des formes de contrôle traditionnel au sein de la société civile, les tendances récentes sont allées à rebours de l'élargissement de l'autonomie individuelle qu'ont apporté en Europe, dès la fin de la période féodale, l'arrachement aux mœurs villageoises et le développement des villes, d'abord dans l'arc hanséatique, puis presque partout.

Espace public et religiosité

Cette fermeture de l'islam et cette re-traditionalisation se diffusent à travers les migrations en Europe. Les villes européennes sont les lieux d'un affrontement moral. Les changements touchent en effet des aspects de la vie sociale considérés comme infrapolitiques. La tension est vive partout. En France, vieux pays d'immigration que la forte affirmation d'un credo universaliste a conduit à occulter sa diversité, aux Pays-Bas, qui ont une tradition de tolérance, dans les zones plus fermées d'Europe centrale.

Bien qu'ancienne, la cosmopolitisation de notre vie nous prend à contre-pied, d'autant que, loin d'être porteuse de modernité, elle introduit dans notre univers des pans entiers de coutumes lointaines, souvent rurales, très décalées. Les étrangers qui venaient autrefois s'appliquaient à nous ressembler, ils semblent se poser aujourd'hui dans leur altérité. À notre grande surprise, les migrants ne nous voient pas comme la pointe avancée de la mode et de la morale, mais plutôt, au regard de leurs traditions, comme une enclave étrange et déviante. Ceux qui viennent d'au-delà des mers ne sont pas nés sous le signe de notre universalisme. Dans les quartiers pauvres de nos villes, la poussée autoritariste est amplifiée par l'étroitesse des liens des migrants avec des parties du monde dans lesquelles la liberté des mœurs est entravée et les femmes soumises à de fortes contraintes. Les libertés concrètes qui accompagnèrent la révolte de la jeunesse des années 1960 ont été foncièrement associées à un changement de la place des femmes dans la société et à une large expérience de la mixité dans la construction des identités sexuées [1] ; c'est en renversant cette tendance que le repli moral s'est opéré au cours des dernières décennies dans les quartiers immigrés. Une restriction des libertés vestimentaires et comportementales, une diminution de la mixité des relations entre les sexes à l'adolescence, une exigence de séparation des femmes dans les lieux publics, qui avaient disparu dans les villes d'Europe et même, plus récemment, dans beaucoup de pays du Sud, se diffusent de nouveau.

1. Les conséquences majeures de 1968 résident à mon sens dans les lois passées entre 1967 et 1975 sur la contraception, l'avortement, le divorce et l'autorité parentale.

L'homogénéité des modes de vie dans les quartiers populaires européens s'est-elle affaiblie pour autant ? Anthony Giddens a annoncé le déclin de l'importance du lieu dans la modernité[1] en soulignant que les nouvelles technologies telles que MySpace, Second Life, YouTube, favorisent la dissociation de l'espace et du temps. En effet, elles permettent d'être dans le même *espace relationnel,* c'est-à-dire de partager un même moment, sans partager le même lieu. La modernité – le terme de « basse modernité », comme on parle du bas Moyen Âge, conviendrait peut-être mieux – s'accommode fort bien de ce développement de relations grégaires, fusionnelles, à bien des égards proches des interactions néotraditionnelles. Un retour de l'importance du « lieu », au sens d'un mode de vie en présence des autres, à travers une multiplicité les technologies de contact à distance, s'opère. Celles-ci produisent des interactions partiellement semblables à celles des lieux où amis, relations de travail, voisins se rencontrent en face à face. De ce point de vue, les modes de vie dans les quartiers sensibles connaissent une évolution analogue à celle qu'on observe dans les quartiers de classes moyennes. Avec deux différences importantes : d'abord dans les quartiers pauvres, les relations sont plus contingentes qu'électives (entre soi de fait plutôt que choisi). En outre, ces quartiers ne sont pas simplement la transposition dans les pays développés de l'importance du local en Afrique ou en Asie, mais une production *sui generis* de néocommunautés qui véhiculent des normes d'opposition à la modernité « classique », notamment à la mixité et au respect des différences individuelles. Dans ces quartiers, les normes prescrites s'incarnent en des configurations sociables, imprégnant les rôles endossés par les garçons et les filles, les hommes et les femmes. L'isolement et la ségrégation des quartiers immigrés engendrent une dualisation des mœurs dans les villes. Dans les quartiers contigus aux cités, parallèlement, les couches populaires autochtones redéfinissent d'une façon étroite leur francité, leur anglicité ou leur italianité. Si l'extension du phénomène

1. Il le distingue de l'espace physique – chacun inévitablement occupe un peu de surface. Un lieu est un espace émotionnellement investi ; cf. *The Consequences of Modernity*, Stanford University Press, 1991.

doit être appréciée avec mesure, elle n'en constitue pas moins une nouveauté du paysage des villes de l'Europe de l'Ouest. Ainsi, en France, elle est sensible en Région parisienne, dans le Nord, dans l'Est lyonnais, mais aussi dans de petites villes de la vallée du Rhône et sur la Côte d'Azur. Celui qui, connaissant les villes africaines, traverse les quartiers sensibles est parfois surpris d'observer l'amplification des attitudes les plus traditionalistes. Ici, dans les cités faites de grands ensembles où les familles immigrées sont nombreuses, le vêtement et les comportements affirment d'une manière plus ostentatoire, plus caractérisée que dans les métropoles du Sud même, un ordre moral. Une séparation des sexes dans l'espace public, une restriction de la liberté des femmes – dont le voile, pour emblématique qu'il soit, est l'un des plus anodins – se trouvent accentuées.

De cette involution témoignent aussi ce que l'on pourrait appeler des actes de « vendetta » morale, graves ou véniels, mais aussi des actions de lobbying visant à inscrire ce nouveau moralisme dans les règlements des écoles, des salles de sports, des lieux publics. La presse européenne s'est fait l'écho dans les années récentes d'une série d'affaires de meurtres d'honneur, notamment s'agissant de membres de familles venues d'Asie centrale au Royaume-Uni, de familles turques en Allemagne et maghrébines en France. Ce sont des pratiques qu'on trouvait, qu'on rencontre encore parfois, dans le bassin méditerranéen et dans la zone des Balkans. D'après une estimation de la police britannique, qui a passé en revue 2000 meurtres intervenus entre 1996 et 2006, 2 % seraient des meurtres d'honneur[1]. Pour exceptionnels qu'ils soient aujourd'hui, ces crimes sont un phénomène directement associé, dans les pays du nord de l'Europe, au développement de mariages forcés. Au Royaume-Uni, en 2005, un dispositif administratif (*Forced Marriage Unit*) a reçu 5000 appels et traité 300 cas. Les hommes qui ont été forcés à se marier représentent 15 % des situations traitées. Dans la population venue d'Asie du Sud-Est, ces mariages forcés dérivent d'un code appelé *izzat* – honneur de la famille – qui impose aux

1. *Sunday Telegraph*, 17 juin 2007.

hommes du groupe d'agir s'ils veulent échapper au blâme de la communauté et à la honte[1].

Plus rares dans les pays méridionaux d'Europe, du fait d'une immigration venant du Sud et de l'Est plus récente, des affaires pénales liées à la confrontation des mœurs apparaissent cependant. Ainsi, en Italie, la Cour de cassation a acquitté un père musulman qui avait séquestré sa fille et l'avait attachée à une chaise pour la punir de ses mauvaises fréquentations : « Les juges italiens, s'insurge une militante féministe, appliquent deux règles, l'une pour les Italiens, l'autre pour les immigrés[2] ». En France, un juge a accepté l'annulation d'un mariage pour défaut de virginité (avant que la décision ne soit revue) ; même dans un pays où la laïcité fut intransigeante et où la centralisation est forte, elles n'empêchent pas un mouvement de dualisation des mœurs selon les lieux.

À l'école Møllergata d'Oslo, depuis quelques années, garçons et filles suivent des classes d'éducation physique séparées et vont à la piscine à des horaires décalés, l'enseignant étant, bien entendu, du sexe correspondant[3]. Il est difficile de mesurer la fréquence de telles situations, car le ministre de l'Éducation norvégien a déclaré ne pas connaître l'étendue de cette pratique dans les écoles élémentaires. Toutefois, il paraît vraisemblable qu'elle n'est pas anecdotique : à Oslo, 38 % des élèves de l'école élémentaire ont une ascendance directe étrangère, et lorsque la question d'arrangements pratiques concernant l'éducation physique a été posée dans la presse, la secrétaire d'État[4], membre du Parti socialiste (SV), a expliqué que l'usage des piscines est un domaine où l'on doit faire exception à la règle de mixité. On pourrait multiplier les exemples de pressions de cet ordre.

Les lieux des tensions ouvertes – émeutes, inconduites, délinquance – en Europe continentale sont simultanément les lieux

1. Relaté dans *Manilla Times*, 7 novembre 2007.
2. *Libération*, 10 août 2007.
3. Le principal de l'établissement a justifié sa décision en disant que, sans cette mesure, les jeunes filles musulmanes seraient privées d'éducation physique. Au Canada, on appelle cela des « arrangements mineurs ».
4. Lisbet Rugtvedt.

d'affirmation de la part des membres de la seconde génération d'un islam puritain, abstrait, qui n'est pas l'islam de leurs pères.

On a rarement eu l'occasion de lire de manière aussi nette le retour de la religiosité qu'à travers les résultats de l'enquête nationale menée en France par l'INSEE et l'INED en 2008 sur les trajectoires des migrants et des descendants de migrants[1]. Depuis la fin des années 1960, parmi les migrants qui s'installent en France métropolitaine, l'importance accordée à la religion s'élève d'une cohorte à la suivante : les cohortes venues le plus récemment accordent plus d'importance à la religion que celles qui sont arrivées durant la fin des Trente Glorieuses. Si l'importance de la religion n'augmente pas avec l'âge chez les migrants, fait troublant pour ceux qui soutiennent l'idée d'une modernisation des mœurs, dans la seconde génération l'importance accordée à la religion augmente sensiblement chez les jeunes par rapport aux aînés (elle s'accentue en fonction *inverse* de l'âge). Cette élévation d'une religiosité, qui vient essentiellement des migrations musulmanes, se combine avec une lecture plus littérale de l'islam[2]. Ceci constitue un renversement remarquable des tendances observées dans les décennies de l'après-guerre. Cette élévation de la place accordée à la religion accroît la proximité entre la génération des migrants et la seconde génération, née en France, mais élève la distance des uns et des autres avec les segments de la population française qui continuent d'affirmer des valeurs et des conduites séculières[3].

À l'inverse de ce qui se passe en Orient et en Afrique, dans l'immigration en Europe ce ne sont pas les élites sociales qui sont le fer de lance de la réaction morale mais les jeunes en échec scolaire vivant dans les quartiers pauvres et ségrégés.

1. « Trajectoires et Origines » (TeO) : enquête nationale représentative INSEE/INED menée en 2008-2009 auprès d'un échantillon de 21 761 personnes, natifs, migrants, descendants de migrants, domiens et descendants de domiens.

2. Elle peut faire penser à la poussée des mouvements pentecôtistes en Amérique, elle aussi marquée par une forte tendance fondamentaliste.

3. Au Nord, comme on l'a dit, il y a un retour de la religiosité et un frémissement vers le haut de la pratique.

Migrants et descendants de migrants : importance accordée à la religion selon l'âge et la période d'arrivée en France

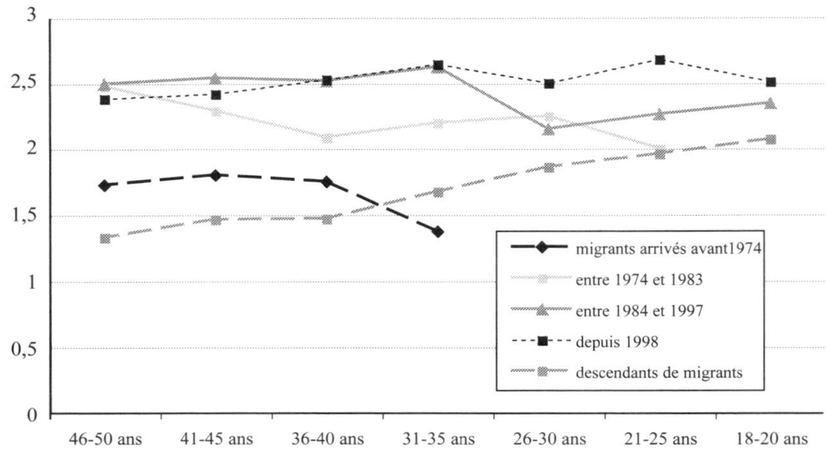

Source : enquête « Trajectoires et Origines ». Lecture : plus le score est élevé, plus l'importance accordée à la religion est grande ; l'abscisse est inversée : les jeunes générations figurent à droite.

Les procédures de construction du mérite dans les sociétés modernes dessinent en effet un nouveau paradigme pour les affrontements sociaux. L'échec scolaire précoce favorise la diffusion chez les adolescents d'un sentiment de dévalorisation de soi d'autant plus fort qu'ils ont intériorisé l'idéologie méritocratique et compétitive. Les adolescents issus des migrations comme leurs pairs issus des sociétés du Nord ou d'Extrême-Orient ont fait leur le credo universaliste de l'égalité des chances. Comme le remarque Marie Duru-Bellat, « performance et excellence sont présentées comme des objectifs découlant du souci de développement de soi [...] inhérent aux sociétés individualistes [...]. Héritage de l'éthique protestante, qui fait du succès un moyen de salut personnel, cette norme de l'excellence s'inscrit aujourd'hui dans un contexte de concurrence économique de plus en plus dure[1] ». Cette idéologie du mérite, que chacun

1. Marie Duru-Bellat, *Le Mérite contre la justice*, Paris, Presses de

ressent plus ou moins douloureusement, est en phase avec les exigences de la modernité du dernier XXe siècle. La « règle de jeu » définie par le mérite scolaire, comme toute représentation que les hommes se donnent de leur valeur, se naturalise comme un monde acceptable et un mode naturel d'attribution des places et de construction de la reconnaissance. Michael Young, dans une fable sociale déjà ancienne, a montré le danger d'une société qui prendrait ce modèle méritocratique pour autre chose qu'un horizon provisoirement nécessaire. Pour autant, on ne décrète pas un changement des idées directrices qui sous-tendent les fonctionnements sociaux, sans que ces fonctionnements sociaux changent eux-mêmes. Tant que la croissance à tout prix continuera d'être l'axe de développement historique, cette idéologie méritocratique compétitive sera dominante. Les enfants des hommes et femmes qui ont traversé les mers pour venir partager notre accomplissement productiviste doivent, *nolens volens*, adopter ce méritocratisme compétitif des sociétés qui se sont lancées dans une course à la modernisation, même si les craquements de la planète font sentir la nécessité d'un autre modèle. Les élites issues de l'immigration, pour qui cette idéologie est la plus naturelle, l'adoptent tout en préservant leur identité. Mais, parmi les générations issues des migrations africaines, notamment pour les garçons en échec scolaire, le besoin de dignité bafoué à l'école passe par l'adhésion à un islam revisité par les fondamentalistes. Ces jeunes peu diplômés, qui ne peuvent remplir cette exigence méritonatique, sont attirés par une critique de l'Occident. Ils trouvent une source d'estime de soi et une justification en se déclarant musulmans[1].

En nous installant au cœur des dynamiques socio-spatiales, nous allons voir comment ces enclaves sociales et morales se sont formées et comment l'isolement des migrants a contribué à exacerber les tensions sociales et à rendre plus difficile l'intégration.

Sciences Po, 2009, p. 124 ; cf. aussi François Dubet, *Le Travail des sociétés*, Paris, Seuil, 2009.

1. Cf. Farhad Khosrokhavar, *L'Islam dans les prisons*, Paris, Balland, 2003.

CHAPITRE III

LE VAL-FOURRÉ À MANTES-LA-JOLIE : 1980 À 2005

Rachid a grandi à Guerville, une petite cité sur le bord du Vexin où se sont installées une vingtaine de familles marocaines d'employés des usines Renault. La cité jouxte un ensemble de pavillons « castors » qui abritent des familles bretonnes si nombreuses qu'avec trois familles on peut faire une équipe de foot. Les « castors » travaillent aussi chez Renault. Il y a une émulation entre Bretons et Marocains qui se retrouvent tant au collège que sur les terrains de jeux. Dans la cité marocaine, 90 % des candidats reçus au bac l'ont été l'année où Rachid s'est présenté. Ces adolescents marocains, d'abord scolarisés dans des collèges techniques, ont passé des CAP et sont allés en seconde spéciale. Après un long détour, ils ont rejoint l'enseignement général. Chez les « castors », il y a eu moins de bacheliers parce que les parents pensaient que pour les enfants le mieux serait de se contenter d'une formation professionnelle. Rachid ne tarit pas d'éloges à l'égard de ses maîtres des premières années : « La directrice d'école était une femme remarquable, elle jouait de l'harmonium, organisait des projections et nous emmena en voyage scolaire à Oradour-sur-Glane. Français ou Marocains, on avait tous des mobylettes. La culture, c'était le bal populaire à la Maison pour tous, c'était le foot et la marche à pied. La génération suivante a eu droit au ski, aux sorties en boîte, elle a eu plus de moyens matériels et c'est là que l'échec scolaire a été plus élevé. On était communautaire à la cité marocaine, on jouait au foot ensemble, les gars de Mantes, on les acceptait pas parce qu'ils foutaient le bazar, on préférait jouer avec les Bretons. Un jour, après un match Maroc-Algérie, il y a eu une bataille de pierres avec les Bretons, il se trouve que dans une des familles de la cité des “castors”, un père était algérien, alors ils avaient tous pris parti pour l’Algérie. Mais c’est tout. On ne se sentait pas moins bien lotis que les petits Bretons, on avait de bons échanges : le foot, les majorettes, on avait créé une troupe de théâtre, on faisait des chars fleuris pour le festival de Nice. Maintenant les petits Bretons, quand ils vont à Agadir, on leur donne des adresses. On n’a jamais eu de bagarres entre Marocains et Bretons. Le travail était dur. Mon père, son boulot c’était de charger les sacs de ciment dans les camions, il ne s’en plaignait pas. Certes nos parents n’avaient pas fait l’école mais ils étaient conscients de l’enjeu et désireux que nous fassions des études générales. Les enfants à l’époque pouvaient passer trois ou quatre ans en cours préparatoire s’ils ne maîtrisaient pas la lecture. » Rachid, qui a fait de solides études, est nostalgique de ces temps héroïques où natifs et immigrés s’accordaient dans la célébration de la réussite scolaire. Ailleurs, dans le bassin aval de la Seine, les situations sont moins iréniques.

Mohamed B., qui est de la même génération et a habité longtemps le Val-Fourré, incarne une autre expérience que celle de Rachid, sans doute plus courante dans les grandes cités. Il est né en France, en décembre 1963, de parents algériens. Monsieur B. père, arrivé en 1947, avait fait venir sa femme, ils ont vécu plus d’une décennie en France, puis sont retournés en Algérie, avec Mohamed, leur fils aîné. Ils y restent sept ans puis, de nouveau, ils reviennent en France en 1970. Le père est alors embauché comme cariste dans une usine de stockage des Mureaux – « Profil » –, la mère travaille à l’ancien hôpital de Mantes. Mohamed est le seul Français, ses frères cadets sont nés en Algérie. Les B. obtiennent un appartement de quatre pièces dans le quartier des Peintres, rue Jean-François Millet. Mohamed le trouve « super-grand ». Il va à l’école Bernard-Palissy puis au collège Paul-Cézanne. Ses parents, dans la tour Millet, côtoient des pompiers, des fonctionnaires de police, des ouvriers de Renault et Peugeot, logés dans le cadre du 1 % patronal. Il y a encore peu de familles d’origine africaine, la doctrine de l’époque étant de ne pas dépasser un seuil de 15 %. Les rotations des cars, qui viennent chercher les ouvriers postés en trois-huit et les y ramènent, rythment la vie de la tour. « Je suis un gamin de Mantes-la-Jolie », dit-il. Ses parents divorcent quand il a 10 ans, il continue à habiter tour Millet. « On est restés avec ma mère, dans cette tour, et j'y ai habité jusqu'à mon service militaire en 1982… Ma grand-mère habitait alors au 27, ma tante, 20 rue Edgar Degas, une autre tante, 40 rue Degas, au 11e étage. Tout le monde s'est regroupé dans les tours des Peintres… Au collège, j'étais très bon en français, pas mal en anglais, en maths quand on a commencé à me parler avec des *y*, des *x* et des *z*, c'était fini. En quatrième j'étais délégué de classe et en troisième délégué du collège. » Mohamed se dit littéraire, mais, orienté vers la comptabilité, il s'inscrit sans conviction à un CAP où il échoue. Hors du collège, il tourne à vide. Il passe beaucoup de temps dehors dans le quartier.

Adolescent, il se lève rarement tôt, mais parfois il regarde les hommes s'acheminer vers les cars qui partent pour Flins ou Poissy, se prend à rêver et se rendort. Il est beaucoup plus tard quand il sort dans la rue, arpente le parking à moitié désert, puis marche vers la Dalle où il pense retrouver des copains. Un soleil de juin inonde la vaste place carrée, les salons de thé s'emplissent. Au centre, dans l'ombre maigre des arbres, des hommes âgés devisent. Mohamed se rappelle une place à Oran, c'est incroyable la puissance de suggestion d'un lieu. Une foule bigarrée s'affaire autour des étals. Les commerces débordent dans les rues adjacentes. Mohamed croise des mamans du pays, des Africaines avec leurs boubous, il regarde sans y prêter intérêt les amoncellements de vaisselle, ruisselant de dorures, des bouquets de couverts étincelants, des brassées de cuvettes en plastique multicolores qui voisinent avec des outils de fer, des sacs de pommes de terre et des tas de légumes. Des tissus s'agitent dans le vent. Ce sont surtout des mères de famille qui achètent. Deux femmes attirent son attention. L'une arbore des lunettes à fines montures d'or serrées dans un foulard léger repris sur le cou, l'autre est une femme jeune, qui marche tête nue. Ses mèches drues forment une touffe dense, énorme, sauvage, puissante. Il « mate » mais n'ose rien faire. Les deux sexes ne se rencontrent pas aisément dans la cité. Mohamed est souvent dehors avec des copains. Enfants, ils squattaient le parking de la rue du

Commandant-Bouchet pour jouer au foot entre les voitures. Ils ne sont plus des gamins, ils rouillent, et depuis quelque temps Mohamed est devenu leur porte-parole et leur leader.

Situé à 50 kilomètres à l'ouest de Paris, le bassin urbain de Seine-Aval désigne une zone qui va de Vernouillet à Rosny-sur-Seine. Cet ensemble de communes unies par divers dispositifs intercommunaux, possède aussi une unité comme bassin d'emploi. Son histoire est marquée par le développement de l'industrie automobile au cours des années 1950 à 1975, par la venue de travailleurs du Maghreb, notamment du Maroc, puis d'Afrique noire dans les années 1970. Les femmes et les enfants sont arrivés dans le cadre du regroupement familial dans les décennies 1980 et 1990.

De Vernouillet à Rosny, de grands ensembles ont été édifiés pour loger les familles des travailleurs immigrés mais aussi les familles autochtones qui viennent en grand nombre au début des années 1970. Ainsi, à Mantes-la-Jolie, le Val-Fourré a été construit sous la pression des besoins de logements de l'industrie automobile. En application d'une décision ministérielle du 10 août 1962, la ville est sollicitée pour loger 500 rapatriés d'Afrique du Nord. La SCIC, filiale de la Caisse des dépôts, met en place avec la municipalité une société d'économie mixte (SERM) afin de pouvoir loger des Mantais dans les HLM. La SCIC fait là ce qu'elle a fait à Sarcelles et ailleurs : des immeubles en bande et des tours. En 1971, sur 8 230 logements planifiés, 5 400 sont construits dont 5 000 HLM. Dans les années 1974-1976, le gouvernement autorise et encourage même le regroupement familial, permettant aux femmes et aux enfants de rejoindre leurs maris et leurs pères. Il fallut leur fournir des logements plus grands, ce qui « était facile, du fait de l'exode massif de nombreux habitants du Val-Fourré, optant pour la construction individuelle dans les lotissements réalisés à Magnanville, Buchelay ou dans le Domaine de la Vallée à Mantes-la-Ville [1] ». En janvier 1982, au moment où les politiques de la ville se mettent en place, le

1. Anonyme, *Histoire de Mantes*, Mantes-la-Jolie, Archives municipales de la ville, p. 225.

Val-Fourré est déclaré « îlot sensible », devenant ainsi, quasiment dès sa création, un lieu d'exercice privilégié des politiques de la ville. On envisage de désenclaver la ZUP, de développer les équipements sociaux[1], de sécuriser la population par la création d'un poste de police. La cité est au centre des préoccupations du Conseil communal de prévention de la délinquance, dès sa mise en place en 1982. Les écoles et collèges du Val-Fourré sont classés « ZEP » en 1983. Le bassin Seine-Aval est emblématique des situations auxquelles s'affronte la politique de la ville. Le temps du mélange social, sans doute du fait du changement brutal de conjoncture, aura été très court.

Vers la fin des années 1980, à Mantes-la-Jolie, aux Mureaux, à Chanteloup, dans d'autres villes de la vallée de la Seine, des jeunes issus de l'immigration maghrébine ont formé des associations pour exiger des lieux d'accueil, des moyens pour mener des activités culturelles – musique, danse, sorties. Ils refusent de se contenter du programme « utilitaire » des Missions locales pour l'emploi qui leur proposent des stages plus ou moins bien conçus et qui, ne correspondant pas aux besoins réels des entreprises, débouchent rarement sur des embauches. De plus, ils ne veulent pas tout de suite trouver du « taff », ils veulent prendre le temps de vivre. « On nous traite comme si on était des malades, à réparer au sortir de l'enfance », disent-ils. Le mot « malade » est significatif : la politique des quartiers a dû renoncer à mobiliser ceux qui y vivent et se contente d'administrer des soins. Les habitants des quartiers doivent être réhabilités, restaurés, réparés. Les moins de 25 ans ne le comprennent pas.

Le contexte de croissance économique ralentie accroît les tensions. Il y a des suppressions d'emplois à l'Aérospatiale, la CIAP qui fait des enductions de papier ferme ses portes,

2. Dans les années 1983-1984, en même temps que commencent des réhabilitations de certains immeubles, se met en place le Centre d'information et d'animation municipale qui comprend une bibliothèque, une discothèque, un théâtre, le Chaplin, animé par Olivier Hussenot et inauguré par Jack Lang : effet décalé de l'esprit de l'éducation populaire.

Dunlopillo met en place un plan de restructuration et licencie. Les faillites se multiplient, le chômage monte. Simultanément, la délinquance augmente partout, les infractions liées aux stupéfiants s'élèvent[1]. La politique sécuritaire se durcit, la prévention patine. Alors qu'il aurait fallu s'en préoccuper dix ans plus tôt, les municipalités commencent timidement, aiguillonnées par le Fonds d'action sociale (FAS), à se préoccuper du soutien scolaire pour ralentir l'échec en primaire et au collège, mais c'est insuffisant et les fruits de cette action seront longs à mûrir. Ces mesures, comme une digue trop faible pour empêcher la montée des eaux, ne rétablissent une vie normale ni à l'école ni dans les quartiers. Il n'y a guère d'avancées. La gauche dit, non sans arguments : « C'est la faute au chômage et au manque de formation », sans pourtant tirer véritablement les conséquences en matière de formation professionnelle, de qualité de l'offre éducative, d'expérience des maîtres. Ses réponses, dominées par un idéal d'assistance, curatives plus que préventives, ignorent les préalables de l'insertion dans des emplois tertiaires même modestes. Les jeunes qu'elle met en stage n'ont aucun bagage scolaire, ils ont tout « zappé », ils ne veulent pas des emplois dans les secteurs comme le bâtiment ou la restauration, ils veulent encore moins être ouvriers d'usine comme leurs pères. Les violences dans les quartiers et les écoles des cités sensibles se développent selon des lignes de clivage nouvelles, marquées par les effets de la ségrégation ethnique, des différences linguistiques et religieuses que notre culture politique prétend ignorer. Chaque groupe se ferme sur la conception la plus étroite et la plus défensive de ses valeurs. Les difficultés scolaires se présentent comme un échec de chaque individu et alimentent le ressentiment : chacun tente de reconstruire l'estime de soi dans une situation perçue comme injuste. L'humiliation subie à l'école par les adolescents issus des migrations prend un relief particulier dans un contexte où le regard des autres a pris une place centrale. Cette perte d'estime de soi apparaît comme la souffrance majeure d'une personnalité extro-déterminée. Les jeunes des cités pas moins que les enfants des classes

1. Ainsi, deux tonnes de haschich ont été saisies à Bouafle en mai 1993.

moyennes sont affrontés aux exigences d'une construction narcissique, qui ne s'imposait pas à ce degré aux migrants, leurs moyens d'y parvenir étant réduits ; ils sont amenés à chercher d'autres manières d'emblématiser leur moi : les affrontements entre groupes ou avec la police – qui sont souvent l'objet d'une mise en scène (ceux du parvis de la Défense, par exemple) – y participent. La société favorisant le spectaculaire encourage les déviances exhibitionnistes.

L'ancien délégué du collège Paul-Cézanne est un de ces jeunes Maghrébins sur lesquels la nouvelle municipalité, dirigée par Paul Picard, cherche à s'appuyer, mais ne sait comment. Le maire tergiverse, les enfants des migrants ont des exigences que leurs parents n'avaient pas. Comme beaucoup d'autres, Mohamed ne peut se contenter de fonctions d'animateur bénévole, il lui faut des « tunes ». Il s'exaspère des lenteurs et de la pusillanimité de la municipalité. « Je me suis mis à faire tous les boulots du monde… J'ai commencé à décharger les camions… » Pendant un temps, il va distribuer de la publicité dans les boîtes à lettres pour les grandes surfaces. Il est efficace et propose rapidement à un de ses clients d'élargir son activité. « Quand il faut se taper les boîtes à lettres dans les bleds environnants, ça demande de la main-d'œuvre. » Ce n'est pas un problème. Il a de l'entregent dans le quartier et recrute des gars du Val-Fourré pour les distributions publicitaires. Ainsi est-il devenu rapidement une sorte de chef d'équipe qui gagne assez bien sa vie. Au moment où éclatent les événements de 1991 à Mantes-la-Jolie, il n'habite plus le Val-Fourré, il vient tous les jours de Saint-Cyr pour organiser le travail. Il joue sur deux registres : c'est à la fois un petit entrepreneur et un garçon d'influence. S'il fait du business légal, il connaît intimement ceux qui ont d'autres ressources. Les événements violents – trois morts – qui ont eu lieu au Val-Fourré, à Mantes-la-Jolie et aux Mureaux en juin 1991 ont fait basculer les alliances et les rapports de forces. Mohamed B., à travers ces événements, est entré en politique. Il incarne bien le côté entrepreneur social des jeunes Maghrébins rebelles. C'est l'homme des coups qui marchent, il devient aussi intéressant que gênant pour les élus locaux. Déçu des propositions de l'équipe municipale, il organisera un peu plus tard des élections au Conseil de quartier, pour construire une alternative. Mohamed a croisé pas mal d'autres jeunes engagés dans un militantisme plus ou moins radical. Plusieurs d'entre eux, issus de l'immigration maghrébine, qui n'ont pas de bagage scolaire partagent leur temps entre un militantisme échevelé, des petits boulots et des galères moins avouables. Lors des obsèques de Youssef Khaïf, mort lors des événements de 1991, les jeunes des cités du Val-de-Seine étaient nombreux, une pléiade d'acteurs politiques nouveaux est apparue parmi eux. Des « fondus » comme Mohamed Hocine, un ami de Youssef Khaïf, des réformistes radicaux comme Gasby, des « voyous » assagis comme Yazid Kherfi, des révoltés réfléchis comme Lakdhar Kherfi, frère de Yazid. Mais, entre les notables de gauche et les leaders maghrébins rebelles, « la mayonnaise » ne prend plus. Ils sont trop peu contrôlables. Cela ne va guère mieux avec les radicaux réformistes comme Mohamed B. ou les repentis comme Yazid. Personne n'ose travailler avec eux. La municipalité tente seulement de mettre dans sa poche les leaders les plus influents, sans leur donner véritablement une place politique. Il aurait fallu trancher dans le vif, les intégrer dans les équipes municipales, au risque de mécontenter l'électorat le plus frileux sur ces questions, prendre le risque de gouverner la ville avec les « Arabes ». Progressivement, les leaders maghrébins s'éloignent.

Au lendemain des événements de 1991, à Mantes, la crise des associations de jeunes s'amplifie. Dépourvus de perspective, les jeunes désœuvrés multiplient les incidents visant les dispositifs sociaux et les personnes mêmes qui relient la cité à la ville. Au début de l'année 1992, plusieurs médecins du Val-Fourré, installés de longue date, sont agressés par des toxicomanes qui exigent qu'ils leur prescrivent des produits inscrits au tableau B. Dans les bus, il y a des altercations et des agressions contre les chauffeurs. Les tensions entre élèves et enseignants se multiplient. Ceux-ci ne font plus lien entre les élèves en rébellion et le monde des adultes. Acteurs de première ligne malgré eux, étrangers au quartier, que souvent ils n'habitent plus, les enseignants ne sont que rarement impliqués dans la vie associative locale et ignorent à peu près tout des enjeux sociaux de la ville[1]. À ce moment, les habitants de la cité qui le peuvent – autochtones, rapatriés ou devenus français – sont encore massivement inscrits sur les listes électorales, mais beaucoup de ces citoyens habitant la cité se tiennent éloignés de la vie publique. La première marque de cette aliénation politique est ce taux élevé d'abstention parmi ceux qui ont la citoyenneté française. Comme dans beaucoup d'autres villes, dans les grands quartiers d'habitat social le déclin de l'engagement civique se traduit par la faiblesse de la participation électorale. Cette année 1993, les électeurs ont éliminé la gauche au premier tour, hésitant entre l'extrême droite et la droite. Dans deux des « bureaux de vote » situés au cœur de la cité, la minorité qui s'exprime par les urnes donne ses suffrages au parti qui stigmatise ouvertement les Arabes et les Noirs. Le changement politique a été précédé par le départ des couches moyennes et des techniciens qui figuraient parmi les premiers habitants de la cité HLM. Ceux qui partent de la cité au cours de la dernière décennie du XXe siècle sont des familles populaires autochtones, des familles pieds-noirs ou portugaises, des Maghrébins qui ont su garder un emploi ou profiter des dispositifs de reconversion mis en place dans l'industrie automobile. Les familles venues d'Afrique noire sont de plus en plus nombreuses mais plus isolées encore. L'alliance des classes moyennes, notamment enseignantes, qui, en France, sont les soutiens traditionnels de la gauche, avec les catégories ouvrières, s'est défaite. Avec la rupture de cette alliance, c'est aussi le lien entre une position sociale et une orientation politique construite par le mouvement social et syndical au lendemain de la Seconde Guerre mondiale qui disparaît. Dans la

1. Les événements de 1991 ont ouvert une brèche dans les soutiens du maire Paul Picard. La difficulté pour le candidat gaulliste Pierre Bédier, son opposant, sera d'empêcher l'extrême droite de tirer parti de la situation. Le terrain perdu par la gauche depuis 1988, qui a paru ouvrir un espace large au Front national, est reconquis par Bédier dès 1993. Au premier tour des élections législatives, parvenu à percer les lignes de la gauche, il se retrouve au second tour face au Front national et l'emporte. L'ancien instituteur socialiste, élu pour la première fois en 1977, réélu en 1983 et 1989, sait qu'il n'aura pas de quatrième mandat.

majorité des villes de cette partie du bassin aval de la Seine, un double processus de ségrégation sociale et de ségrégation ethnique s'opère silencieusement.

CHAPITRE IV

CHÔMAGE SÉLECTIF ET SÉGRÉGATION

Au cours des années 1980 et 1990, le chômage s'élève dans tous les pays d'Europe continentale, sauf au Danemark où le taux d'activité et l'emploi ont été maintenu grâce à des politiques volontaristes. Ailleurs en Europe, selon des formes variables – exclusion des moins qualifiés (Allemagne, Autriche, Benelux, Scandinavie hors Danemark), ou exclusion des jeunes et des femmes (France[1], Espagne, Italie) –, les « ajustements », qui se traduisent dans le monde anglo-saxon par un accroissement des inégalités de revenus, sont plutôt passés ici par une dissociation entre emplois stables et emplois précaires[2]. C'est ainsi que le marché du travail français a absorbé les chocs externes. Parallèlement, les inégalités de revenus régressent légèrement en France durant les années 1990, mais c'est au prix d'une plus grande dépendance aux revenus de transfert. Les exclusions se concentrent spécialement sur les jeunes issus de l'immigration, qui cumulent tous les handicaps.

Entre 1975 et 1999, l'Île-de-France a perdu environ la moitié de ses emplois industriels : sur les 1 200 000 qu'elle comptait en 1975, 650 000 ont été détruits ou délocalisés, avec une moyenne

1. Pour être exact, l'exclusion de l'emploi combine en France l'âge, le niveau de diplôme et l'origine culturelle. L'opposition avec l'Allemagne est relative puisque, en 2006, le taux de chômage des 15-24 ans sans diplôme secondaire est de 45 % et seulement de 12 % pour les diplômés de l'enseignement supérieur.

2. Cf. Paolo Barbieri, « Flexible unemployement and inequality in Europe », *European Sociological Review*, vol. 25, 6, 2009.

de 20000 à 25000 disparitions annuelles[1]. Dans le bassin aval de la Seine, la récession, qui s'est amorcée dès 1973, se traduit par de nombreuses fermetures d'entreprises. En 1970, Chrysler (qui deviendra Talbot-PSA), à Poissy, emploie 28000 salariés ; l'effectif tombe à 16000 en 1983, 11000 en 1986. Les évolutions sont similaires pour l'usine Renault à Flins – 25000 en 1975, 18000 salariés en 1982, 13000 en 1986. Les réductions d'effectifs dans l'automobile inaugurent un déclin définitif de l'activité industrielle qui va atteindre en cascade beaucoup d'entreprises de moindre importance : la Cellophane, Télémécanique, les cimenteries et les raffineries de la Seine, Dunlopillo et Sulzer réduisent leur personnel au cours des années 1980. Les taux de chômage augmentent partout. Toutefois, jusqu'au début de la décennie 1990, les grandes entreprises ont eu recours aux préretraites. Les reconversions sont difficiles tant les qualifications sont faibles, mais elles licencient rarement « sec ». Aussi les taux de chômage des hommes de plus de 30 ans dans les quartiers pauvres n'ont-ils pas beaucoup augmenté. Le taux de chômage des étrangers dans la maturité – et, à travers eux, on l'imagine, des chefs des familles migrantes – connaît certes des modulations selon qu'ils habitent des quartiers sensibles ou des quartiers plus aisés. Mais, parmi les pères des adolescents interviewés – ces ouvriers de l'automobile qui formaient encore, au seuil des années 1980, le cœur de la population des quartiers pauvres du bassin aval de la Seine –, le chômage reste à cette date limité, et les immigrés d'âge moyen ne sont pas très éloignés du sort commun[2]. Les étrangers plus jeunes sont en revanche surreprésentés parmi les chômeurs dans les quartiers pauvres, et les taux de chômage des jeunes de toutes origines, ce qui recouvre en réalité beaucoup de descendants de

1. Extrait d'un article paru dans la revue *Réalités industrielles*, de la série Annales des Mines, février 2000, p. 23-28, cité par Marwan Mohammed, thèse, 2007.

2. En outre, aux deux dates, la dispersion du taux de chômage des étrangers est beaucoup plus forte dans les quartiers moyens que dans les quartiers sensibles. Les quartiers moyens admettent une certaine hétérogénéité de situations d'emploi des étrangers. Sans doute il ne s'agit pas des mêmes étrangers ; en 1999 ce n'est plus le cas des quartiers d'habitat social.

migrants, deviennent vertigineux dans les quartiers sensibles dès la fin des années 1980.

Chômage sélectif et disparition des actifs

On a insisté, à juste titre, sur les effets dramatiques du chômage, qui vont bien au-delà du manque de ressources. Mais la relation entre chômage et ethnicité est restée largement ignorée. Les migrants venus d'Afrique du Nord – aujourd'hui âgés et retraités pour la plupart – ont occupé les emplois industriels classiques qui ont disparu. Leurs enfants font face à un marché du travail beaucoup plus exigeant en termes de qualification et beaucoup plus complexe. Les difficultés d'accès à l'emploi, notamment pour les jeunes, bloquent les mécanismes d'insertion professionnelle alors même qu'une génération nombreuse d'enfants d'immigrés arrive à l'adolescence. Pour les jeunes, l'exclusion ne découle encore sans doute qu'assez modérément, au début des années 1990, des discriminations à l'embauche : ils pâtissent surtout de leur absence de diplôme. Un des aspects par lesquels les années 1990 se donnent comme des années sombres est l'évolution de la part relative des jeunes et des étrangers effectivement en activité dans ces quartiers. Les conséquences de la disparition du travail sont graves en termes de revenus même si ce phénomène est amorti ici par l'importance relative des protections sociales. Elles sont dramatiques en termes de dignité personnelle et de modèle éducatif, et se traduisent par une exacerbation du ressentiment. Les familles immigrées payent le plus lourd tribut à la récession. Alors qu'on s'en défend, sauf à l'extrême droite, une préférence nationale s'exerce dans l'emploi, insidieusement mais très nettement. Partout le chômage se territorialise et s'ethnicise.

Le dénivellement des taux de chômage entre les ZUS[1] du Val-de-Seine et les autres quartiers résulte de l'accentuation du chômage dans les zones déjà les plus vulnérables. Pour donner

1. Zone urbaine sensible, nom donné aux cités et quartiers qui font l'objet des politiques de la ville.

une lecture de ce qui change avec les années 1990, on peut distinguer les taux de chômage des jeunes et des étrangers, selon qu'ils habitent dans des quartiers sensibles ou en dehors de ces zones. Le décrochage a commencé à la fin des années 1980. En 1990, dans les quartiers classés ZUS, le taux de chômage des étrangers est déjà près d'une fois et demie supérieur à ce qu'il est dans les quartiers hors ZUS. En 1999, il est presque deux fois plus fort. Quant à celui des jeunes, qui a fortement augmenté dans les quartiers moyens entre 1990 et 1999, il est, dans les quartiers sensibles, largement deux fois plus élevé[1]. Au sein des générations habitant les ZUS qui sont arrivées sur le marché du travail dépourvues de diplômes, il a explosé. Dans cette période, la récession s'ancre dans l'ethnicité : il y a une augmentation sélective du chômage des jeunes des quartiers sensibles, qui sont alors devenus l'épicentre des difficultés liées au recul de l'activité et non des amortisseurs de crise.

Seine-Aval : taux de chômage, part des actifs et des actifs occupés

%		Chômage 15-30 ans	Chômage des étrangers	Taux d'activité	Part des actifs occupés
En ZUS	1990	22,2	17,4	59,8	49,9
	1999	**34,6**	**29,4**	**51,7**	**37,6**
	2006	32,1	30,1	–	–
Hors ZUS	1990	10,9	12,5	63,4	57,7
	1999	16,3	17,2	61,2	54,2
	2006	**21,5**	**18,4**	–	–

De 1999 à 2006, le taux de chômage global reste dans les ZUS deux fois plus élevé qu'en dehors des ZUS[2]. Cependant,

1. Alors qu'on aurait pu attendre, vu la hauteur du taux de chômage dans ces zones, un effet de saturation et une réduction du différentiel.
1. Il va encore monter, avec la crise financière et économique en Europe, en 2008-2010.

au cours de cette période, l'écart entre jeunes et adultes se réduit un peu (1,5 pour 1) par rapport à ce qu'il était dans les années 1990 (2 pour 1). La situation de l'emploi connaît d'amples fluctuations : forte réduction du chômage de 1998 à 2001, élévation entre 2002 et 2006, puis de nouveau brève amélioration. D'après l'enquête emploi de l'INSEE, vers 2006 le surcroît de chômage des immigrés hors UE – à peu près le double de celui des non-immigrés – s'est légèrement résorbé. Les deux catégories, qui avaient vu leur situation relative se dégrader le plus dans la décennie 1990, ne connaissent pas de nouvelle détérioration sans pour autant bénéficier d'un rattrapage au début des années 2000. La période intercensitaire 1990-1999 est celle qui, au cours de la période 1980-2008, a enregistré une dégradation maximale de la situation des immigrés et de leurs enfants.

Au-delà du chômage à proprement parler, le déclin plus général de la part des actifs dans la population des quartiers pauvres est préoccupant. Le chômage signifie que les hommes cherchent du travail mais n'en trouvent pas : ils restent ainsi dans une posture *orientée* vers le travail. Le déclin de l'activité, lui, bouleverse les modèles de rôle et la socialisation des individus. Or, au cours des années 1990, tandis que recule la part des actifs dans ces quartiers, les taux d'activité des femmes augmentent un peu : ce qui se défait, c'est le lien des hommes jeunes ou dans la maturité au travail.

Se produisent alors des sélections négatives dans les populations qui viennent s'installer dans ces quartiers, sélections qui n'opéraient pas entre 1982 et 1990. La situation des familles qui arrivent dans les IRIS pauvres reflète les difficultés de ces zones et les accentue. En 1990, dans le bassin de Seine-Aval, les taux d'activité sont déjà plus faibles dans les IRIS classés ZUS que dans les autres zones (59,8 % contre 63,4 %). Mais, si l'on met à part cinq IRIS parmi les plus pauvres, l'arrivée de ménages dont le chef est actif entre1982 et 1990 a été indépendante de la richesse des IRIS en ménages « actifs ». Autrement dit, la corrélation entre les arrivées d'actifs et les taux d'actifs présents est quasi nulle (0,09). Entre 1990 et 1999, il en va tout autrement : la proportion d'actifs parmi les ménages qui s'installent dans les IRIS du bassin aval de la Seine est d'autant plus faible que le pourcentage des actifs dans la population de ces IRIS est déjà faible. En écartant les mêmes cinq IRIS les plus pauvres, la corrélation entre arrivée des ménages inactifs et proportion d'inactifs vivant déjà dans le quartier s'élève à 0,63. En somme, si les taux de chômage sont importants dans les quartiers sensibles dès les années 1980, il faut attendre les années 1990 pour observer une « entrée » sélective des ménages actifs. Ceux-ci viennent s'installer dans les IRIS dont les taux d'actifs dans la population sont déjà les plus élevés ; réciproquement, les ménages qui entrent dans les IRIS classés ZUS, déjà pauvres en actifs, sont inactifs dans plus d'un cas sur deux : ce ne sont pas des classes moyennes, ce ne sont même plus des ouvriers en activité. Beaucoup des quartiers classés ZUS s'éloignent de l'univers du travail (cf. deuxième ligne du tableau p. 106). Au total, les quartiers sensibles ne se contentent pas de refléter une situation de chômage défavorable dans l'ensemble du pays, celle-ci trouve là une amplification sélective qu'il est difficile d'isoler de la ségrégation ethnoculturelle.

Ségrégation intercommunale et intracommunale

Les formes d'installation en France, les niveaux de ségrégation et d'isolement des différents groupes culturels sont très variables. On dispose depuis peu de quelques études précises sur la ségrégation des migrants, qui permettent de donner une appréciation plus systématique de ces phénomènes qu'on a nommés de façon très approximative « relégation » ou « ghettoïsation », faute d'études statistiques détaillées.

En France, mesurée à l'échelle *intercommunale*, la séparation entre les groupes immigrés et les autochtones ne présente pas une dynamique unique au cours des dernières décennies. Les frontières déjà très poreuses qui séparent les migrants du sud de l'Europe se sont affaiblies encore tandis que se développait un entre-soi très exclusif des immigrés les plus aisés, notamment d'origine britannique, de plus en plus nombreux dans l'Hexagone. À l'autre extrémité, le maintien des frontières intérieures, voire leur durcissement, concerne surtout les

Subsahariens et les Turcs tandis que les Maghrébins, fortement ségrégés il y a trois décennies, le sont moins aujourd'hui. Mirna Safi a calculé des indices de dissimilarité[1], d'isolement et de concentration, au niveau intercommunal, pour les principaux groupes de provenance des migrants de 1968 à 1999[2]. Selon elle, la ségrégation évolue ainsi :

1) les migrants d'origine européenne ancienne comme les Italiens, les Espagnols et les Portugais ont, au cours de la période, des niveaux de ségrégation moyens qui ont décliné légèrement ou sont restés stables si on se limite aux années 1975-1999 ;

2) les Algériens et les Marocains, dont les taux de ségrégation sont élevés au début des années 1970 (0,41), voient leur taux diminuer le plus significativement sur la même période ;

3) les Turcs et les Subsahariens, dont les coefficients de ségrégation sont les plus élevés en 1968 (respectivement 0,51 et 0,46), restent les groupes les plus ségrégés trente ans plus tard (0,46 et 0,41), même si les taux ont légèrement baissé.

Les processus de ségrégation, saisis au niveau *intercommunal*, sur l'ensemble du territoire français ne rendent pas totalement justice des dynamiques observées en Région parisienne et dans les grandes villes. En Île-de-France, la ségrégation des Africains noirs a un peu baissé de 1975 à 1999 (0,38 à 0,33). Mais ce groupe des Subsahariens est très hétérogène et on peut penser que la ségrégation de la composante sahélienne s'est maintenue, voire accrue, tandis que celle des migrants venus du golfe de Guinée a diminué. Celle des Turcs a augmenté (0,43 à 0,49).

Si l'on se limite à Paris *intra-muros*[3], les taux de ségrégation des Turcs et des Subsahariens augmentent sur la période considérée alors que ceux des familles venues du Maghreb ont tendance à baisser. Il y a donc un écart croissant dans l'évolution

1. Ce que nous désignons aussi, quand il n'y a pas besoin de précision, par le mot ségrégation.

2. Cf. Mirna Safi, « La dimension spatiale de l'intégration des populations immigrées, 1968-1999 », *Revue française de sociologie*, 50-3, 2009. Nous retenons les chiffres pour les communes de plus de 20 000 habitants, qui constituent des entités plus homogènes que l'ensemble des communes.

1. Qui est considérée comme un ensemble d'arrondissements.

de la ségrégation spatiale intercommunale entre ces différents groupes culturels.

Toujours à ce niveau intercommunal, l'évolution de l'indice de concentration, qui traduit le degré de contiguïté entre les communes où résident les groupes d'immigrés, est remarquable. Les populations venues d'Afrique noire et, à un moindre degré, les Turcs résident dans un petit nombre de communes souvent contiguës, des sortes d'enclaves ethniques, alors que simultanément, au cours de cette période, la présence des immigrés originaires d'Europe du Sud a tendance à se diffuser dans toutes les communes d'Île-de-France. Les cartes réalisées par l'Institut d'aménagement et d'urbanisme, représentant la répartition selon les communes d'Île-de-France en fonction du pays d'origine, montrent aussi une différence de concentration communale entre les « peuples de la forêt » et les peuples du Sahel : les Congolais sont dispersés, atomisés, alors que les Maliens ou les Sénégalais sont rassemblés en communautés d'origine[1].

En 1990, en Île-de-France, huit villes comptaient plus de 30 % d'immigrés non européens : outre la Goutte-d'Or dans le 18e arrondissement de Paris, Lognes en Seine-et-Marne, Chanteloup et Mantes-la-Jolie dans les Yvelines, Clichy-sous-Bois en Seine-Saint-Denis, Garges-Lès-Gonesse et Sarcelles dans le Val-d'Oise[2]. En 1999, le nombre de ces villes ou arrondissements passe à 24 sur un total de 420 communes ou quartiers de Paris. Aux huit villes citées s'ajoutent La Courneuve, Villetaneuse, Aubervilliers, Bobigny, Saint-Denis, Stains, Pierrefitte, Épinay, Trappes, Les Mureaux, Villiers-le-Bel, Grigny : dans ces 24 localités, à peine plus de 5 % des communes, on rencontre 20 % de la population d'origine non européenne. Cette dynamique s'est poursuivie de 1999 à 2008. Aujourd'hui, 10 % des communes d'Île-de-France rassemblent le tiers des immigrés d'origine non européenne[3], pour l'essentiel maghrébins, turcs

2. Cf. *Atlas des Franciliens*, IAURIF, 2004.

3. Edmond Préteceille, 2009, « La ségrégation ethnoraciale dans la métropole parisienne », *Revue française de sociologie*, 50-3, 2009.

1. Certes, l'ensemble des communes d'Île-de-France où la population immigrée d'origine non européenne atteint ou dépasse 15 % est beaucoup plus large. Il abrite plus de la moitié des ménages franciliens.

et subsahariens. Les évolutions intercommunales de la ségrégation des migrants ne recoupent pas le clivage entre nord et sud de la Méditerranée : elles rapprochent les migrants européens et maghrébins, tandis qu'elles séparent les Européens des Sahéliens, des Turcs et des Asiatiques.

La ségrégation ethnoculturelle des populations immigrées à l'échelle *intracommunale* – à l'intérieur même des communes – redouble les divisions intercommunales, en France comme en Europe du Nord. Elle est très poussée dans les villes des Midlands au Royaume-Uni, relativement élevée dans les grandes villes des Pays-Bas et croît fortement, depuis peu, en Allemagne. Dans les pays du sud de l'Europe, comme l'Italie, où les inégalités de richesse entre les régions sont très fortes, il n'existe guère, au seuil des années 2000, de polarisation spatiale au sein des villes. En Lombardie, par exemple, environ 80 % des ménages sont propriétaires de leur logement, et à Milan le parc social est disséminé dans la ville. Cette diversité sociale de l'espace a, semble-t-il, contribué, jusqu'à une date récente, à réduire l'ethnicisation des tensions[1].

En France, la ségrégation ethnique intracommunale s'est accrue dans les communes où la population issue des migrations africaine et turque est large[2]. Dans les villes d'Île-de-France qui concentrent les familles d'origine africaine comme celles de Seine-Aval, la ségrégation ethnique intracommunale s'est accrue de 1990 à 2000, puis stabilisée au cours de la décennie suivante au niveau élevé atteint en 2000. L'intensité de la ségrégation n'est pas une conséquence mécanique de la croissance de la population d'origine étrangère dans les communes. S'il n'y avait pas de pressions différenciatrices très puissantes, un mélange des groupes culturels se produirait de sorte qu'ils seraient en gros aléatoirement répartis dans tous

2. Cf. *Ségrégation urbaine et politiques de la ville*, IAU, Paris, 2008. On a vu, au début de 2010, des affrontements d'une grande violence qui traduisent les changements récents dans la ville.

3. Ce qui représente, comme l'a montré E. Préteceille, une minorité de communes d'Île-de-France.

les quartiers à proportion de leur place dans l'espace urbain. Ainsi, dans le Val-de-Seine, si les différences intercommunales d'implantation des groupes de migrants sont associées à l'histoire des implantations industrielles, ce n'est bien évidemment pas le cas des implantations microlocales. Plus que les différences intercommunales, elles renvoient aux contraintes locatives, mais surtout à la volonté de voisiner ou de se mettre à distance.

En Île-de-France, la toponymie urbaine est symptomatique : les rues des quartiers HLM aujourd'hui les plus disqualifiés, portent des noms d'artistes ou d'étoiles. Tout ce qui sonne rustique ou local abrite en revanche les classes moyennes ou aisées : on y ressent une douceur et un équilibre très particuliers. Des dizaines de villes de la Région parisienne ont vu, dans les années 1960-1970, s'édifier des cités HLM avec des bonheurs architecturaux divers même lorsque les plus grands noms y sont associés – Aillaud, Portzamparc, Honegger. Entre 1960 et 1975, les cités qui forment les ZUS d'aujourd'hui sont des lieux de relative mixité sociale. Le départ des couches moyennes des quartiers populaires, qui n'a pas été perçu sur le moment, s'est produit en général à la fin des années 1970, avant que les familles d'origine africaine ne soient nombreuses dans les cités. Les cadres et professions intermédiaires sont alors remplacés par les ouvriers européens… très provisoirement. Ces cités sont rapidement devenues des pôles de regroupement des immigrés d'Afrique du Nord, d'Afrique subsaharienne et des Turcs. La ségrégation sociale qui se développe parallèlement à la formation des « cités » a généralement précédé la ségrégation ethnoculturelle à l'intérieur même des communes. La perte de diversité sociale prélude à la concentration de familles « africaines », plutôt qu'elle ne l'accompagne : on l'a observé de manière précise aux Mureaux, à Trappes, à Chanteloup et dans la plupart des villes des Yvelines qui comprennent des cités HLM importantes, ou encore à Villiers-sur-Marne, à l'est de Paris. Mais le phénomène ne se cantonne pas à l'Île-de-France ni à la périphérie des grandes villes.

La ZAC de la Noé à Chanteloup-les-Vignes, en amont de Mantes, dans les Yvelines, est née en 1969[1]. C'est, avec la cité des Courtillières, à Pantin, et celle de Grigny-La Grande-Borne, à Évry, une réalisation de l'architecte Émile Aillaud qui s'inscrit encore dans le gigantisme HLM, avec *a touch of class* cependant ; en 1982, les moins de 20 ans constituent la moitié des résidents et 65 % des plus de 17 ans n'ont aucun diplôme. Dans la cité HLM et dans les logements du Programme à loyer réduit, le revenu moyen des ménages, à salaire unique pour la plupart, est de 4 900 F par mois, contre 8 000 F en immeuble à loyer modéré (ILM) – les immeubles plus chics du parc social. Dès sa création, la population étrangère est élevée. Elle augmente rapidement : 25 % des résidents de la ZAC en 1976, 42 % en 1986 ; si l'on ajoute les habitants issus des DOM-TOM aux Maghrébins, Sahéliens et Asiatiques, on atteint 70 % de non-métropolitains. Chanteloup est emblématique de ce qui se passe en grande couronne parisienne à ce moment. La cité est construite *contre* le village originaire, les habitants du village « gaulois » juché sur la colline appellent les habitants de la cité, parfaitement sédentaires au demeurant, les « nomades ». On retrouve souvent cette mise en place liminaire – la cité hors les murs et le village ancien. Dès le début des années 1980, la mobilité des ménages est très réduite dans les HLM et marque le pas dans les ILM de la ZAC de la Noé. Les Européens du Sud, portugais pour l'essentiel, sont partis dès la fin des années 1970. Une analyse des déménagements en provenance de la ZAC pour l'année scolaire 1985-1986 portant sur une centaine de familles montre que, si un tiers des départs correspondent à des familles étrangères qui ont changé de cité HLM, deux tiers sont des familles autochtones – ouvriers qualifiés, employés – qui ont accédé à la propriété en pavillon, notamment dans la zone de Vauréal. Ces départs privent la cité des ménages les mieux intégrés. Ceux qui s'éloignent dans les années 1980, et laissent entre eux les immigrés d'origine africaine, ne sont pas les cadres et les professions intermédiaires autochtones – ils avaient déjà

1. Cf. Hervé Vieillard-Baron, « Le risque du ghetto », *Esprit*, novembre 1987.

quitté les quartiers HLM – mais les petits salariés stables, autochtones.

Quelquefois le départ des cadres et professions intermédiaires a été un peu plus tardif, mais la séquence est analogue. À l'est de Paris, à Villiers-sur-Marne, la cité des Hautes-Noues connaît un exode des cadres semblable au cours des années 1980. En 1982, il s'agit encore d'une cité ouvrière – 85 % des salariés sont ouvriers – qui comprend 15 % de cadres, ingénieurs, techniciens et agents de maîtrise. Ils vont partir massivement entre 1982 et 1990. L'importance de la population de cadres au seuil des années 1980 distingue les Hautes-Noues d'autres cités comme le Bois-l'Abbé à Champigny ou les Courtillières à Pantin.

À Villiers-sur-Marne, les premiers logements ont été livrés en 1972. « Face à la détermination de l'État, par le biais du département de la Seine et de la Ville de Paris, de construire un grand ensemble, les logiques de résistance de l'équipe municipale se sont modifiées. Après un temps de refus global, [...] [celle-ci] s'est attelée à obtenir des garanties sur les infrastructures et les moyens financiers afin de gérer cet apport important de population [...]. Elle exercera de fortes pressions sur l'Office HLM de la Ville de Paris, unique bailleur des Hautes-Noues, ainsi qu'au niveau préfectoral, afin de prendre part à la sélection des nouveaux locataires », écrit Marwan Mohammed[1]. La cité des Hautes-Noues absorbe les envois de l'Office HLM de la Ville de Paris : « les ménages d'ouvriers qualifiés qui travaillent dans les usines textiles du sud de Paris (dont un contingent important de réfugiés du Sud-Est asiatique) et ceux, moins nombreux, qu'il faut reloger après les opérations de rénovation du XXe arrondissement de la capitale ». Parallèlement, elle accueille les familles d'origine portugaise qui étaient installées dans le bidonville de Champigny. Ainsi, de nombreux migrants portugais accèdent à leur premier logement décent en France avec la construction de la cité. Certes, « la part [importante] des ouvriers dans la population totale en 1982 n'entraîne toutefois pas l'existence d'une

1. Dans sa thèse sur la socialisation et les bandes dans la cité des Hautes-Noues, Paris, université de Saint-Quentin-en-Yvelines, 2007.

"communauté ouvrière" impliquée dans les réseaux locaux de sociabilité. La tendance dominante est déjà à la "déconnexion" des individus, au repli des adultes vers la sphère privée et à la fuite générale des espaces collectifs [...]. Le quartier des Hautes-Noues n'a jamais eu le temps de développer une conscience collective d'appartenance sur une base professionnelle, corporatiste [1] », écrit encore M. Mohammed. On peut cependant penser que la diversité culturelle a dû, en plus de l'atomisation, renforcer la difficulté à construire des relations collectives. En effet, les « Portugais » ne restent pas, on ne trouve plus aux Hautes-Noues, à la fin du XXe siècle, que des familles ouvrières originaires du Maghreb, du Sahel – Sénégal et Mali surtout – et, vivant à l'écart, une importante communauté tamoule.

Isolement social des familles « africaines »

Dans les cités du bassin de Seine-Aval, le départ des classes moyennes vers l'habitat pavillonnaire s'est produit entre 1975 et 1982, c'est-à-dire avant les arrivées les plus importantes de familles venues d'Afrique noire. Au moment de la création des cités HLM dans les années 1970, les ménages de cadres et de professions intermédiaires étaient encore présents. Alors, les travailleurs immigrés africains habitaient les foyers, et les proportions de familles d'origine maghrébine étaient encore limitées.

Dès le recensement de 1982, l'ensemble cadres, artisans et professions intermédiaires ne représente que 21,2 % des ménages vivant dans les quartiers sensibles d'Île-de-France, contre 36,2 % dans l'ensemble de la région. Et, dans cet ensemble de catégories sociales, les cadres ne sont déjà plus qu'un très petit groupe. Dans les quartiers sensibles, l'absence de cadres est remarquable dès le début des années 1980. Les cartes ci-dessous montrent la progression considérable du nombre de ménages de cadres par IRIS en dehors des zones sensibles ; elles indiquent aussi qu'en dépit de cette progression, dans les IRIS situés en zone urbaine sensible (zones 1, 2, 3), les ménages de cadres qui avaient disparu

1. *Ibid.*

Nombre de cadres, professions libérale
de la Communauté d'agglon

1982

Source : recensements. Lecture : chaque polygone représente un IRIS (600 ménages), les polygones les plus clairs abritent peu ou pas de cadres (moins de 10 familles en nombre absolu).

avant le recensement de 1982 (moins de 10 familles dans la plupart de ces IRIS sur environ 600 familles) n'ont strictement pas augmenté durant les décennies suivantes jusqu'en 2006. Les IRIS sensibles du Val-Fourré, comme ceux de Mantes-la-Ville, forment une société sans élite locale.

Ces cités sans cadres, sans « élite sociale », vont « s'africaniser ». Dans le bassin de Seine-Aval, au début des années 1980, la population issue de l'immigration est encore dominée par des composantes européennes : les familles d'Afrique noire représentent moins de 2 % de la population et celles qui viennent du Maghreb 4 %, 9 % des familles viennent d'Europe du Sud

ntellectuelles supérieures dans les IRIS
ation de Mantes-en-Yvelines

2006

– Portugal, Espagne, Italie – ou de Turquie[1]. Plus de 85 % des familles portent en 1982 des patronymes français. Alors, les familles d'origine portugaise et espagnole, qui se sont installées dans le bassin de Seine-Aval, habitent encore souvent dans les cités HLM. Leur présence se développe dans l'habitat pavillonnaire mais elle est encore rare. Deux décennies plus tard, la situation a sensiblement changé : les ménages portant des patronymes africains – Afrique du Nord ou Sahel essentiellement – représentent plus du quart des familles. Si la part des

1. À cette date, la population originaire de Turquie est très faible.

familles venues de diverses régions d'Europe n'a guère évolué – 11 % au lieu de 9 % vingt ans plus tôt –, les proportions relatives de familles venues d'Europe et d'Afrique se sont inversées. En 1982, il y avait 6 % de familles africaines pour 9 % d'européennes non françaises ; en 2000, ces proportions étaient respectivement de 26 % et de 11 %. Compte tenu du fait que les familles originaires d'Afrique sont beaucoup plus larges que les familles autochtones ou venues d'Europe (en moyenne deux fois plus nombreuses), la proportion de la population des communes de cette zone qui vit dans des ménages d'origine africaine dépasse 40 % à l'orée du XXIe siècle.

L'évolution entre 1982 et 2006 de la composition ethnique de chaque IRIS à Mantes-la-Jolie, la ville la plus importante de cet ensemble de communes par la taille, celle où le parc HLM est aussi le plus vaste, illustre cet isolement des familles d'origine africaine. Au cours des années 1980, la population du Val-Fourré à Mantes-la-Jolie est composée pour l'essentiel de ménages populaires autochtones ou d'origine européenne. En effet, à l'exception du quartier des Écrivains (IRIS 109), où elle n'est que de 50 %, la proportion des familles autochtones oscille au sein du grand ensemble entre 65 et 85 %. Beaucoup de ces familles autochtones, modestes, vont quitter les IRIS du Val-Fourré. En 1990, les familles dont les patronymes sont français ne représentent que 30 à 50 % des ménages selon les IRIS. En 1999, ce ne sont plus que 30 % des ménages et cette proportion descend encore légèrement entre 1999 et 2007 (moins de 25 % à cette dernière date). La diminution de la proportion des familles autochtones résulte à la fois du fait que les jeunes ménages modestes autochtones ne viennent plus s'installer au Val-Fourré et du départ de ménages franco-français ou originaires d'Europe du Sud qui y habitaient dans les années 1980 ou encore au recensement de 1990. L'évolution de la ségrégation ethnique est marquée par un avant et un après 1990. Au cours de la période 1982-2007, les familles d'origine européenne ont fait en quelque sorte un pas vers la cité puis deux en arrière. Dès 1990, leur pourcentage diminue au Val-Fourré. Le déclin de la proportion de familles d'origine européenne s'accentue particulièrement entre 1990 et 1999 dans les IRIS où s'installent les grandes familles venues d'Afrique noire. En 1999, les indices de ségrégation entre familles africaines – Maghreb et Sahel pour l'essentiel – et familles européennes sont sensiblement plus élevés que vingt ans auparavant.

Alors qu'une ville dépourvue d'immigrés se rassemble autour de la collégiale de Mantes (IRIS 114-120), une ville « africaine » s'est formée à l'autre extrémité de la commune (IRIS 101-111). La concentration croissante de la proportion des familles d'origine africaine, au cours des années 1990, dans les IRIS de la cité (101 à 111) est frappante (cf. graphique ci-dessous).

Mantes-la-Jolie : proportions de familles d'origine africaine par IRIS (cf. numéros ci-contre)

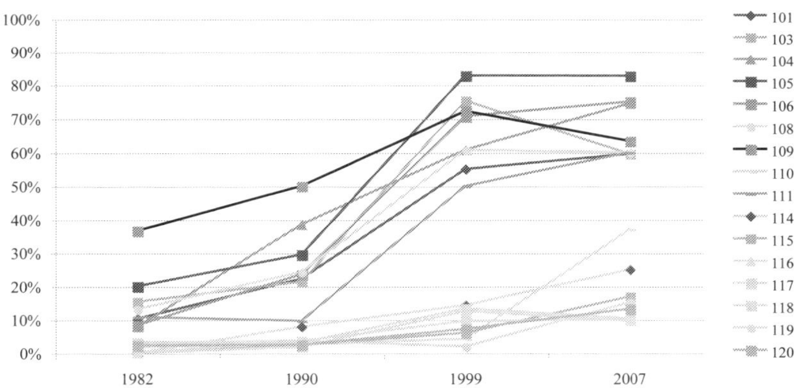

Source : enquête multi-sites.

La force de la divergence de composition entre les deux blocs d'IRIS représentés par les lignes foncées – les IRIS 101 à 110 – et les lignes claires – IRIS 111 à 120 – est remarquable[1]. On ne peut rendre compte de ce changement brutal à partir des seules données de l'offre locative : il n'y a pas eu subitement un changement dans l'offre d'appartements grands et moyens au seuil des années 1990. De plus, l'hypothèse que la densité croissante

1. Les IRIS 101 et 102, 107 et 108, 111-113 ont été regroupés.

de familles d'origine africaine a déclenché le départ des *élites autochtones* n'est pas tenable : les familles de cadres sont parties à la fin des années 1970, avant que les familles africaines n'arrivent. Les difficultés les plus durables des villes du bassin de Seine-Aval sont venues du caractère sélectif des départs et des arrivées dans ces quartiers et des synergies négatives créées.

Les cadres autochtones ou d'origine européenne, partis des cités à la fin des années 1970, n'y reviennent pas, la pyramide sociale est large à la base et tronquée au sommet, il n'y a pas d'« élite » sociale. Au sein de la population des cités, une différenciation s'opère cependant progressivement, une « élite » sociale se forme : certaines familles ont de meilleures perspectives d'emploi, leurs enfants de meilleurs résultats scolaires. Comme la situation et la réputation du logement et des écoles ne changent pas sensiblement, au sein de ces familles, souvent issues de l'immigration, une aspiration à s'installer dans un meilleur environnement s'affirme : il en résulte un écrêtage par le haut. Simultanément, les familles nombreuses primo-arrivantes sont dirigées vers la cité en raison de la disponibilité de grands logements. La population qui reste dans la cité, la moins mobile, s'homogénéise par le bas. En raison de la réduction de la qualité des écoles et de la réputation du quartier, tout le monde essaye de l'éviter. L'élite qui émerge localement, notamment issue de l'immigration maghrébine, tend elle aussi, certes moins systématiquement, à quitter la cité. En raison de la réputation créée, les ménages de professions intermédiaires et dans une large mesure d'employés et d'ouvriers autochtones évitent les IRIS où les familles d'origine africaine sont nombreuses[1]. Si l'offre de logement joue un rôle, les entrées et les départs sélectifs sont le vecteur majeur de la ségrégation. Cette disparition de la fraction la plus éduquée de la population active des IRIS pauvres, difficilement évitable, a des conséquences désastreuses en termes d'émulation sociale et de modèle éducatif.

1. En dehors des cœurs urbains historiques comme Paris *intra-muros*, où ils sont obligés de voisiner.

Sécession sans guerre

Dans les quartiers sensibles, les gens tentent de se soustraire à la mixité ethnoculturelle plus encore qu'à la mixité sociale. Nous ne sommes pas face à une différenciation qui a toujours existé plus ou moins fortement entre des quartiers riches et des quartiers pauvres, mais à des départs socialement sélectifs qui ont amplifié la ségrégation ethnique. L'analyse des dynamiques démographiques dans l'intervalle intercensitaire 1990-1999 montre qu'au-delà d'un démembrement social, il y a un déclin *démographique* des IRIS où la population issue de l'immigration africaine est élevée. En Seine-Aval, les quartiers qui avaient connu une forte progression démographique de 1975 à 1982 ont les soldes migratoires les plus négatifs entre 1990 et 1999. Il s'agit de la ZUS de Mantes-la-Jolie et de celle des Mureaux. Sur les cinquante IRIS du Val-de-Seine où nous avons mené l'enquête, ceux qui perdent de la population sont les IRIS les plus « immigrés » : au Val-Fourré, on quitte les quartiers des Peintres – Millet, Degas – et des Médecins – Claude-Bernard, Bretonneau. Aux Mureaux, on part des Bougimonts, de la Vigne-Blanche pourtant toute neuve[1], tandis que les lotissements des Hauts-de-Verneuil et de Vernouillet gagnent beaucoup d'habitants. Certes, il y a aussi des mutations locales. Ceux qui ne peuvent quitter les HLM essayent de changer de logement au sein du parc social local. On observe ainsi des accroissements dans certains IRIS du Val-Fourré dus à un mouvement interne : les familles gagnent les Hautes-Garennes dans la zone sud, celle que les aménageurs appellent la partie la moins déqualifiée de la ZUS.

On observe un phénomène analogue dans la banlieue de Nantes, mais le seuil de déclenchement des départs se situe autour de 10 % de familles d'origine africaine alors qu'il est

2. Deux exceptions remarquables : le bas du Domaine de la Vallée, qui, sans être en ZUS, est un IRIS modeste, attire de la population, et, inversement, le plateau de Magnanville – quartier de classes moyennes – en perd. Pour le premier, en tout cas, il est avéré que beaucoup de ceux qui s'installent alors dans le bas du Domaine de la Vallée viennent du Val-Fourré. C'est un quartier qui va accueillir des familles qui tentent d'échapper à la grande cité.

plutôt autour de 20 % en grande couronne parisienne. Ce déclin démographique absolu des IRIS « immigrés » est un phénomène distinct du départ des élites autochtones au cours des années 1970. Dans la décennie 1990, dans les IRIS où vit une population venue d'Afrique, ce sont des habitants issus de l'immigration africaine et pas seulement les « Européens » qui ont voté « avec les pieds » en les quittant sélectivement d'abord, en les évitant ensuite. Est-ce que cela s'est poursuivi dix ans plus tard ? Nous ne le savons pas encore avec précision, mais les éléments connus suggèrent qu'il y a toujours une volonté d'évitement de ces quartiers. La politique publique doit prendre en compte ce fait. Réintroduire de la mixité sociale, augmenter la part des actifs, c'est d'abord retrouver une attractivité. Il ne suffira pas de déclarer que la mixité est souhaitable ou même nécessaire pour cela.

De ce point de vue, ce qui se passe à Paris *intra-muros* et sans doute dans quelques très grandes villes montre la puissance des logiques d'évitement lorsque la cohabitation spatiale des diverses couches sociales est quasi forcée. Dans la capitale, les départs des zones « africaines » sont difficiles, car alors on ne quitte pas seulement les familles « africaines », on abandonne le privilège d'habiter le centre. Aussi, à Paris, on ne constate pas de sécession spatiale des élites à mesure que la proportion des familles d'origine africaine s'élève dans une zone.

Le 18e arrondissement de Paris est un arrondissement populaire qui compte 182 000 habitants en 1999, soit une taille comparable à l'ensemble de communes retenues du bassin de Seine-Aval. En 1954, deux tiers des actifs de cet arrondissement sont encore ouvriers et employés. La proportion des premiers va baisser rapidement au cours des années 1980 et 1990. Les différences sociales épousent ici le relief : la colline domine la plaine. Dans tout le quart sud-ouest – sur la Butte-Montmartre, le quartier du Sacré-Cœur –, les cadres représentent près de la moitié des actifs. Adossée aux rues aisées du 17e arrondissement, cette proportion décline vers le nord à mesure que l'on s'approche des boulevards de ceinture ou que l'on descend vers l'est. Dans l'espace délimité par les voies des gares de l'Est et du Nord, les familles de cadres sont plus rares mais restent en nombre significatif. Les années 1980 et 1990 ont connu une forte stabilité des ménages de cadres, souvent propriétaires de leur logement. Les familles d'origine africaine sont venues s'installer dans les IRIS où vivait une population ouvrière encore largement autochtone – qui travaillait dans les imprimeries notamment. Dans ces familles, les garçons sont moins souvent que leurs pères ouvriers des services municipaux, ils ont obtenu un de ces « mac-jobs » de la surveillance, les filles, des emplois de service aux particuliers. Lorsque, dans un IRIS, la population ouvrière diminue, celle des professions intermédiaires et surtout des employés, souvent originaires de l'immigration, s'élève. Aussi, la nouvelle géographie sociale des employés d'origine africaine suit les reflux de la population ouvrière autochtone.

Les IRIS les plus pauvres, au nord du 18e arrondissement, sont désormais le lieu de résidence d'un quart-monde autochtone et surtout de familles venues d'Afrique noire. Les taux de monoparentalité y sont très élevés : jusqu'à 33 % en 1999 dans certaines ZUS de cet arrondissement, pour une moyenne nationale de 18 % ; en revanche, le nombre d'enfants par famille dans ces arrondissements, y compris parmi les migrants, est plus faible que dans des quartiers sensibles hors de la capitale. L'extrême diversité des origines de cette population et la part élevée des primo-arrivants ont suscité la mise en place de dispositifs sociaux nombreux. En dépit de leur « africanisation », dans beaucoup d'IRIS du 18e arrondissement une forte mixité socioprofessionnelle se maintient : les cadres, les professions intellectuelles et les professions intermédiaires y représentent des fractions importantes. La mise à distance s'opère à travers les modes de vie, les écoles, les lieux de loisirs et de culture. Ainsi, l'évitement des collèges publics est généralisé dans toutes les zones populaires, c'est-à-dire hormis la Butte-Montmartre et la partie du 18e arrondissement limitrophe du 17e, où de toute façon les classes aisées ont fait des collèges publics *leurs* collèges. Dans le reste de l'arrondissement, la majorité des familles autochtones appartenant aux classes moyennes ne scolarise pas ses enfants dans les collèges publics.

En témoigne ce qui se passe dans le quartier de la Goutte-d'Or, un ensemble d'IRIS du 18e comprenant environ 20 000 habitants. Dans ce quartier convoité, bien que d'immigration maghrébine ancienne, on observe une désertion des écoles publiques par les familles autochtones. Comparez les couples de colonnes adjacentes du tableau ci-dessous : les différences dans la composition culturelle des IRIS et des collèges sont énormes.

Ségrégation scolaire dans les IRIS du quartier de la Goutte-d'Or et dans les collèges à Paris en 2005

N° des IRIS	Nombre de familles en 1999	% de familles originaires du Maghreb	% d'élèves d'origine maghrébine des collèges publics*	% de familles originaires d'Afrique noire	% d'élèves originaires d'Afrique noire dans les collèges publics*	% de familles d'origine européenne	% d'élèves issus de familles européennes dans les collèges publics*
7 102	656	45	36	18	**35**	**21**	16
7 103	448	26	**27**	15	**38**	**47**	19
7 104	580	12	**44**	7	**29**	**66**	16
7 105	432	16	**38**	18	**26**	**59**	22
7 106	488	10	**29**	10	**22**	**51**	24
7 107	420	11	**47**	21	**26**	**58**	11
7 017	828	32	**42**	23	17	**45**	21

Source : enquête multi-sites.
* Ajusté pour la taille des fratries en prenant pour référence les familles maghrébines qui ont en moyenne 3,9 enfants, contre 2,5 aux familles européennes et 5,6 aux familles noires (toutes origines confondues).

Dans la plupart des IRIS de la Goutte-d'Or, la proportion des élèves issus de familles maghrébines, et plus encore celle des élèves issus des familles originaires d'Afrique noire, sont supérieures (en gras) à la proportion des familles de ces mêmes origines résidant dans l'IRIS[1]. Inversement, la proportion des élèves d'ascendance européenne est nettement inférieure (en italique) à la proportion des familles résidentes (environ 20 % d'élèves après ajustement alors que la proportion des familles européennes est de 50 %). L'impression qu'on a en entrant dans les cours de récréation des collèges Clemenceau, Utrillo, Curie, Dorgelès est celle de collèges « noirs ». Ce phénomène a été récemment l'objet de l'attention publique à travers les débats sur la carte scolaire[2], mais on a peu souligné le fait qu'il se produit aussi dans les quartiers modestes. La situation de la Goutte-d'Or n'est pas exceptionnelle mais plutôt emblématique d'un quartier populaire d'une grande ville, dans lequel des cadres et les professions intellectuelles ou artistiques vivent dans la proximité des familles immigrées d'origine africaine sans que leurs enfants partagent les mêmes écoles ni les mêmes lieux de loisir. À Paris, la séparation des publics s'opère entre les collèges publics et les collèges privés ou d'autres types de lieux, tandis que dans les communes plus excentrées les choix résidentiels, moins contraints, sont immédiatement révélateurs de la prise de distance.

Si la ségrégation résidentielle diffère à Paris de ce qu'elle est dans des villes périphériques, elle donne à voir non moins clairement combien les difficultés scolaires précoces, l'origine des auteurs de délits et la localisation des grandes familles issues des migrations sont liées.

Trois géographies intriquées

Comment se caractérisent les contextes spatiaux où l'on rencontre échec scolaire, absentéisme et délinquance juvénile au milieu des années 2000[3] ? Pour préciser la géographie sociale de l'échec scolaire et les surfaces d'émergence de la délinquance,

1. Calcul ajusté pour tenir compte des nombres moyens d'enfants par famille.

2. Cf. Marco Oberti, *L'École dans la ville : ségrégation, mixité, carte scolaire*, Paris, Presses de Sciences Po, 2007.

3. S'agissant des inconduites « ordinaires » et de l'échec scolaire notre analyse repose sur l'étude de 150 microquartiers (IRIS) situés pour l'essentiel en Île-de-France.

je m'appuie sur une enquête menée en Région parisienne et dans la région de Nantes qui fournit des données inédites. L'étude concerne près de 4 500 adolescents et l'observation de 150 microquartiers qui ne peuvent prétendre à une représentativité nationale, mais livrent un tableau statistique de zones urbaines et périurbaines comportant de fortes proportions de migrants[1]. Je me focalise ici sur un groupe de communes situées autour de Mantes-la-Jolie et des Mureaux et sur le 18e arrondissement de Paris[2], pour lesquelles j'ai pu mettre en corrélation, à l'échelle la plus fine, scolarité, absentéisme et délinquance avec les caractéristiques des microquartiers définis dans le recensement (IRIS). Je suis conscient de ce que ce rapprochement des géographies de l'échec scolaire, des surfaces d'émergence de la délinquance et de la concentration des familles « africaines » porte d'accusation. Je crois cependant qu'une prise en compte de ce fait, ce que les familles qui habitent ces quartiers savent mieux que quiconque, est nécessaire pour pouvoir élaborer des réponses inclusives.

Je souhaite revenir au préalable sur la mesure des inconduites et la manière dont les réponses institutionnelles peuvent affecter les observations. Dans un rapport sur la police et les minorités visibles F. Jobard et R. Lévy ont mis en évidence des écarts importants, associés au style vestimentaire, à l'apparence ethnique ou à une combinaison des deux dans les contrôles réalisés sur la voie publique à Paris aux abords des gares et dans des lieux de grand passage[3]. Par ailleurs, des analyses menées par

1. Un des sites de cette étude est localisé en Loire-Atlantique dans la banlieue de Nantes, où la population immigrée est dans la moyenne française. Mais l'essentiel des commentaires concerne les sites de la Région parisienne, où la proportion de migrants est très élevée. Les analyses scolaires ne portent que sur 3 472 adolescents âgés de 16 ans pour lesquels nous disposons de données scolaires, nous ne présentons pas les différentes mesures systématiquement.

2. Les analyses menées dans la région nantaise ne sont pas rapportées ici.

3. Ainsi, les « Noirs » ont environ six fois plus de risque d'être contrôlés que les « Blancs », et les « Arabes » huit fois plus. Cependant, les auteurs montrent aussi que les probabilités d'être contrôlé sont étroitement liées au code vestimentaire. Ainsi les jeunes arborant un look gothique ou punk ou techno

F. Jobard à partir des patronymes sur les infractions d'outrage et rébellion au tribunal de Melun tendent à montrer que les biais dans les condamnations des « Noirs » et des « Maghrébins » – environ deux fois plus de peines de prison que les « Européens » – pour les mêmes infractions sont importants. Cependant, cette même étude sur les décisions de justice ne fait pas apparaître de biais culturel marqué dans les jugements une fois contrôlées les circonstances propres à chaque situation – récidive, présence à l'audience ou non[1].

Il est vraisemblable que des distorsions affectent la transmission de procès-verbaux d'infraction à la justice de façon variable selon les groupes[2]. Trois raisons conduisent à ne pas considérer cela comme un obstacle dirimant pour les analyses présentées ici. D'abord, les clivages qui nous intéressent renvoient à l'origine culturelle : ils ne recoupent pas la couleur de la peau et ne se résument pas à l'écart des conduites entre autochtones et « minorités visibles ». Les différences de comportement que nous avons observées traversent les groupes

---

(très près du corps) ou encore hip-hop ont onze fois plus de probabilité d'être contrôlés que ceux qui sont en « tenue de ville » ou « décontractés ». Le code vestimentaire et l'apparence raciale sont étroitement corrélés. Dès lors, le biais de sélection peut aussi bien être un biais envers ces « looks » qu'un biais de sélection racisant. Dans la mesure où 6 % des « Blancs » portent ce type de vêtement contre 19 % des « Noirs » et 13 % des « Arabes », le ciblage des contrôles en fonction du look donne donc deux à trois fois plus de risques pour les « Arabes » et les « Noirs » d'être contrôlés. Cf. F. Jobard et R. Lévy, *Police et minorités visibles : contrôles d'identité à Paris*, New York, Open Society Justice Initiative, 2009.

1. F. Jobard et S. Névanen, « La couleur du jugement », *Revue française de sociologie*, 48-2, 2007.

2. Les sélections peuvent jouer sur plusieurs registres et les biais de sélection varier selon le point où l'on se situe – de l'interpellation au jugement –, donnant semble-t-il plus de poids aux apparences aux stades les plus élémentaires de l'entrée en contact des jeunes et de la police. Il est cependant difficile de préciser le rôle respectif des critères de sélection : apparence vestimentaire, couleur de la peau ou ethnicité supposée. S'agissant de la transmission de procès-verbaux d'infraction au parquet, cela invite à la prudence lorsqu'on compare des catégories qui recoupent les stéréotypes les plus communs : les « Noirs » et les « Arabes », pour reprendre les qualificatifs de la rue.

racisés sans en épouser les frontières et, singulièrement, distinguent les jeunes Sahéliens des autres adolescents « noirs », les jeunes d'origine turque des « Maghrébins ». Ensuite, comme pour tous les faits sociaux, on ne saurait envisager les délits pénaux autrement que comme des constructions des acteurs et des institutions qui sont censées les réprimer ou les prévenir. Partant, la notion de biais doit être utilisée avec circonspection, car elle repose sur l'idée discutable d'une réalité vraie, antérieure à cette construction. Enfin, et c'est le plus important, notre interprétation repose sur des corrélations entre des mesures individuelles concernant les scores en sixième, au brevet, les absences et la délinquance. Comment expliquer que ces mesures, coproduites par les enseignants, les policiers, les travailleurs sociaux comportent à l'échelle individuelle les mêmes biais ? Ainsi, puisque les scores en sixième et le fait d'avoir été l'objet de PV sont corrélés, faut-il penser que les enseignants notent au faciès… dans des épreuves anonymes ?

Notre démarche consiste à mettre au jour des configurations de comportements dans différents domaines qui sont le produit d'interactions avec diverses institutions et à établir des corrélations porteuses de sens à différents niveaux d'agrégation. En l'occurrence, nous avons pris en compte des mesures de la réussite scolaire en sixième et au brevet, de l'absentéisme en troisième, des suivis par l'Aide sociale à l'enfance et l'implication dans des délits pénaux. Les variables diversement corrélées, tant à l'échelle individuelle que sur les zones considérées, suggèrent des dysfonctionnements d'une portée générale. Ces corrélations traduisent des tensions et des difficultés inscrites dans le fonctionnement même de nos sociétés, dans le rapport du courant central de la société aux quartiers pauvres et non la seule dynamique de ces quartiers.

La géographie de la ségrégation ethnique recoupe avec précision celle des difficultés de socialisation – échec scolaire précoce, absentéisme. Dans le 18e arrondissement, au nord de Paris, la distribution géographique des lieux de résidence des adolescents auteurs de délits dessine trois pôles. Les taux sont les plus élevés à la Goutte-d'Or sud, Château-Rouge, dans la zone de Bichat, porte de Saint-Ouen, porte de la Chapelle et porte d'Aubervilliers. Au contraire, la proportion d'auteurs est la plus faible dans l'ensemble des IRIS de la Butte-Montmartre et vers le sud-ouest en direction du 17e arrondissement. Le quartier de la porte de Montmartre, la zone Clignancourt, Poissonniers et « Entre les Voies » forment des zones d'intensité intermédiaire[1]. Là où les taux de réussite en sixième et au brevet dépassent 70 %, les proportions d'auteurs de délits sont les plus faibles. Là où l'on observe une nette progression dans les résultats scolaires entre la sixième et le brevet – Dorgelès, Duhesme et Sacré-Cœur, Orsel –, ces proportions d'auteurs sont très faibles. La géographie des IRIS où la réussite aux épreuves de sixième et au brevet est le plus faible correspond à celle où les taux d'implication dans la délinquance sont les plus élevés. Elle recoupe avec précision la faiblesse du ratio cadres/ouvriers. La proportion des familles issues de l'immigration africaine est aussi corrélée avec la proportion des adolescents impliqués dans des délits et le taux d'échec au brevet des collèges.

Cette correspondance géographique se retrouve dans la banlieue de Nantes et dans la vallée de la Seine, aussi bien dans le Mantois que dans la zone des Mureaux. Dans la vallée de la Seine, plus nettement encore qu'à Paris, au milieu des années 2000, les IRIS où les proportions d'adolescents poursuivis comme auteurs de délits sont élevées s'inscrivent dans le périmètre des Zones urbaines sensibles : quartiers des Peintres, des Médecins et des Écrivains au Val-Fourré à Mantes-la-Jolie, quartier Merisiers-Plaisances à Mantes-la-Ville, quartiers de la Vigne-Blanche et des Musiciens aux Mureaux. Inversement, le centre historique de Mantes-la-Jolie, Buchelay et Magnanville, Rosny, Freneuse, le haut du Domaine de la Vallée et le centre des Mureaux abritent peu d'auteurs de délits. Si les propensions à la délinquance de chaque IRIS sont à considérer avec prudence en raison de la faiblesse des effectifs[2], la congruence

1. En dépit des contrastes apparents, les différences de taux d'implication des adolescents dans des délits ne sont significatives qu'au seuil de 10 %.

2. Une erreur de localisation de 2 ou 3 auteurs dans un IRIS peut affecter fortement les pourcentages de cet IRIS. Elle pèse moins sur un regroupement.

des distributions géographiques des auteurs avec les ZUS, qui sont aussi les zones où les performances scolaires en sixième et au brevet sont parmi les plus basses, est aisément vérifiable. La tradition de recherche sociologique en France, influencée par l'idiome politique d'un pays qui rejette toute distinction d'origine culturelle, a conduit à contourner cette lecture pourtant très discriminante à première vue[1]. Bien évidemment la coïncidence spatiale ne suffit pas à établir des connexions causales, le chaînage des déterminations est complexe, mais cette spatialisation des difficultés et des déviances n'est pas anodine. Elle traverse les aspects majeurs de la vie sociale.

La délinquance et l'échec scolaire étaient, au lendemain de la Seconde Guerre mondiale, pour l'essentiel la conséquence de dysfonctionnements individualisés, sans base sociale spécifique, assis sur des dérives éducatives isolées ou des conflits intrapsychiques[2]. Ils ont pris depuis trois décennies la forme d'un conflit social territorialisé. Parler de « dérive des quartiers[3] » suggère que les problèmes viennent seulement de là. Ce terme occulte la dialectique des comportements des minorités et de la majorité de la population. C'est aussi souvent une manière paternaliste de désigner les inconduites et les contre-performances des enfants des immigrés du Sud qui habitent ces zones urbaines. Cet ancrage territorial des difficultés de socialisation doit être mis au centre de la réflexion. L'expression « jeunes des cités » définit aujourd'hui, par métonymie, non plus des groupes marginaux mais les acteurs d'un conflit qui mobilise la jeunesse issue des migrations africaines dans une opposition spatiale au reste de la société. Dans une courte synthèse publiée par *Esprit* en 1999, D. Béhar, observateur attentif des politiques urbaines, remarquait une montée en puissance des déterminations liées au territoire. La question urbaine, écrivait-il en substance, n'est

1. Nous avons fait une classification des élèves en fonction du lieu de naissance de leur père ou du patronyme quand le lieu était inconnu, et une classification des familles sur la base des patronymes ; elles ont été ensuite calculées par IRIS.

2. Cf. Hugues Lagrange, *De l'affrontement à l'esquive*, Paris, La Découverte, 2001.

3. Ce que nous faisons parfois, par concision.

pas un simple écran de projection du social[1]. Le territoire qui affleure, si l'on peut dire, est lesté d'une charge affective nouvelle qui l'apparente à la *community* des Anglo-Saxons. Le mot *community* employé sans qualificatif désigne alors implicitement le groupe local où prévaut une forte similitude, où se forme une identité séparée. Les unités significatives ne sont plus celles qu'on retient le plus souvent dans nos manuels d'histoire et nos documents administratifs. On a souvent cartographié les évolutions de la société française depuis deux cents ans en prenant pour unité de base le département (héritier du diocèse), considérant cette échelle administrative large comme une unité pertinente[2]. Les différences que l'on se propose de lire ici s'inscrivent aussi dans une trame fine, encore instable, celle des microquartiers produits par la ségrégation urbaine (dont les IRIS permettent une lecture). La ségrégation et l'isolement dessinent de manière précise les périmètres des inconduites ordinaires – délits, absentéisme, échec scolaire – des adolescents. La connexion étroite entre le départ des élites sociales des cités, le chômage et le reflux des actifs, la construction d'une réputation négative, la chute du niveau des écoles primaires et des collèges forment une séquence qui tend à se reproduire. Le fait que les différences d'accomplissement soient lisibles à cette échelle infracommunale est nouveau : il témoigne d'une redéfinition de la question sociale, banale de l'autre côté de l'Atlantique, nouvelle de ce côté-ci.

Si, dès 1981, à travers les zones d'éducation prioritaire, la spatialisation des difficultés scolaires est reconnue – on inclut, *a minima*, les différences culturelles à travers les proportions d'élèves non francophones –, il n'y a rien d'équivalent concernant

1. C'est ce creusement des différences locales qui donne un fondement à l'établissement d'un zonage infracommunal des politiques publiques : le Développement social des quartiers (DSQ), les Zones d'éducation prioritaire (ZEP), puis les Zones urbaines sensibles (ZUS).

2. Les meilleures études, cependant, emploient des découpages plus fins qui ne recoupent pas les unités administratives – montagnards ou gens de la plaine, calcaire contre bocage. Cf. les travaux de Siegfried sur la France de l'Ouest, l'étude de Paul Bois sur la Sarthe.

la délinquance. Les rapports de l'Observatoire des zones urbaines sensibles ne permettent pas de comprendre la concentration spatiale des inconduites. Ils mentionnent seulement la proportion des victimes dans ces zones. Ainsi, il y est écrit « [qu'] en 2008, le taux de délinquance globale en zones urbaines sensibles (ZUS) reste inférieur à celui de leurs circonscriptions de sécurité publique[1] ». Ce diagnostic fondé sur des taux de victimation ignore la « production » des délits, il ne rend pas compte des tensions sociales ni des échecs éducatifs. Les zones urbaines sensibles sont très hétérogènes. Une fraction – peut-être 10 à 20 % des ZUS – est à l'origine de beaucoup de délits. Il faut oser y dénombrer le pourcentage d'auteurs et non seulement celui des victimes, sur lequel d'ailleurs pèse un phénomène d'omerta. Les pouvoirs publics refusent d'envisager une géographie des auteurs, occultant le fait que la délinquance vient de façon disproportionnée des quartiers pauvres et immigrés, et interdisant du même coup une vraie politique de prévention s'attaquant aux sources des problèmes.

1. Le rapport précise, certes, que « les taux d'infractions en ZUS culminent en Seine-Saint-Denis (71,2 faits pour 1 000 habitants), loin devant ceux de l'Essonne (58 faits), du Val-d'Oise (51 faits) et des Yvelines (50,2 faits). Les ZUS du Val-de-Marne enregistrent le taux le plus faible de la région (25,1 faits) ». Mais il s'interdit d'analyser, à une échelle fine, les raisons spécifiques qui produisent les différences de taux de criminalité, dans un département, c'est-à-dire la conjonction particulière de pauvreté, de chômage des jeunes, de grandes familles de primo-migrants (L. Bronner a souligné dans *Le Monde* le fait que la Seine-Saint-Denis absorbe à elle seule la moitié des migrants d'Afrique qui arrivent en France).

CHAPITRE V

LES INCONDUITES, LA SCOLARITÉ ET L'HÉRITAGE FAMILIAL

La ségrégation spatiale des étrangers dessine très précisément la carte des émeutes de 2005 en France. En effet, tous les quartiers d'habitat social avec de fortes proportions de grandes familles d'étrangers ou de fortes proportions de moins de 20 ans n'ont pas été concernés par les émeutes. Si l'on distingue les villes en fonction de l'indice de ségrégation de la population étrangère dans les ZUS, il ressort que la probabilité de survenue des émeutes est inférieure à une chance sur deux dans les villes peu ségrégées, elle atteint 80 % dans les villes où le coefficient de ségrégation de la population étrangère entre la ZUS et le reste de la ville est relativement fort[1]. Mais la ségrégation et l'isolement n'épuisent pas la compréhension des difficultés scolaires et des inconduites des enfants et des adolescents issus des migrations africaines et turques.

L'échec scolaire précoce a dans les cités, à partir des années 1980-1990, une extension et une portée nouvelles[2]. Pour plusieurs raisons : les difficultés scolaires n'étaient pas il y a quarante ans un obstacle à l'intégration professionnelle des enfants des classes populaires. En outre, ces difficultés n'étaient pas modelées aussi strictement par un clivage spatial et culturel. Enfin l'échec scolaire, qui nourrit la délinquance et

1. L'indice utilisé est l'indice de ségrégation D de Duncan. Les émeutes ont été nombreuses dans les villes de plus de 65 000 habitants où il est supérieur à 0,2 ; cf. H. Lagrange, « Émeutes, rénovation urbaine et aliénation politique », *Revue française de science politique*, vol. 58, n° 3, 2008.

2. Sans rapport avec ce qu'énoncent les analyses classiques sur l'échec scolaire et la délinquance.

le ressentiment, est précoce, il fonctionne comme un handicap largement hérité. La compréhension des inconduites et des difficultés scolaires relève d'aspects de la vie des familles et des adolescents plus spécifiques que les émeutes. Les dynamiques scolaires et les inconduites renvoient à trois dimensions de l'héritage des adolescents[1] : 1) le type de configuration familiale, 2) le milieu professionnel des parents et, 3) d'une façon moins classique en France, l'origine culturelle des familles. Au regard des écarts de réussite ou de déviance qui leur sont associés, ces trois dimensions du contexte de socialisation individuel s'avèrent, considérées séparément, également importantes.

Configurations familiales

Commençons par les organisations familiales. Quelles sont les implications de l'élévation des situations de monoparentalité et de familles recomposées pour ce qui concerne les dérives adolescentes ? Quelles relations les familles polygames, très rares en France en général, mais présentes significativement dans les quartiers des villes où les migrants originaires d'Afrique sahélienne sont nombreux, ont-elles avec les difficultés scolaires et les inconduites ?

Si le discours sur les effets éducatifs délétères de la monoparentalité est, pour une part, un discours moraliste associé à la critique des *sixties*, on ne peut pour autant se dispenser d'examiner de façon pragmatique sa prétention à la validité. La croissance des situations de monoparentalité est une tendance commune à l'Europe du Nord et aux États-Unis. Plusieurs études empiriques nord-américaines montrent que les enfants *des quartiers pauvres* élevés par une mère seule ou dans une famille recomposée connaissent dans l'ensemble un risque plus élevé d'abandonner l'école, d'utiliser des drogues, de

1. J'écarte délibérément ici les déterminations relevant de l'agir volontaire des élèves, comme le temps passé à faire ses devoirs – dont l'impact sur les résultats est pourtant très important –, pour une raison méthodologique de fond sur laquelle je reviendrai, pour m'en tenir aux conditions qui s'imposent aux adolescents de l'extérieur.

Performances scolaires et inconduites des adolescents selon la configuration familiale

Configuration familiale	% de réussite en sixième	% de réussite au brevet des collèges	% d'adolescents verbalisés pour infraction
Parents biologiques ou adoptifs	55,0	62,1	8,8
Famille monoparentale	47,0	59,2	18,8
Famille recomposée	**33,6**	**47,4**	11,5
Famille polygame	**16,9**	**20,8**	**36,9**

Source: enquête multi-sites. Lecture par case: 55 % des enfants qui vivent avec leurs deux parents ont réussi les épreuves nationales de sixième (obtenu plus de 50 % des points).

connaître des grossesses à l'adolescence ou d'être arrêtés pour des délits[1]. S'agissant d'implication dans la délinquance, entre les enfants éduqués dans des familles monoparentales et ceux qui ont été élevés par leurs parents biologiques ou adoptifs, il y a, d'après plusieurs études, une différence sensible de risque[2]. Lorsqu'on ne tient compte ni des caractéristiques sociales ni de l'origine des familles, les cadres familiaux les plus problématiques, s'agissant de l'implication dans la délinquance, sont les familles polygames et monoparentales[3]. Par ailleurs, les adolescents élevés dans des familles recomposées, et plus encore polygames, connaissent une moindre réussite scolaire que les enfants élevés par leurs deux parents ; la pénalisation en termes

1. Cf. R. Matsueda et K. Heimer, « Race differences in teenage sexuality, pregnancy and crime involvement », *American Sociological Review*, vol. 52, 6, 1987.
2. Cf. Annie Casert Foundation, *Report 2000*. Mais il est plus limité et conditionnel que les thuriféraires de l'ordre familial ne l'ont écrit.
3. Sachant que les familles polygames sont presque exclusivement originaires du Sahel.

de réussite scolaire au brevet des enfants élevés par un seul parent est en revanche faible.

Les configurations monoparentales sont extrêmement diverses. Aux États-Unis, T. Biblarz et A. Raftery, répliquant une analyse de la réussite sociale dans quatre cohortes de Nord-Américains qui couvre la période 1962-1994, ont pris le contre-pied de ceux qui stigmatisent la « matriarchie ». Ils distinguent divers arrangements familiaux[1] pour voir si toutes les configurations autres que la famille formée par les géniteurs et leurs enfants sont également moins bonnes pour la réussite des enfants. Les théories les plus convaincantes mettent l'accent sur le rôle de la mère plus que sur celui du père comme déterminant le destin scolaire des enfants. Elles affirment que les mères investissent plus de ressources sur leurs enfants que les pères. La survie et, dans le contexte de pays développés, le bien-être d'un enfant sont du plus grand intérêt pour la mère : c'est elle qui l'a nourri et protégé, d'un point de vue biologique, elle n'est pas aussi susceptible qu'un homme d'avoir beaucoup d'enfants (qui peut en avoir avec des femmes différentes), et donc est incitée à investir davantage sur chacun d'eux. Une telle approche psychologique admet que les enfants élevés par une mère seule vont certes bénéficier de moins de ressources matérielles que les enfants élevés par deux parents, mais affirme aussi que les enfants élevés par leur mère seule sont plus susceptibles de réussir que les enfants élevés par leur père seul. Les auteurs se sont demandé si les difficultés des enfants résultent d'un effet de sélection des parents ou d'un effet de la socialisation dans des familles monoparentales. Les difficultés des adolescents élevés par un seul parent peuvent en effet résulter de la sélection d'une partie plus fragile de la population de parents[2] : moindre compétence parentale ou

1. Cf. T. Biblarz, A. Raftery, « Family structure, educational attainment and socio-economic success : Rethinking the "pathology of matriarchy" », *American Journal of Sociology*, vol. 105, 2, 1999.

2. Considérer les enfants et adolescents de couples qui ont divorcé ou qui ont toujours vécu avec un seul parent revient à sélectionner, en même temps qu'un contexte éducatif, une population de parents qui ont dans l'ensemble moins de stabilité en termes à la fois culturel, relationnel et économique que les couples mariés, ce qui serait un moins bon modèle.

moindre attention à l'enfant de la part des parents qui se sont « volontairement » séparés. D'où, chez ces enfants, un manque des sécurités ontologiques dont ils auraient besoin pour réussir. Pour apprécier l'importance de cet effet de sélection, Biblarz et Raftery ont comparé les situations de divorce avec les situations de veuvage. Cet effet de sélection n'est pas vérifié : alors même que la source de la monoparentalité a changé du tout au tout en trois décennies (le divorce s'est substitué au veuvage), l'intensité de l'effet de la monoparentalité sur la réussite est constante dans le temps. Les auteurs ont évidemment pris en compte une série de variables de contrôle – niveau d'éducation, statut social du ou des parents, couleur de peau, taille de la fratrie. Les effets de ces facteurs étrangers à la configuration familiale sur la réussite des enfants sont parfois considérables – ainsi, pour un score de réussite sociale moyen de 40, les enfants élevés dans des familles noires ont en moyenne un score inférieur de 15 points aux enfants élevés dans les familles blanches dans la cohorte de 1962. Cet effet diminue régulièrement cohorte après cohorte de 1962 à 1987, pour remonter après cette date[1]. Quand on tient compte du statut professionnel de la mère, le fait d'être élevé par une mère seule n'est pas un handicap pour la réussite sociale. En revanche, les enfants élevés par des beaux-parents ou par leur père seul ont une moins bonne réussite sociale mesurée par le statut atteint à 30 ans. On n'a pas mené, à ma connaissance, de ce côté-ci de l'Atlantique une réflexion aussi poussée concernant les effets conditionnels de la monoparentalité sur la réussite.

Chez les migrants, la fréquence de la monoparentalité n'est pas sans lien avec les évolutions dans les pays d'origine. Au seuil du troisième millénaire, au Maghreb, le taux des divorces est environ le tiers de ce qu'il est en Europe du Nord. De plus, les remariages sont plus rapides, le divorcé n'ayant pas un statut social enviable. En Afrique de l'Ouest, en milieu rural,

1. La progression américaine vers une « méritocratie » atteint ses limites au milieu des années 1980. Au cours des années 1990, la *ligne de couleur* qui divise la société américaine reprend alors en partie ses droits.

si le divorce est encore rare, le phénomène des femmes soutien de famille est ancien. C'est sur un socle large de monoparentalité subie que les traditions familiales patrilinéaires et matrilinéaires impriment leurs variations et elles sont considérables. Dans la zone de la forêt, au Ghana et dans la région de Dayes, au Togo, la plus grande fréquence des femmes chefs de ménage est associée à une structure nettement matrilinéaire. Dans les pays du Sahel, de structure patriarcale, la monoparentalité est une conséquence du veuvage ou du départ des hommes. Ainsi, en 1991, 62 % des chefs de ménage dans le nord du Burkina Faso sont des veuves. Parallèlement, au Sénégal et au Mali, le maintien de la polygamie entraîne le veuvage de femmes relativement jeunes. Or, en ville, le lévirat[1] et le sororat tombent en désuétude. Dès lors, à Dakar par exemple, environ 20 % des femmes de 30 à 50 ans sont célibataires dans les années 1990 à 2000. L'extension des situations de monoparentalité de fait est masquée dans plusieurs pays du Sahel par la polygamie et par l'habitude des femmes de plus de 40 ans, même quand elles sont de fait seules, de garder un « mari social » en raison de l'opprobre et du déclin statutaire qui accompagnent un célibat officiel[2]. Au Mali, cette situation est devenue plus fréquente avec le départ des hommes en raison des sécheresses récentes. On assiste depuis deux décennies à une élévation du concubinage et du nombre de divorces dans les villes de l'Afrique sahélienne, et ce phénomène commence à toucher les familles qui vivent dans les villes européennes.

Les variations des taux de monoparentalité selon l'origine nationale, en France en 2006, portent trace à la fois de la diversité de ces héritages et du contexte de vie actuel des migrants. Si les taux sont élevés parmi les migrants originaires des pays du sud de l'Europe – Espagne, Italie, Grèce (35 %) – à l'exception des Portugais –, ils sont beaucoup plus faibles parmi les Marocains, les Tunisiens, les Turcs et les Asiatiques (de 8 à 14 %). Les migrants d'origine algérienne ont un taux de monoparentalité nettement supérieur aux Marocains. Les données

1. L'obligation pour un cadet d'épouser la veuve de son frère défunt.
2. Cf. J. Bisilliat (dir.), *Les Femmes soutien de famille*, Paris, Karthala, 1996.

concernant les pays d'Afrique noire ne sont pas détaillées dans les publications du recensement. D'après notre étude, les proportions de familles monoparentales, faibles parmi les migrants du Sahel, sont en revanche très élevées dans les familles noires venues des autres régions d'Afrique et parmi les Antillais. Ainsi, parmi les interviewés dont les parents sont nés aux Antilles, environ 50 % ont été élevés par leur mère seule, 20 % dans des familles recomposées et 30 % par leurs deux parents[1].

Ces taux varient, de plus, grandement selon la nature du quartier de résidence au milieu des années 2000. Parmi les familles d'origine européenne, les proportions de familles monoparentales sont sensiblement plus élevées en ZUS qu'en dehors des quartiers sensibles, c'est juste l'inverse pour les groupes culturels les plus ségrégés – Maghrébins, Noirs du Sahel et Turcs : la monoparentalité est plus faible lorsqu'ils vivent en ZUS (ainsi, parmi les familles originaires du Sahel de notre échantillon, en ZUS, 15,7 % sont monoparentales contre 22,5 % hors ZUS). En contrepartie, dans ces groupes, des formes familiales traditionnelles, notamment la polygamie au Sahel, sont au contraire plus fortement présentes dans les quartiers sensibles[2]. La monoparentalité est un phénomène assez rare parmi les familles originaires du Maghreb vivant dans les cités (8 %).

Si, d'après notre enquête, l'impact de la monoparentalité est non ou peu significatif en ce qui concerne la réussite scolaire, il est sensible s'agissant de la délinquance[3]. Mais cet effet sur

1. Lorsque nous ne disposions pas du lieu de naissance des parents, nous avons eu recours au patronyme, et cela introduit sans doute des erreurs de classification (jeunes « Antillais » considérés comme métropolitains, car les patronymes antillais sont parfois difficiles à distinguer des patronymes français métropolitains).

2. L'enquête TeO confirme le fait que les arrangements et configurations familiales traditionnels sont plus fréquents dans les quartiers ségrégés, soit un phénomène exactement inverse de ce que l'on observe dans les centres urbains nord-américains.

3. Ceci a été contrôlé dans une analyse multivariée, cf. H. Lagrange, « Délinquance et réussite scolaire à l'adolescence », *Recherches et prévisions*, CNAF, n° 88, juin 2007. L'effet sur les performances scolaires de la vie dans une configuration familiale monoparentale ne fait pas consensus en France.

la délinquance est conditionnel : les situations de monoparentalité au moment de l'adolescence sont plus préjudiciables aux enfants d'origine européenne, maghrébine, noire non sahélienne et antillaise, avec de fortes modulations selon le type de quartier. Les deux groupes pour lesquels la configuration monoparentale n'a pratiquement pas d'incidence sur les inconduites sont les familles venues du Sahel et de Turquie. Le graphique ci-contre représente les taux de délinquance estimés en fonction de la configuration familiale selon l'origine. Si le fait d'être élevé dans un contexte monoparental (plutôt que biparental ou recomposé) double les propensions à la délinquance pour les Européens et les Maghrébins, la différence induite par un tel contexte est ténue pour les adolescents issus des familles du Sahel. Pour saisir l'enjeu de la monoparentalité, il faut se souvenir que la monoparentalité est fréquente dans les familles franco-européennes dans les quartiers HLM, plus rare dans les familles du Maghreb et dans les familles du Sahel. Dès lors, penser les dérives des adolescents issus des immigrations africaines comme une conséquence de l'augmentation de la monoparentalité est trop simplificateur ; en ce qui concerne les familles du Sahel, cela est même faux. Les modalités spécifiques de la construction des situations de monoparentalité dans les familles venues du Sahel expliquent cet écart : elle traduit la pugnacité des femmes. Dans ce sens, une étude de la Banque mondiale concernant sept pays d'Afrique subsaharienne affirme que les enfants ont des taux de scolarisation et d'achèvement de la scolarité plus élevés dans les ménages dirigés par les femmes que dans les autres[1].

Ainsi, J.-P. Caille et F. Rosenthal, examinant les dynamiques en primaire, ne lui attribuent pas non plus d'effet significatif. Dans une étude récente sur les ZEP, Mathieu Ichou observe que les adolescents élevés dans des familles monoparentales ont un niveau scolaire en troisième sensiblement inférieur aux adolescents qui vivent avec leurs deux parents, après contrôle des effets de milieu social, d'éducation des parents et de l'origine française ou étrangère, cf. Mathieu Ichou, « Rapprocher les familles populaires de l'école. Analyse d'un lieu commun », *Dossiers d'études*, CNAF, n° 125, 2010. Le poids moindre des familles du Sahel dans le panel peut expliquer cette divergence.

1. R. Séchet *et al.*, « Les familles monoparentales », *Dossiers d'études*, *op. cit.*, p. 47.

% d'auteurs de délits selon l'origine culturelle et la configuration familiale en 2005

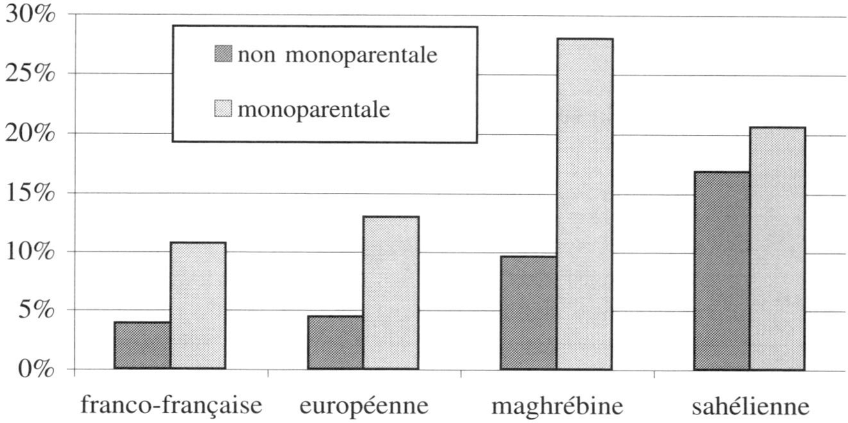

Source : enquête multi-sites. Les familles polygames ont été écartées du groupe des familles « non monoparentales » pour rendre les termes de référence comparables.

Milieu social et origine culturelle

La distribution des auteurs présumés de délits comme l'écart de performances scolaires en sixième sont fortement contrastés selon les statuts socioprofessionnels des parents. Les adolescents dont le père est durablement au chômage, inactif de moins de 60 ans ou retraité, ont un niveau d'inconduites très sensiblement supérieur à ceux dont les parents viennent des milieux populaires non précaires ou, *a fortiori*, à ceux dont le père est cadre ou profession intermédiaire. Lors des épreuves du brevet des collèges, plus de 30 points de pourcentage séparent le taux de réussite des enfants de cadres et de professions intermédiaires, de celui des enfants dont le père est durablement au chômage, se déclare inactif ou retraité. Ces dernières situations se caractérisent à la fois par de faibles scores de réussite en sixième, par de mauvais résultats au brevet et par une forte implication dans la délinquance. Plus que la différence des statuts sociaux entre actifs, qui reste d'une ampleur limitée, c'est l'opposition actifs/inactifs (chômeurs, inactifs de moins de 60 ans ou retraités) qui paraît creuser les écarts. On a déjà formulé de tels constats, on y a parfois ajouté des déterminations supplémentaires très prédictives des différences de performances, comme le bagage scolaire des parents, dont nous ne disposions pas systématiquement.

Performances scolaires et inconduites des adolescents selon la situation professionnelle des parents

Situation professionnelle du père	% de réussite en sixième	% de réussite au brevet des collèges	% d'adolescents verbalisés pour infraction
Artisan/ commerçant	56,6	77,3	8,6
Cadre/prof. libérale/prof. intermédiaire	71,5	95,4	2,1
Employé	61,7	91,5	6,5
Ouvrier	55,4	81,2	9,3
Inconnu/décédé	57,3	78,6	11,0
Retraité	40,5	45,0	18,9
Inactif < 60 ans/ chômeur sans précision	**50,8**	**58,1**	**21,3**

Source : enquête multi-sites. Lecture par case : 56,6 % des fils d'artisans ou de commerçants ont réussi (> 50 %) les épreuves nationales de sixième ; N = 3472.

Durant les décennies 1960 et 1970, les sociologues se sont appliqués à montrer que les différences de performance scolaire s'organisent en fonction de déterminations produites par le milieu socioprofessionnel, que ni les dispositions culturelles[1] ni l'intensité de l'effort ne peuvent rendre compte du destin des hommes. Le jugement porté par la majorité des sociologues sur les différences sociales dans les sociétés européennes à prétention égalitaire et méritocratique est devenu très sévère, dans les années 1960-1970, précisément au moment historique

1. Au sens que j'ai retenu, suivant Tylor, ici.

où l'effet des origines sociales sur le statut professionnel s'atténuait. C. Thélot et L.-A. Vallet ont en effet montré qu'entre les générations nées à la veille de la guerre de 1914 et celles qui sont nées en 1970, l'intensité du lien entre la position sociale des pères et celles de leurs fils et filles a diminué de 35 à 40 %. On peut penser que la réduction du poids des héritages au cours de la majeure partie du XXe siècle a établi un horizon d'attente qui s'est diffusé dans toutes les strates de la société. Dès lors, face à cette attente d'ascension sociale par l'école, le maintien d'un écart de destin selon le milieu social génère un grand désarroi. La marche vers la méritocratie, très prometteuse au lendemain de la Seconde Guerre mondiale, a atteint ses limites avant même la fin du siècle dernier tant en Europe qu'en Amérique du Nord. Du coup, les tenants de l'explication sociale ont retrouvé du mordant particulièrement en France, où le retour en force de l'argument social classique a clos une réflexion sur les rapports entre classes et cultures qui ne s'était pas vraiment engagée.

Performances scolaires et inconduites des adolescents selon l'origine culturelle

Origine culturelle de la famille	% de réussite en sixième	% de réussite au brevet des collèges	% d'adolescents verbalisés pour infraction
Française depuis plusieurs générations	66,1	80,1	4,7
Autre européenne	62,2	77,8	5,2
Maghrébine	55,1	70,7	**11,2**
Afrique noire (hors Sahel)	55,7	69,7	**9,8**
Afrique sahélienne	**46,9**	**56,3**	**16,5**
Turquie	**50,1**	**57,1**	**9,2**
Reste du monde	59,7	82,4	4,5

Source : enquête multi-sites. Lecture par case ; N = 3 472.

On a rarement fait, à ma connaissance, en France, une lecture de ces performances et inconduites au regard des origines culturelles : les données manquaient, et pour cause… D'après l'enquête multi-sites, les différences de réussite scolaire des adolescents selon l'origine culturelle de la famille[1] sont d'une amplitude comparable à celles que l'on enregistre selon les milieux professionnels. En sixième comme à la fin du collège, l'ampleur des écarts de réussite associés à l'origine culturelle est élevée. S'agissant de la délinquance, les différences brutes sont aussi marquées : les adolescents éduqués dans des familles du Sahel sont 3 à 4 fois plus souvent impliqués comme auteurs de délits que les adolescents élevés dans des familles autochtones ; et ceux qui sont éduqués dans des familles maghrébines, deux fois plus.

Les modalités du statut socioprofessionnel et de l'origine culturelle les plus discriminantes définissent schématiquement deux oppositions : actifs *versus* inactifs, ascendance européenne *versus* sahélienne et turque[2]. Établir un lien entre l'ethnicité et les comportements observés, c'est suggérer que celle-ci puisse exercer une certaine influence, même médiatisée par d'autres facteurs. Ce simple rapprochement laisse inévitablement supposer un « parce que »[3]. Suspendons le jugement et faisons un pas de plus dans une direction analytique, quitte à ce qu'elle éclaire ou assombrisse le tableau.

Les effets de la situation sociale des parents et ceux de l'origine culturelle sur la propension à la délinquance et l'échec scolaire

2. Ici non pas mesurée à l'échelle de l'IRIS mais comme caractéristique individuelle des adolescents.

1. Avec toujours une moindre implication dans la délinquance des adolescents de familles turques.

2. Une telle extrapolation paraîtrait immédiatement légitime pour le milieu social, mais elle est sulfureuse s'agissant de l'origine culturelle. Dans la littérature sociologique hexagonale, à mesure que les coordonnées sociales « classiques » perdent en pertinence ou en pouvoir explicatif, des éléments supplémentaires sont souvent introduits pour compléter ou préciser le diagnostic. En revanche, lorsque l'origine culturelle livre une lecture contrastée, on ignore la plupart du temps le constat. Pourquoi ce traitement spécial de l'origine culturelle ? Contrairement à l'origine, on estime que le milieu social fait sens en lui-même, qu'il est en quelque sorte une raison légitime.

s'additionnent-ils ou bien se substituent-ils l'un à l'autre ? La réponse est clairement qu'ils ne se substituent pas. Pourquoi ? Contentons-nous pour le moment d'observer que ce n'est pas *seulement* parce qu'ils ont souvent des parents ouvriers, chômeurs ou inactifs que des adolescents issus des migrations africaines sont aussi plus souvent impliqués dans des délits ou réussissent moins bien à l'école. Lorsqu'on tient compte des différences de milieu social, les écarts liés à l'origine culturelle ne disparaissent pas[1]. Les effets associés à cette origine culturelle et aux statuts sociaux des familles se conjuguent ou se combinent, comme on voudra, mais l'un n'est pas le masque de l'autre.

Soyons plus précis. Au sein de chacun des milieux sociaux, les risques d'implication dans la délinquance sont extrêmement variables selon l'origine culturelle des familles : parfois du simple au triple. S'agissant des performances au brevet des collèges, les écarts entre les groupes culturels, à milieu social égal, sont moins marqués. Si les écarts de performances scolaires selon l'origine restent importants parmi les enfants des milieux populaires et précarisés, parmi les enfants des classes moyennes et des cadres l'origine culturelle a moins de poids. Le milieu social se donne comme une détermination décisive de la réussite scolaire, capable de réduire sensiblement l'effet de l'ascendance. Comme disent les Brésiliens, « l'argent blanchit », mais pas complètement[2].

Si l'on accorde du crédit à ces résultats, on admettra que l'ethnicité est une grille de lecture des héritages et des formes de socialisation importante pour la compréhension des performances et des contre-performances des adolescents. Les adversaires de cette description objecteront certainement que les écarts

1. Jean-Paul Caille et Louis-André Vallet avaient, dans un article remarqué, souligné les meilleures performances scolaires des jeunes issus de l'immigration quand on contrôle la profession du père, mais ils n'avaient pu distinguer les origines culturelles de manière fine : « Les élèves étrangers ou issus de l'immigration dans l'école et le collège français. Une étude d'ensemble », *Les Dossiers d'éducation et de formation*, n° 67, 1996.

2. Les proportions représentées dans le graphique p. 146 ont été ajustées pour tenir compte de la configuration familiale et de caractéristiques du quartier qui peuvent affecter les comportements individuels.

% d'auteurs de délits suivant le milieu social et l'origine culturelle de la famille

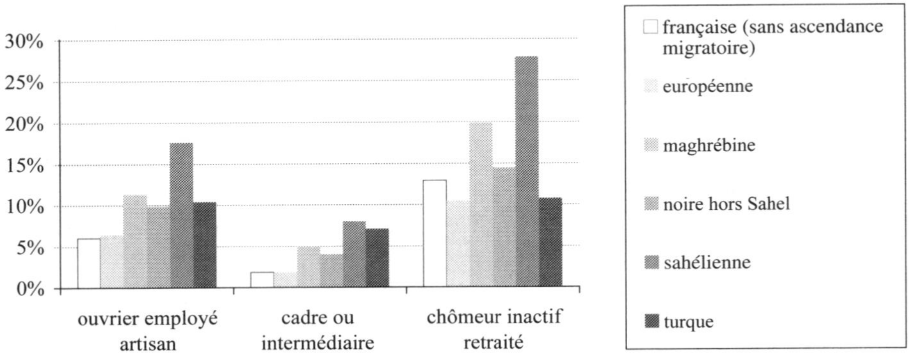

Source : enquête multi-sites. Estimations des propensions à la délinquance et de la réussite au brevet ajustée identiquement.

constatés doivent être rapportés à d'autres caractéristiques. L'origine culturelle comme la strate socioprofessionnelle est une caractéristique qui synthétise beaucoup d'aspects : discriminations, désavantages cumulatifs ou précoces, conditions d'installation et de fonctionnement des familles en immigration. Cela ne retire rien à la description. De plus, il faut réfléchir à la signification de la décomposition analytique de l'origine. Qu'est-ce qu'une famille d'origine malienne dont les parents ont fait des études supérieures et qui comprend deux enfants disposant d'un espace à eux ? C'est un objet atypique dans le contexte français actuel. On peut s'interroger sur la pertinence d'une interprétation qui utiliserait une telle famille comme une catégorie de référence. Si la décomposition analytique apporte des enseignements, elle ne peut être qu'un moment de la réflexion. Il faut ensuite revenir vers les configurations que l'histoire a rassemblées et qui s'inscrivent elles-mêmes dans une histoire des trajectoires familiales et chercher à distinguer ce qui est le plus intangible de ce qui est plus transitoire. Suivre la genèse des différences est de plus une démarche qui ne brise pas les configurations réelles.

% de réussite au brevet suivant le milieu social et l'origine culturelle de la famille

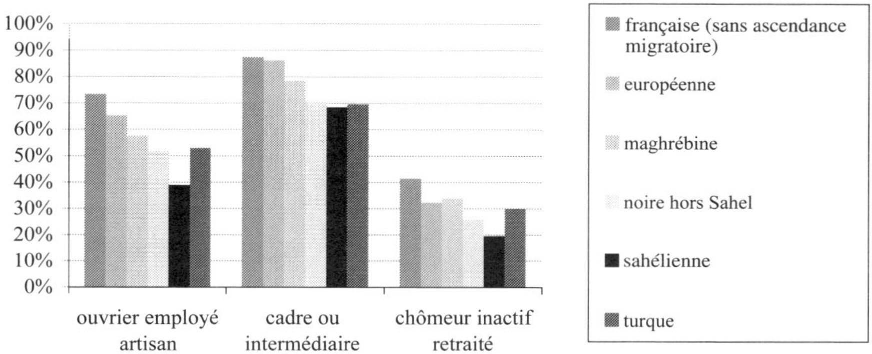

Source : enquête multi-sites.

Les « origines » de l'inégalité

Le niveau en sixième, qui est fortement conditionné par l'accomplissement d'un parcours primaire sans retard, est un des facteurs qui protègent le plus fortement les adolescents d'une implication dans la délinquance et d'autres inconduites. En effet, les scores des enfants à l'entrée en sixième, donc avant la scolarisation au collège, sont très étroitement corrélés aux inconduites pénalement sanctionnées qui interviennent trois ou quatre ans plus tard. Le clash à l'adolescence des jeunes issus des migrations africaines, sans être réductible à ce déficit scolaire précoce, lui est largement redevable. Or ce déficit, qui se présente comme un déficit d'accomplissement personnel, est légitimement vécu par les adolescents migrants comme une humiliation collective. Il touche massivement les garçons des « cités », c'est-à-dire les jeunes descendants d'immigrés (leurs parents n'ont pas été confrontés à cet échec). Aujourd'hui, ceux qui ont accumulé les retards scolaires et les contre-performances sont beaucoup plus marginalisés que les jeunes qui commençaient à travailler sans diplôme dans la société industrielle.

En interrogeant les mécanismes qui sous-tendent les inconduites et les réussites relatives pour savoir ce qu'elles doivent à l'héritage des adolescents, je veux mettre en lumière non pas les déterminations majeures du succès ou de l'échec[1], mais l'effet des héritages : ce que les enfants ont reçu en partage et que des changements venus des familles ou de leur environnement social pourraient en principe modifier. Aussi ai-je cherché à remonter vers ce qui, dans l'échec scolaire, ne renvoie ni à l'effort individuel ni à la connaissance des mécanismes d'orientation, en France avant le palier d'orientation en troisième. En effet, c'est après la troisième qu'une connaissance, éminemment sociale, des arcanes du système scolaire va permettre à certaines familles d'acquérir ou de maintenir un précieux capital humain, tandis que d'autres verront leurs enfants relégués.

Marie Duru-Bellat, Jean-Pierre Jarousse et Alain Mingat[2] nous apprennent par une décomposition soigneuse des trajectoires de la maternelle au lycée que le pourcentage d'élèves qui atteignent le second cycle long varie de 32 % chez les fils d'agriculteurs à 86 % chez les fils de cadres. D'après cette étude, un écart de probabilité d'entrer en seconde de près de 16 points s'est creusé entre les enfants de cadres et d'ouvriers dès la fin du cours préparatoire (première année de l'école primaire). Cet écart n'augmente guère en primaire, mais les disparités qui séparent les enfants de cadres et d'ouvriers pour accéder au cycle long du lycée étaient, dans les années 1980 et 1990, amplifiées à des moments critiques de la trajectoire scolaire au collège : les paliers d'orientation en cinquième et en troisième[3].

Nous n'avons pas les moyens de reconstituer de manière aussi précise les parcours scolaires en fonction de l'origine culturelle.

1. Pour une analyse des déterminants de l'échec scolaire et de la délinquance non limitée aux caractéristiques ascriptives des adolescents, cf. H. Lagrange, « Déviance et réussite scolaire à l'adolescence », *Recherches et prévisions*, CNAF, *op. cit.*

2. M. Duru-Bellat *et al.*, « Les scolarités de la maternelle au lycée », *Revue française de sociologie*, 34-1, 1993.

1. Le palier d'orientation en cinquième a été supprimé.

Toutefois nos données suggèrent plusieurs enseignements. Premièrement, l'implication des adolescents (vers 16 ans) dans la délinquance est très fortement affectée par leur degré de contre-performances scolaires précoces. Deuxièmement, les différences de réussite aux épreuves scolaires entre les milieux culturels sont repérables très tôt. Troisièmement, le décrochage des enfants des familles issues de l'immigration africaine ne s'opère pas durant les années du collège mais avant. Commençons donc par là.

Une des démarches possibles consiste à s'interroger sur la dynamique des écarts à chaque étape de la scolarisation. Prenons un exemple fictif. Supposons que 100 % des adolescents autochtones entrés en CE2 parviennent en sixième sans retard et que, de même, 100 % de ceux qui entrent en sixième sans retard obtiennent le brevet. Si 70 % des adolescents d'origine africaine entrés en CE2 entrent en sixième sans retard et que, de même, entre la sixième et le brevet, les adolescents d'origine africaine réussissent à 70 % par rapport aux natifs issus de natifs, l'écart cumulé en primaire et au collège donne un ratio de succès au brevet de 0,7 x 0,7 soit ½, ce qui est approximativement l'écart observé pour les adolescents des familles venues du Sahel. Dans cette perspective, sans négliger les différences observées au début du primaire, il paraîtra judicieux de s'intéresser à l'amplification des écarts au cours de cette partie du cycle scolaire, et l'enjeu des politiques éducatives sera, entre autres, de proposer des actions compensatrices de ce processus.

Commençons par l'importance de la divergence en sixième dans la distribution des scores selon l'origine culturelle[1]. Les adolescents d'origine sahélienne sont plus nombreux dans les cinq premiers déciles (moins de 50/100 en moyenne), tandis que les adolescents « franco-français » sont plus concentrés dans les déciles supérieurs (plus de 60/100) et que les adolescents d'origine maghrébine sont dans une position intermédiaire.

1. Une variable comme les résultats aux épreuves de sixième, par sa nature très explicative des résultats au brevet quatre ans plus tard, peut difficilement être considérée seulement comme un héritage.

Distribution des % de réussite au brevet de trois groupes d'origine culturelle selon leur moyenne en sixième (en 2000-2001)

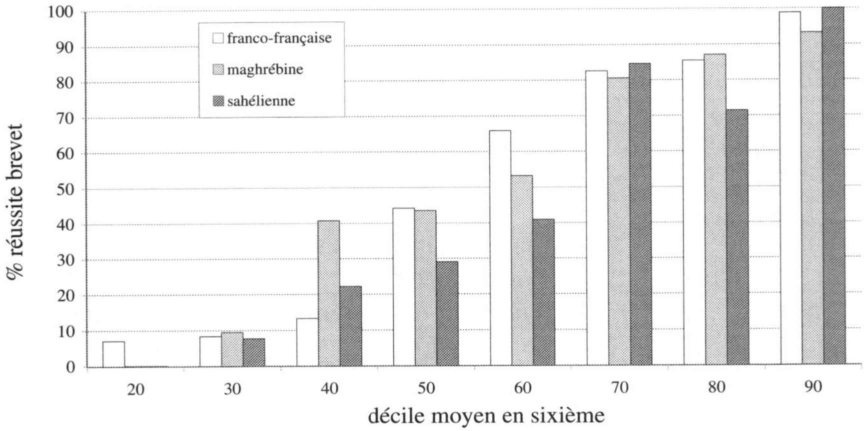

Source : enquête multi-sites. 20 désigne le 2e décile : scores de 10 à 20 ; 90 désigne le 10e décile : scores de 90 à 100.

Ce n'est pas seulement cette différence qui nous intéresse ici, mais la manière dont elle se répercute quatre ans plus tard au brevet des collèges, qui sanctionne la scolarité obligatoire. Notre étude suggère que les probabilités de succès au brevet, *pour les élèves de chaque décile*, varient peu selon l'origine culturelle. Ainsi, les adolescents élevés dans les familles d'origine africaine, à score égal en 6e, auront leur brevet dans les mêmes proportions que les natifs issus de natifs. Un examen scrupuleux montre certes que, pour les niveaux moyens en sixième (notes entre 50 et 60/100), les probabilités de succès au brevet avantagent les adolescents des familles autochtones par rapport aux Sahéliens[1]. Globalement cependant, chacun est approximati-

2. Si l'on garde en mémoire le fait que près de 45 % des adolescents sahéliens sont dans la tranche 50-70, un écart de succès à niveau égal de 15 points dans ces tranches de notes va donner près de 7 points de pourcentage de réussite en moins aux enfants sahéliens dans leur ensemble.

vement « rémunéré » par l'obtention du brevet en fonction de ses résultats en sixième. Ceux qui, Noirs ou Blancs, sont dans les déciles élevés de réussite en sixième (70 à 100) obtiennent leur brevet à plus de 80 %. Ceux qui sont dans les déciles faibles (0 à 40) ont environ 10 % de chances d'obtenir le brevet. Les élèves qui sont en sixième dans des positions intermédiaires (50 à 60) ont encore assez peu de chances d'obtenir le brevet (de l'ordre de 30 %). La réussite au brevet est une fonction en S (logistique) des niveaux en sixième. En caricaturant, on pourrait dire qu'elle fonctionne avec un seuil : en dessous d'un score de 60 en sixième, c'est l'échec quasi assuré ; au-dessus, le succès certain. De ce fait, le destin au brevet d'une catégorie d'élèves est tracé par la position du plus grand nombre en sixième par rapport à ce seuil. C'est la faiblesse du nombre des jeunes d'origine sahélienne et turque, maghrébine à un moindre degré, dans les déciles élevés en sixième qui cèle leur sort au collège. Ce qui est une prime extraordinaire aux enfants des familles natives qui possèdent les bases propices à un bon départ au collège. On voit ainsi l'intérêt d'une politique qui mettrait les enfants de tous les milieux sur la même ligne de départ en sixième. Si l'on pouvait mettre les enfants sur cette ligne, l'effet de l'origine culturelle sur les « arrivées » au brevet deviendrait non significatif pour presque tous les groupes, et il se réduirait sensiblement pour les Sahéliens. Ce *si* a évidemment un rôle considérable. Il invite à regarder en amont du collège.

Écarts en primaire

D'où viennent les écarts dans la distribution des résultats en sixième[1] ? Le poids du milieu culturel familial sur les performances est important dans la phase qui précède l'entrée en cours élémentaire deuxième année (CE2) ; après l'école élémentaire,

1. Malheureusement, nous n'avons pas pu remonter aux scores des adolescents lors des épreuves de CE2 sur la base des notes individuelles et nous avons dû nous contenter de relier les performances en sixième des adolescents suivis dans l'enquête multi-sites au niveau moyen des écoles primaires qu'ils ont fréquentées et nous avons complété par des résultats issus de l'évaluation du Programme de réussite éducative.

il n'accroît pas beaucoup les écarts de performance. Ceci ressort de l'enquête multi-sites comme des premiers résultats de l'évaluation en cours du programme de « Réussite éducative » dans la même zone. Les prolongements de cycles (ce qu'on appelait les redoublements) ont lieu lors du passage CP-CE1. Ils touchent beaucoup d'enfants issus des migrations africaines et turques qui n'ont pas pu acquérir au cours de l'année de CP les bases de la langue.

L'évaluation de CE2[1] porte sur les acquis des enfants en français et en mathématiques. Au sein de chaque discipline, il y a des ensembles d'épreuves distincts, qui portent en français notamment sur la grammaire, sur la compréhension de textes, et en mathématiques sur la numération et, déjà, la géométrie. C'est à partir de ces ensembles d'épreuves que l'on calcule des moyennes. Cette évaluation intervient au terme de deux ans d'école primaire mais aussi après trois années d'école maternelle. Or, aujourd'hui, l'école maternelle est intégrée au cycle des premiers apprentissages. Les épreuves de CE2 ne traduisent pas l'état des savoirs à l'entrée à l'école mais à la fin du cycle 2 de l'école élémentaire. Ces scores en CE2 sont donc à la fois le produit des sollicitations que les enfants ont connues dans leur milieu familial et des premiers apprentissages scolaires. Car, comme l'ont fait remarquer les instituteurs et directeurs d'école primaire du Mantois presque sans exception, la socialisation familiale et la socialisation scolaire interagissent fortement au cours de ces premiers apprentissages.

La correspondance géographique entre les zones où les résultats aux épreuves de CE2 sont faibles et les périmètres ZUS est nette (cf. cartes p. 116-117 et ci-dessous). En moyenne, les écoles qui scolarisent les enfants des quartiers des Peintres et Explorateurs au nord de la ZUS, le long du bassin d'aviron – Matisse, Rodin, Vilmorin, Cousteau –, ont des résultats égaux ou inférieurs à 50 % de réussite. Les écoles du sud de la ZUS – Colette, Lachenal

1. Ces épreuves nationales viennent d'être modifiées et déplacées à l'entrée du CE1, ce qui, dans un pays qui manque déjà de données comparatives dans le temps, va rendre les comparaisons encore plus difficiles.

– sont un peu au-dessus. Mais, dans l'ensemble, les scores les plus faibles en primaire sont presque tous situés dans les écoles de la ZUS du Val-Fourré. Les écoles qui scolarisent les enfants qui viennent de la ZUS des Merisiers et des Brouets à Mantes-la-Ville sont moins en retrait par rapport aux meilleures écoles que ne le sont les écoles de la ZUS du Val-Fourré. Les déficits de réussite scolaire en CE2 correspondent à la carte des quartiers sensibles, à deux exceptions près (cf. carte ci-dessous).

Mantois : % de réussite aux épreuves nationales de CE2, moyenne maths/français sur 100 en 2000

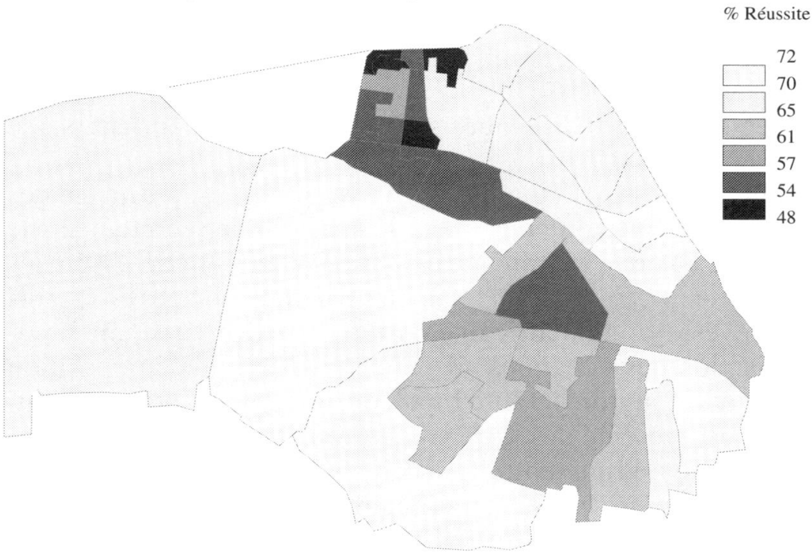

Source : enquête multi-sites.

Au premier abord, ce qui distingue deux quartiers contigus, sans « réputation », d'une zone de Mantes-la-Ville qu'on appelle le Domaine de la Vallée, l'un pavillonnaire, sur la colline, où habitent de petites classes moyennes européennes, l'autre, situé en contrebas, formé de logements collectifs, semble assez ténu. Des familles issues de l'immigration africaine venues du Val-Fourré ont été relogées dans cette zone qui n'avait pas le profil type des quartiers sensibles, à côté de familles monoparentales d'origine européenne. Nous ne disposons pas de façon détaillée de la distribution des activités des parents pour chaque école, toutefois les contrastes liés au recrutement sont forts[1]. Il y a une frontière sociale et culturelle marquée au sein du Domaine de la Vallée qui se traduit par les écarts de performances entre deux écoles toutes proches : la Sablonnière, située en bas du Domaine de la Vallée, est en retrait de plus de 10 points en moyenne par rapport à l'école des Hauts-de-Villiers, en haut. Le bas du Domaine de la Vallée, qui ne figurait pas parmi les ZUS du Mantois, a été récemment inclus dans le Contrat urbain de cohésion sociale. Les directrices de ces écoles donnent une interprétation des écarts de réussite centrée sur les caractéristiques sociales des familles et ne mentionnent guère les différences culturelles. Ce jugement est symptomatique des lectures « légitimes » des difficultés scolaires, ce n'est pourtant pas le seul possible.

Les écoles sont ethniquement très ségrégées, à l'image des microquartiers qui constituent leur bassin de recrutement (le recours au privé en primaire était inexistant jusqu'en 2005 dans cette zone)[2]. En classant les écoles par pourcentages croissants d'élèves d'origine africaine ou turque, on observe une bipolarisation des situations : il y a peu d'écoles de composition ethnique équilibrée. Cette bipolarisation selon l'origine culturelle est présente dès le début du primaire. De plus, il y a une corrélation étroite entre les scores en CE2 et en sixième qui suggère que les classes du primaire, au-delà du cours élémentaire première année, n'ont pas fortement creusé les écarts lisibles en CE2. Les études menées à partir du « panel 1997 » de l'Éducation nationale confirment que la corrélation entre les acquisitions à l'entrée en CE2 et à l'entrée en sixième est forte, sensiblement plus élevée qu'entre le CP et la sixième[3]. Les écarts

1. Quand on considère les pourcentages de familles défavorisées mentionnées dans les statistiques académiques.

2. Ne disposant pas des résultats individuels aux épreuves de CE2, on ne peut reproduire à ce niveau l'analyse de l'impact croisé du milieu et de l'origine sur les scores obtenus par les élèves.

3. Respectivement r = 0,76 et r = 0,62 ; cf. B. Suchaut, « Le rôle de l'école maternelle dans les apprentissages et la scolarité des élèves », *Conférence pour*

cristallisés à l'orée du CE2, fortement liés à l'origine sociale et culturelle, ne semblent pas fortement amplifiés par la scolarité primaire.

Ce différentiel précoce n'a pourtant guère été mis au centre de la réflexion publique sur les quartiers en difficulté. On s'est focalisé sur les désordres de l'adolescence. Pourquoi ? En reconnaissant cet écart précoce, on craignait sans doute de glisser vers le culturalisme, et les enseignants eux-mêmes, qui sont en première ligne, ont préféré ne pas ouvrir ce qu'ils considéraient comme une boîte de Pandore. Il est toujours plus tentant d'incriminer l'institution, fût-ce la sienne. En effet, en amont du CE2, que reste-t-il ? Le rôle des familles, de la préscolarisation et les classes de CP et CE1 [1]. Que l'effet de la préscolarisation soit faible ou plus significatif, il reste que le rôle des familles et de la prime-éducation familiale importe. La remontée vers les âges tendres promettrait de nous débarrasser de cette réalité, encombrante et confuse, qu'est l'origine culturelle en décomposant les effets. Or celle-ci semble résister. Cette brève genèse des difficultés montre le poids de la socialisation précoce mais aussi des fonctionnements sociaux et familiaux.

Notre constat ne renvoie pas nécessairement à l'inné, il n'implique pas une lecture primordialiste. Il interroge plutôt le

---

l'AGEEM, Bourges, 2008. Sur les dynamiques en primaire, voir les travaux de l'IREDU.

1. En France, la préscolarisation s'adresse à des enfants de 2 à 6 ans, mais la majorité des enfants ne commencent la maternelle qu'à trois ans et demi, et les taux de scolarisation à l'âge de deux ans ont significativement diminué au cours des années 2000 : 32 % en 2002 pour chuter à 25 % en 2005. Il y a une dizaine d'années, la plupart des études suggéraient que la préscolarisation réduisait la probabilité de redoubler une classe, notamment le cours préparatoire, que ses effets étaient d'autant plus nets qu'elle avait été longue. Selon ces études il y a un bénéfice, particulièrement pour les enfants des milieux les plus dépourvus de bagage scolaire, à être en maternelle avant 3 ans. Des analyses menées plus récemment sont moins affirmatives, même s'agissant des enfants issus de milieux défavorisés. Cf. J.-P. Caille et F. Rosenwald, « Les inégalités de réussite à l'école élémentaire », in INSEE, *France, portrait social*, 2006.

contexte de vie. Si des écarts de réussite interviennent de façon si précoce, c'est que les contextes de vie dans les quartiers d'habitat social et, sans doute, les pratiques éducatives des familles maghrébines, noires et turques pèsent sur l'acquisition des bases de la langue, de la numération, et des premiers éléments de géométrie[1]. C'est aussi, nous semble-t-il, que la question de l'anticipation ou du report des gratifications, la capacité de se situer dans le temps, la construction d'un espace d'activité réflexive et, plus généralement, l'émulation scolaire entre les enfants y sont plus réduites : questions sociales et culturelles autant que pédagogiques.

Florence Guillard, qui fait depuis trente ans de l'accompagnement scolaire, explique qu'au début des années 1990, au Val-Fourré, environ 30 % des élèves en fin de cours préparatoire étaient complètement incapables de déchiffrer ou d'écrire un mot, cela reste en partie vrai aujourd'hui. Ces difficultés précoces touchent surtout les familles nombreuses issues de l'immigration africaine. Une des directrices de l'école Matisse, au Val-Fourré à Mantes, tient des propos qui vont dans le même sens. Elle considère que, chez les enfants de la ZUS, la « modélisation » et le sens de la narration sont moins développés. Elle insiste sur la difficulté de développer des repères temporels et ses liens avec la confusion des temps grammaticaux. Pendant plusieurs années, elle a enseigné à Freneuse, une bourgade agricole située dans une boucle de la Seine à l'ouest de Mantes : « Comparés aux enfants de Freneuse, ceux qui habitent en HLM rue Matisse ou Gauguin à Mantes dessinent moins, ils ont plus de mal à faire des objets en pâte à modeler. » Ce qui est mal compris, c'est que ce manque de stimulation autour des jeux de construction n'est pas la marque d'un désintérêt des parents mais d'une plus grande fragmentation des étapes éducatives dans les familles africaines. La place des stimulations, des jeux comme les Duplo ou Lego, est inexistante. La narration qui est très présente dans les traditions africaines a disparu, notamment du fait que les grands-parents ne sont pas là, sans

1. Marie Duru-Bellat et Martine Fournier, « L'intelligence de l'enfant : l'empreinte sociale », *Sciences humaines*, 2007.

parler des griots. Les problèmes de déficit d'attention, souvent mentionnés par les enseignants de l'école élémentaire, pointent des difficultés qui sont très liées aux conditions de vie, à l'entassement, à la télévision toujours allumée, à l'absence de lieux propices et de moments réflexifs. « Il y a un contraste énorme [selon l'âge] dans la façon d'éduquer. Les tout-petits sont chouchoutés, *poupounés*, embrassés par les mamans, et les grands du cours préparatoire... très vite, dès qu'ils se débrouillent, ce n'est plus l'affaire des mamans », rapporte encore cette enseignante. Comme si l'autonomie physique était l'étape la plus importante et que ce qui advient au-delà de cette étape ne les préoccupait pas autant.

Ces résultats conduisent à mesurer ce qu'une politique d'égalité des chances pourrait produire. En ce domaine, il est remarquable que des programmes comme *Head Start* aux États-Unis ont eu un impact positif plus net sur les enfants des familles noires que sur les enfants des familles blanches[1]. Des actions précoces seraient susceptibles de réduire considérablement le désavantage culturel des familles migrantes pauvres, mais on n'en a pas fait une priorité : la préscolarisation a baissé. Depuis 2005, le programme intitulé Réussite éducative vise une prise en charge individualisée des enfants dès 2 ans, mais touche cependant plus massivement les enfants entrant au collège que les élèves du primaire, ciblant alors des retards ou des difficultés déjà anciens[2]. De ce fait, il ne s'inscrit pas tant dans une perspective d'égalité des chances que de compensation et de réparation, par ailleurs nécessaires. Les changements dans la socialisation doivent se faire avant qu'un retard ou une difficulté ne soient repérables.

On n'a pas fait l'effort de comprendre la nature des difficultés des enfants issus des migrations africaines. Celles-ci pourraient être réduites par une politique ciblée à ces âges tendres sur les rythmes physiques, l'attention, la mise en place des

1. H. E. Peters, N. C. Mullis, « The role of family income and sources of income on adolescent achievement », in *Consequences of Growing Up Poor*, G. Duncan et J. Brook-Guns (éd.), Russel Sage Foundation Publication, 1997.

1. Cf. H. Lagrange et M. Ichou, « Évaluation de la réussite éducative à Mantes », rapport pour la municipalité de Mantes-la-Jolie, 2008 et 2009.

repères temporels, le calcul mental. Les gouvernements de droite ont suscité récemment un rapport désastreux de l'INSERM, intitulé « Expertise collective ». Il mêle des problèmes réels de concentration et de soutien de l'attention, nommés par la littérature psychiatrique « déficit d'attention avec hyperactivité », et de prétendus comportements antisociaux, notamment les « troubles d'opposition avec provocation », dans la plus pure ligne de médicalisation de la déviance. La gauche, dénonçant à juste titre le caractère inacceptable de ce rapport (« Pas de zéro de conduite »), a cependant esquivé les questions des déficits précoces. Et, une fois de plus, dépourvu d'une réflexion sereine, le débat public s'est focalisé sur une lecture associant les inconduites des adolescents des quartiers soit à une pathologie, soit à la défense par principe des parents, la levée de boucliers clôturant le débat.

Les échecs scolaires et par suite l'implication dans la délinquance renvoient à la socialisation précoce dans les familles, notamment dans celles qui ont le moins de ressources scolaires, et peut-être aux insuffisances de la préscolarisation. À chaque étape de la socialisation, en primaire puis au collège, les écarts culturels se maintiennent, au lieu que la maturité acquise par les adolescents issus des migrations permette de compenser au moins en partie les handicaps initiaux. Elles n'appellent pas des réponses en termes d'ordre public mais plutôt de stimulation cognitive, puis d'émulation dans des quartiers dépourvus de modèles de réussite à l'âge adulte.

Le surcroît d'inconduites des jeunes Noirs ne paraît pas dériver du caractère récent de la migration. L'immigration asiatique, elle aussi, est récente. Or il s'avère que dans des familles de statut comparable, les jeunes venus d'Afrique du Nord, d'Afrique noire et des DOM sont plus souvent impliqués dans la délinquance et ont une scolarité beaucoup moins bonne que les jeunes d'origine asiatique[1]. Pourquoi une amplification des dérives

1. Reste que la taille des fratries est rarement comparable. Mais ici on atteint les limites d'une réflexion analytique : une famille du Sahel avec une fratrie étroite est en France encore aujourd'hui un dahu.

d'un côté, et une amplification des réussites scolaires et socio-économiques de l'autre ? La réponse est complexe, mais en considérant des adolescents venant de milieux sociaux comparables, il paraît difficile d'éluder les questions de motivation et de valeurs. À ce très grand niveau de généralité on est amené à faire l'hypothèse d'une orientation vers la « réussite scolaire » culturellement favorisée chez les Asiatiques, orientation que l'on ne trouve pas à ce même degré chez les Africains[1]. Plusieurs études ont montré que les jeunes Asiatiques bénéficient d'habitudes familiales, à la fois très solidaires et très exigeantes pour chacun des membres, qui sont propices à la réussite scolaire. La morale confucéenne, les attitudes créées par une culture où, bien avant l'Europe, la fonction publique a été recrutée sur concours, où le commerce bénéficie des plus grandes sophistications depuis des siècles, ont structuré les mentalités. Les jeunes Asiatiques savent depuis le plus jeune âge l'importance « d'apprendre en s'appliquant avec concentration », pour reprendre une expression tirée de l'enseignement confucéen. Cette mentalité transparaît dans le choix des filières d'études, dans le privilège accordé aux disciplines scientifiques et techniques. On l'a perçu concrètement dans les propos et les comportements des jeunes d'origine chinoise interviewés dans les collèges publics du 18e arrondissement. Ces adolescents souvent issus de milieux très modestes (père serveur ou plongeur dans des restaurants ethniques locaux) se plaignent de l'insuffisance des exigences dans les collèges publics et rongent leur frein, impatients d'affronter les défis du lycée.

Difficiles à mesurer, les motivations et l'orientation pratique vers la réussite scolaire sont décisives. Elles ressortent de notre enquête : une des variables les plus prédictives de la réussite au collège est tout simplement le temps passé à faire ses devoirs après la classe : l'impact de cette variable est plus significatif que celui de presque toutes les variables de contexte considérées.

1. J. Ogbu, « Variability in minority school performance », *Anthropological Education Quarterly*, vol. 18, 1987, p. 312-334. Certes, la taille des fratries, très larges, constitue pour les jeunes issus des migrations sahéliennes un handicap majeur que n'ont pas les jeunes asiatiques.

Or le travail « personnel » hors temps scolaire n'est pas, contrairement aux apparences, un paramètre purement individuel : au collège, il est sensiblement plus réduit chez les jeunes d'origine africaine, chez ceux qui viennent du Sahel en particulier, que chez les jeunes d'ascendance européenne ou *a fortiori* asiatique. Résultat trivial, souvent passé sous silence en sociologie[1], il contribue à expliquer les différences de réussite au collège. De la même manière, la fréquence du recours au soutien scolaire – globalement associé à une meilleure réussite au brevet des collèges pour les enfants ayant le même niveau en sixième – varie selon les groupes en faisant jouer attitudes culturelles et registres d'opportunité. Le recours à l'accompagnement scolaire varie selon la façon dont le « jeu » scolaire est perçu. Lorsque le jeu paraît fermé, les acteurs essaient en général de trouver des issues ailleurs. Ce pourrait être la raison du dédain de l'accompagnement scolaire par une fraction des jeunes des quartiers sensibles. Parmi les enfants des familles maghrébines comme dans les familles autochtones, le recours au soutien scolaire sélectionne des élèves nettement en difficulté – ils sont en dessous de la moyenne de leur groupe en sixième. On est dans le schéma classique où le soutien scolaire joue un rôle de compensation. Parmi les jeunes originaires du Sahel, du golfe de Guinée ou de Turquie, les plus mauvais élèves sortent du jeu, ne considérant pas qu'un effort puisse être payant[2] ; en revanche, ceux des enfants issus des migrations africaines ou turques qui recourent à ce dispositif sont, sinon les meilleurs élèves, du moins ceux qui sont déjà au-dessus de la moyenne de leur groupe et investissent le plus dans l'école. Tout se passe

1. Ce n'est pas pour autant un héritage, c'est une orientation en valeur.

1. Nous n'avons pas mis en œuvre un protocole permettant de mesurer de manière précise l'efficacité de l'accompagnement. Il faudrait en principe deux groupes d'élèves aux performances comparables et dans des contextes familiaux semblables. Et, dans l'échantillon général, nous avons trop peu d'effectif quand nous voulons contrôler simultanément le milieu social, l'origine culturelle, le niveau en sixième et l'effort scolaire. Une analyse plus systématique a été menée par Mathieu Ichou, « Rapprocher les familles populaires de l'école. Analyse d'un lieu commun », *Dossiers d'études*, CNAF, *op. cit.*

comme si c'étaient plutôt les jeunes qui anticipent une chance de succès et se donnent ainsi les moyens de réussir.

Peut-on comprendre la frustration et le ressentiment qui sous-tendent la délinquance et les émeutes dans les villes d'Europe, si l'on ne prend en compte l'humiliation, à travers l'échec scolaire, d'une fraction large de jeunes d'origine africaine nés ici ? Dans des sociétés centrées sur les apprentissages symboliques, le mérite scolaire fonctionne comme une idéologie puissante légitimant des procédures d'évaluation et de comparaison des individus qu'ils intériorisent nécessairement en partie. Il faut prendre cette idéologie méritocratique au sérieux non parce qu'elle serait juste, indiscutable, mais parce qu'elle est dans le contexte de la globalisation en adéquation avec les valeurs productivistes, même si des craquements commencent à se faire sentir. Faute d'une remise en cause radicale de modèle social, le mérite n'est pas pour les adolescents une illusion, c'est un système d'allocation de la reconnaissance qui s'impose dans les sociétés modernes non statutaires. Il oriente les comportements et les jugements sociaux en suggérant de distinguer des inégalités plus ou moins justes – celles qui renvoient aux performances des individus – et des inégalités franchement injustes – celles qui renvoient aux caractéristiques héritées.

Mon hypothèse est que le sentiment d'humiliation et le déficit de reconnaissance acquièrent une force particulière du fait que, dans nos sociétés, les inégalités associées au mérite sont pensées comme justes, alors que la réussite dans la compétition méritocratique est, partiellement, prédictible au vu des caractéristiques hérités : sexe, milieu social, origine culturelle. Dans la mesure où elles interviennent tôt et laissent peu de place à l'action de chacun, les difficultés scolaires précoces consacrent une injustice : un accès inégal aux biens de base. C'est pourquoi, dans cette réflexion sur le rôle des cultures, on n'a pas mis sur le même plan des difficultés qui, au moins en partie, dérivent de l'action de chacun – ce qu'on fait de son talent – et celles qui constituent de manière irrévocable un legs qu'on doit assumer. Cette distinction majeure, qu'il ne faut évidemment pas durcir à l'excès, entre les inégalités dues à ce que l'on est et celles qui sont dues à ce que l'on fait, est la base de la séparation entre des inégalités, éventuellement justifiables, et les inégalités nécessairement injustes qui sont une des valeurs cardinales de nos sociétés.

L'intériorisation de l'idée de mérite met singulièrement en porte à faux les enfants issus des immigrations africaines. D'un côté ces jeunes nés en France ne se sentent pas, à la différence de leurs parents, assujettis par la naissance à une position hiérarchique. Les inégalités, auxquelles certes ils sont confrontés dès leur plus jeune âge, ne sont pas ici des inégalités de statuts, de castes, comme dans beaucoup de sociétés africaines. Ils ne prennent pas pour référent l'expérience de leurs parents, et les fonctionnements de sociétés africaines, qu'ils connaissent mal au demeurant, ont rarement beaucoup de prestige à leurs yeux. Ils adhèrent à l'idée, véhiculée par l'école, qu'en Europe les positions sociales sont plus fluides et accessibles à l'effort de chacun. D'un autre côté, à la différence des jeunes issus des migrations asiatiques que deux mille ans d'histoire ont accoutumés à l'idée, les jeunes issus des migrations africaines, notamment du sud du Sahara, sont fort mal préparés à cette compétition méritocratique.

Porter la critique au-delà impliquerait de s'interroger sur l'inégalité des dotations. Je me contenterai ici d'envisager la connexion des difficultés de socialisation rencontrées par les familles avec les formes de l'organisation et de la gouvernance familiales dans les cités.

CHAPITRE VI

LES FAMILLES AFRICAINES EN FRANCE ET LA TRADITION

Le chômage massif et sélectif s'est territorialisé et ethnicisé, les taux d'activité ont diminué, la dépendance de la population des quartiers sensibles aux transferts sociaux s'est élevée. Le renforcement des séparations entre certains groupes de migrants, notamment Maghrébins, Turcs et Noirs du Sahel et la population autochtone a favorisé la divergence des mœurs et des conduites. N'est-ce pas au fond ce qui explique que les ZUS, comme les ghettos des villes ségrégées d'Amérique du Nord trente ans plus tôt, concentrent les acteurs des émeutes urbaines et des dérives moins spectaculaires ? L'indice qui délimite de la manière la plus spécifique les zones qui devaient connaître des émeutes en novembre 2005 est la distribution spatiale des familles nombreuses : les villes qui comportent des zones sensibles où l'on rencontre 10 % ou plus de ménages de plus de 6 personnes ont une forte probabilité d'avoir connu des émeutes. C'est un indice peu récusable, en plein XXIe siècle, d'un type de fécondité antérieur à ce que les démographes appellent la « transition démographique[1] ». Par ailleurs, ces émeutes ont mobilisé les jeunes Noirs, plus encore que les jeunes Maghrébins, et en moindre proportion les enfants des familles autochtones des quartiers ségrégés. Inutile d'envelopper le constat de circonlocutions : les jeunes issus des migrations africaines sont au cœur de ces explosions de violence. Les observations menées sur les jeunes interpellés corroborent ce diagnostic : les profils de ces

1. La réduction des taux de fécondité, qui tendent vers le taux de remplacement, parallèlement à la baisse de la mortalité infantile.

jeunes comme les descriptions rapportées dans la presse suggèrent de façon convergente que le poids relatif des Noirs dans ces événements est fort. Certains sont tentés de penser qu'une révolte des jeunes Noirs supplante celle des jeunes Maghrébins. Une telle affirmation serait simplificatrice, même sur un plan purement descriptif, mais le constat d'une différence d'implication mérite réflexion.

Chassés-croisés migratoires

Pour rendre compte des émeutes, on est tenté de comparer la France avec le Royaume-Uni, qui a connu de nombreuses émeutes et qui est aussi un pays de migrations anciennes. Cependant, l'histoire des migrations et les formes de ségrégation ethnoculturelle en Europe continentale diffèrent de ce qu'elles sont au Royaume-Uni. Dans les années 1950, alors même que la décolonisation n'est pas achevée, des flux migratoires issus du Commonwealth, notamment des Antilles, s'installent au Royaume-Uni. Jusqu'aux années 2000, il n'y a pas dans ce pays de forte migration en provenance de la rive sud de la Méditerranée. Les migrations qui interviennent dans les années 1970-1980 au Royaume-Uni – venues du Sud-Est asiatique – sont atypiques en Europe.

La France, à l'instar d'autres pays du nord du continent – Allemagne, Belgique, Pays-Bas en partie – accueille alors surtout des travailleurs du sud de l'Europe. Les migrations espagnoles vers l'Hexagone ont commencé avant la Seconde Guerre mondiale et se sont poursuivies à un rythme soutenu jusque dans les années 1950. Les Portugais arrivent, eux, dans les années 1960 et 1970 : en 1982 le Portugal constitue le premier pays d'origine des migrants. Au cours des années 1970-1980, se produit une forte inflexion. Les migrants venus du Maroc constituent 1 % de la population immigrée en 1962 et 12 % en 1999 ; ils arrivent par vagues nombreuses au cours des années 1970 et 1980. L'immigration d'origine sahélienne, comme l'immigration d'Asie du Sud-Est, est plus récente : elle date des années 1980 et 1990. Les immigrés italiens, qui comptaient pour un tiers en 1962, voient leur place réduite à un dixième à la fin du siècle. Globalement, on passe d'une immigration proche, européenne – 79 % en 1962 – à une immigration africaine, turque et asiatique : les migrants originaires d'Europe ne représentent plus que 45 % du total en 1999. Ce changement des provenances a été souvent sur-interprété : le sentiment le plus répandu étant qu'on serait passé d'une immigration chrétienne, facilement assimilable, à une immigration de culture musulmane inintégrable. À juste titre, on oppose à cette affirmation les affrontements et la xénophobie qui ont entouré la venue tant des Italiens que des Polonais avant guerre. Mais on ne peut se contenter de cet argument, qui a trop souvent servi à masquer les différences de contexte politique et historique entre les migrations européennes, africaines et asiatiques, et les formes du rejet qu'elles ont suscitées.

Nous avons déjà évoqué le contexte politique. Pour saisir l'impact social de la nature des flux migratoires, il faut interroger les paramètres les plus classiques de l'anthropologie : les formes du mariage – plus ou moins marquées par l'endogamie et l'empreinte des choix familiaux –, la fréquence des unions mixtes ainsi que les niveaux d'alphabétisation et de scolarisation.

Chez les migrants et descendants de migrants européens, les formes familiales sont similaires à celles qui dominent depuis fort longtemps en France : une famille étroite donnant une place égale à l'ascendance masculine et féminine. Il n'y a pas de formes d'alliance préférentielles. Les taux d'intermariages avec les autochtones sont rapidement élevés, à l'exception partielle des Portugais. La scolarisation élémentaire des migrants est générale.

Dans les migrations d'origine maghrébine, qui représentent maintenant un courant déjà ancien, majoritairement musulman, les structures familiales sont héritières de la grande famille patrilignagère. Ainsi, en Algérie et au Maroc, les foyers complexes regroupant plusieurs générations rassemblent encore au milieu des années 1980 plus de la moitié de la population des villages, ce qui donne force au patriarcat. Dans cette période, « toutes les sociétés maghrébines sont en proie à deux mouvements opposés. Des aspirations au changement induites par la désuétude des patrilignages, par la confiscation d'une grande partie de leur autorité par les États, viennent à l'encontre d'une crispation sur l'idéologie de la grande famille [...] qui se trouve confortée, voire renforcée, par des courants politiques prenant appui sur des interprétations intégristes de la religion[1] ». Les familles qui migrent véhiculent et parfois amplifient ces évolutions. Parmi les migrants et les descendants de migrants, les formes de mariage préférentiel explicites tendent à s'éroder au sein des générations socialisées en France. Ainsi, dans la génération née en 1940, parmi les migrants d'origine algérienne, le mariage préférentiel – en général avec la cousine croisée – est plus rare parmi ceux qui sont entrés en France avant l'âge de 16 ans que dans la population qui est arrivée à l'âge adulte[2]. En 1990, chez les jeunes nés en France de parents nés en Algérie, Michelle Tribalat observe un renforcement de la vie en couple hors mariage et un effondrement des mariages préférentiels. Si elle ne fournit pas d'indication d'un changement de la fréquence des mariages préférentiels selon la date d'arrivée des vagues migratoires, beaucoup d'indices attestent d'un changement dans les migrations maghrébines en l'espace de trois décennies. Elles se caractérisent par la diminution des origines rurales – 60 % des migrants arrivés avant 1965 sont fils de paysans, 47 % de ceux qui sont arrivés de 1965 à 1975, 27 % dans le flux des années 1975-1990 –, par une baisse rapide d'un groupe à l'autre des taux de fécondité, par une croissance de l'intermariage avec des autochtones.

Symétriquement, les vagues de migrants arrivés d'Afrique du Nord au lendemain de la Seconde Guerre mondiale étaient peu scolarisées. Dans la cohorte 1950-1975, l'illettrisme dans la langue maternelle est particulièrement développé parmi les immigrés qui sont venus après l'âge de 15 ans d'Algérie : 74 % ne savent ni lire ni écrire l'arabe ou le tamazigh ; 60 % des immigrés marocains venus après leur quinzième année sont également dans ce cas. Les générations venues d'Afrique du Nord qui ont immigré après 1975, en nombre certes plus limité,

1. C. et Y. Lacoste, *Civilisation du Maghreb*, Paris, La Découverte, 2008.

2. M. Tribalat, *Faire France*, Paris, La Découverte, 1993, p. 60.

sont dans l'ensemble mieux scolarisées. Les auteurs de l'enquête « Mobilité géographique et insertion sociale » (MGIS) soulignent qu'en 1990 la moitié des Algériens de la seconde génération, nés en France de parents immigrés, considèrent le français comme leur langue maternelle, et qu'un tiers d'entre eux ne parlent ni berbère ni arabe. L'immigration marocaine, plus récente que l'immigration algérienne, est moins rurale et d'emblée plus éduquée, et, au Maroc, en ville, le divorce a beaucoup augmenté (environ un quart des mariages vers 1990). En somme, on constate vague après vague une dé-traditionalisation et une élévation du bagage éducatif chez les migrants nord-africains et un affaiblissement du modèle patriarcal chez ceux d'entre eux qui viennent d'un milieu urbain.

Au sein des migrations venues d'Afrique noire, les dynamiques sont globalement de sens opposé. Ces migrants forment un ensemble hétérogène par leurs traditions et leurs comportements, alors que la vision que nous en avons reste souvent uniforme. De plus, en France, la statistique publique mêle tous les étrangers noirs sous le qualificatif subsaharien, ce qui renvoie à une conception phénotypique de l'altérité. Elle distingue les ressortissants des DOM par un critère qui n'a rien à voir : la nationalité. Or, s'agissant des enjeux éducatifs et de socialisation, il n'y a pas d'unité des situations ni des comportements des Noirs, et cette diversité ne recoupe ni les limites mélanodermiques, d'ailleurs très floues, ni celles des États.

Notre perception des familles originaires d'Afrique subsaharienne occulte le changement historique qui s'est produit. Il résulte de la substitution progressive dans les courants migratoires majeurs, des migrants venus du Sahel aux migrants venus de pays plus méridionaux qui bordent le golfe de Guinée – Congo, Guinée-Conakry, Bénin, Togo, Côte d'Ivoire –, qu'on appelle aussi « peuples de la forêt ». Nous avons en tête une image façonnée par les migrations anciennes, celles des Noirs de cette zone, de tradition familiale matrilinéaire[1] ou bilinéaire

1. Ceux pour lesquels l'héritage des droits sur le sol, les solidarités et les loyautés obligées se font en remontant par les femmes (mère, mère de la mère,

et qui disposent généralement d'un bagage scolaire élevé. Dans la population venue d'Afrique noire, avant 1990, 68 % savent lire et écrire le français, contre 38 % des immigrés d'origine algérienne, 51 % des Portugais et 16 % des Turcs ; les cadres et les professions intermédiaires sont nombreux.

Même si ce courant d'immigration s'est poursuivi, entre 1995 et 2005, notamment au titre de l'asile avec les réfugiés des guerres intestines qui ont ravagé l'ex-Zaïre et l'ex-Congo-Brazzaville, l'importance relative des flux venant de l'Afrique de la forêt s'est globalement réduite au cours des deux dernières décennies. Les hommes célibataires, arrivés du Sahel juste avant la fermeture des frontières en 1974, ont formé des familles. Plus de 40 % des immigrés et descendants d'immigrés d'Afrique noire sont aujourd'hui originaires des pays de cette région, venant du Mali, de Mauritanie, du Sénégal, de Guinée-Bissau, du Burkina Faso ou des zones septentrionales de la Côte d'Ivoire et du Niger. Soninkés/Sarakollés, Mandingues, Diolas, Peuls, Wolofs, tous à forte prédominance musulmane, supplantent les groupes chrétiens ou animistes originaires du Togo, du Ghana, du Bénin, de la partie méridionale de la Côte d'Ivoire, et les migrations bantoues originaires du Congo, du Zaïre et du Cameroun.

Au sein de ces familles venues du Sahel, région dont le modèle familial est patrilinéaire, le nombre d'enfants par femme est plus élevé (entre six à dix enfants) que dans les familles africaines issues des régions qui bordent le golfe de Guinée, zone de structure familiale bilinéaire ou matrilinéaire (entre quatre et six enfants)[1]. Dans ce dernier groupe, le nombre d'enfants est plus élevé que dans les familles originaires du Maghreb. Certes, de 1980 à 1995, le taux d'alphabétisation a crû dans les pays du Sahel, mais il est environ deux fois plus faible que dans les pays du Maghreb (avec des écarts entre hommes et femmes de plus de 20 points de pourcentage). Les migrants venus du Sahel, à travers le regroupement familial pendant les années 1990,

etc.). Les formes bilinéaires font jouer un rôle égal à l'ascendance du côté du père et de la mère.

1. Cf. Emmanuel Todd, *Le Destin des immigrés*, Paris, Seuil, 1994.

sont en majorité musulmans et largement dépourvus de bagage scolaire. Ce sont des personnes d'origine populaire – 60 % des Mandingues, 43 % des Peuls sont descendants d'agriculteurs. Les Wolofs, les Cap-Verdiens, les Comoriens, les Malgaches sont aussi d'extraction modeste, ouvriers ou paysans, ce qui les rapproche de l'immigration maghrébine, berbère et arabe qui est arrivée en France dans les années 1950-1975, et les distingue de l'immigration africaine venue des zones équatoriales à cette période et un peu après.

Groupes ethniques de la région Sahel occidental (Sénégal-Mauritanie-Mali) et du golfe de Guinée : les lignes claires circonscrivent le Sahel

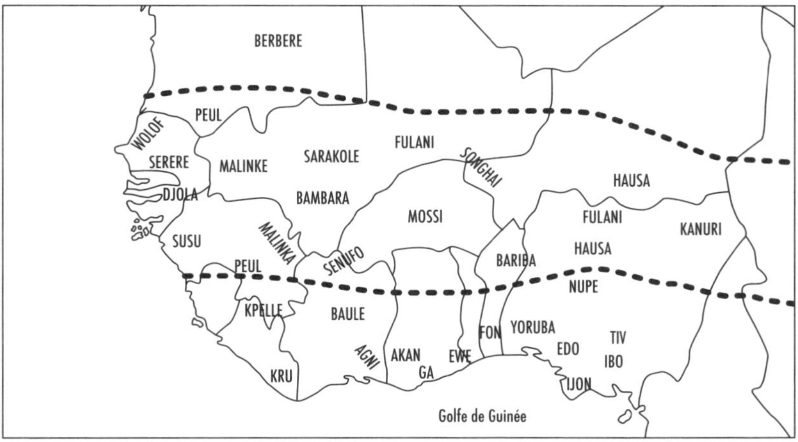

En somme, du début des années 1960 aux années 1990, les familles qui viennent en France métropolitaine en provenance du Maghreb sont, vague après vague, plus éduquées que les précédentes et ont une meilleure maîtrise de la langue. Leurs enfants et leurs petits-enfants, nés en France, sont élevés dans des familles moins nombreuses. Durant la même période, parmi les courants migratoires qui viennent d'Afrique subsaharienne la dynamique est inverse : à l'immigration qualifiée, venue des zones de la forêt[1], s'est substituée une immigration sahélienne

1. Les pays qui bordent le golfe de Guinée, par opposition aux pays du Sahel.

pauvre, dépourvue de bagage scolaire, comprenant de très larges fratries.

Morphologies familiales africaines

Si l'on excepte l'Afrique australe, deux grands types culturels dominent l'Afrique subsaharienne. « À la forêt équatoriale correspond l'Afrique des paniers : agriculture itinérante sur brûlis, absence de conservation des aliments de base sont les fondements techniques et sociaux d'une fluidité spatiale et temporelle constitutive des cultures des peuples de la forêt. Le panier porté par la femme, vouée à la production et au transport des produits vivriers [...] en est le symbole. Ce monde sans grenier ne prédispose pas, selon R. Pourtier, à la gestion du futur. [...] L'Afrique des savanes, vouée à l'agriculture céréalière, est au contraire une Afrique de greniers. La moisson rythme l'année, la conservation des grains fonde des stratégies de pouvoir... l'accumulation ouvre la voie au prélèvement sous forme de tribut autorisant la formation d'États [...] les systèmes séculaires d'autorité s'y perpétuent. À la lisière de la zone de savane, l'Afrique des troupeaux soudano-sahélienne, qui s'est progressivement sédentarisée, se mêle à l'Afrique des greniers[1]. »

Les familles du Sahel (près du tiers des migrants d'Afrique noire et de leurs enfants en France au début des années 2000) forment la majorité des familles noires dans les quartiers HLM. La densité favorise ici un maintien des distances avec les familles autochtones européennes. Ce sont des familles inscrites dans des systèmes de filiation patrilinéaires, où l'autorité revient aux mâles de la branche aînée. Les systèmes de rôles dans ces familles contrastent nettement avec les normes européennes courantes, où une famille bilinéaire, restreinte et plus égalitaire entre les sexes, prévaut depuis plusieurs siècles, sinon depuis toujours dans certaines régions. Ces structures familiales patrilinéaires affectent à la fois le contrôle des femmes et la socialisation des enfants et des adolescents.

1. Roland Pourtier, « Afrique : vers une identité noire ? », in *Atlas des civilisations*, Paris, hors-série *Le Monde*, 2009.

Les systèmes familiaux agnatiques (dans lesquels l'ensemble des prérogatives sont transmises en ligne paternelle), où l'inégalité des sexes est généralement forte, se distinguent des systèmes bilinéaires ou matrilinéaires où cette inégalité est moindre. Cette distinction, souvent trop grossière aux yeux des anthropologues africanistes qui travaillent sur les généalogies, est importante pour le sociologue des migrations. Trois aspects associés aux enjeux de socialisation séparent les systèmes patrilinéaires d'une part, matrilinéaires ou bilinéaires de l'autre : la proportion des enfants naturels ou des naissances hors mariage, l'écart d'âge entre les époux, et le nombre d'enfants par femme (taux de fécondité). Les familles issues des régions dans lesquelles le système agnatique domine sont généralement caractérisées par un fort contrôle des femmes. Parmi les Mauritaniennes, les Maliennes ou les Sénégalaises, les taux d'enfants « naturels » oscillent entre 2 % et 7 %. Ces taux, très faibles, correspondent à un contrôle étroit des femmes. Par contraste, le taux d'enfants naturels dans les familles africaines issues de pays qui bordent le golfe de Guinée est compris entre 20 % et 25 %. Parmi les Sénégalaises et les Maliennes, on constate toutefois des différences importantes. Dans les familles peules ou soninkés, le contrôle des femmes est fort, les solidarités verticales prévalent et les loyautés s'inscrivent dans la parenté en ligne paternelle. Dans les familles sérères, wolofs ou manjaks, l'organisation est moins contraignante : le contrôle des femmes est sensiblement plus souple, la mère a d'importantes prérogatives en matière d'éducation et de gestion des biens. Plusieurs auteurs anciens, comme Amadou Wade[1], soulignent chez les Wolofs l'importance de la filiation par les femmes, du matrilignage appelé *meen* (le sein).

Ces différences culturelles, indépendantes de la nationalité, ont des implications sur les mœurs et l'autorité. Dans les trois pays du Sahel les plus emblématiques de l'immigration récente

1. *Chroniques du Walo sénégalais : 1186-1855*, publiées par V. Monteil, Paris, 1941.

– Mali, Mauritanie, Sénégal –, la polygamie est légale. Dans ce cadre, les prescriptions qui concernent les devoirs des hommes et des femmes sont extrêmement codifiées – le système des « tours » –, ce qui indique en creux l'importance des conflits qui s'attachent à cette structure familiale. Le principe patrilinéaire s'affirme « par la propriété de la terre, le nom, le pouvoir de donner des femmes en mariage[1] ». L'homme des sociétés patriarcales détient une maîtrise absolue sur la femme, qui doit être docile et serviable. Traditionnellement, les femmes ne participent pas à la palabre, c'est-à-dire aux assemblées de conseil, ni aux décisions. L'islam a pénétré depuis très longtemps dans les sociétés du Sahel qui étaient antérieurement patrilinéaires, mais il a aussi triomphé plus récemment dans les sociétés matrilinéaires ou bilinéaires de cette région, comme les zones sérères du Sénégal ou manjakes de Guinée-Bissau. Aujourd'hui, partout où il domine, les asymétries entre hommes et femmes se sont maintenues ou accentuées, et les formes de gouvernance sont fortement patriarcales.

Dans les familles du Sahel qui habitent les quartiers pauvres, le nombre d'enfants reste très élevé. La transition vers des taux de fécondité réduits, qui s'opère dans les contextes européens, semble attendre la prochaine génération. En situation de migration, un durcissement des différences entre les cultures se produit alors qu'on aurait attendu, du fait de leur entrée en contact, une accélération du processus de convergence. À l'aube des années 1980, l'OCDE, préoccupée par les flux monétaires Nord-Sud et l'immigration Sud-Nord, lance une vaste enquête à la fois dans la région du fleuve Sénégal et dans les foyers d'immigrés africains de la vallée de la Seine, de Paris au Havre. L'enquête révèle d'abord des différences d'âge élevées entre maris et femmes. En 1983, dans l'échantillon représentatif des hommes de la vallée du Sénégal vivant en France dans des foyers, l'étude dénombre 38 % de célibataires, 62 % d'hommes mariés dont 43 % sont monogames, les 19 % restants étant polygames.

1. S. Fainzang et O. Journet, *La Femme de mon mari*, Paris, L'Harmattan, 1988.

Un tiers des hommes mariés sont donc polygames, c'est-à-dire un taux aussi élevé qu'au Sénégal en 1976 (d'après le recensement). Certes, il y a des différences selon l'origine régionale dans cette propension à la polygamie : le taux est plus élevé dans la partie malienne de la région du fleuve, plus faible dans la partie sénégalaise, en aval. En 2005, nous avons retrouvé dans les IRIS d'Île-de-France un taux de polygamie analogue parmi les familles venues du Mali, un peu inférieur parmi celles qui sont d'origine sénégalaise.

C'est l'une des caractéristiques des systèmes familiaux patriarcaux et autoritaires que d'avoir un écart d'âge élevé entre les époux. Or le taux de polygamie est directement associé à l'écart d'âge. La polygamie a en effet pour présupposé une différence entre le nombre des hommes et des femmes mariables. S'il y a équilibre du nombre des individus de chaque sexe dans la société, la polygamie implique qu'il y ait un âge distinct d'accès au mariage pour les hommes et pour les femmes. Dans l'enquête de l'OCDE, en 1983, la différence d'âge moyenne entre les conjoints, au « profit » des hommes, est de treize ans dans la vallée du Sénégal. Nous avons observé une différence de douze ans en 2005 parmi les parents des adolescents interviewés dans les familles venues des pays du Sahel : aucune évolution en vingt ans, pour autant que les deux populations soient comparables. La polygamie s'appuie sur une coutume qui marie les femmes dès la puberté, en moyenne vers 15 ans, tandis que les hommes n'entrent légitimement dans le mariage que vers 28-30 ans. En raison de l'inégalité des âges au mariage de chacun des sexes, se constitue un pool de femmes mariables nettement surnuméraire par rapport aux hommes. Si l'on fixe une borne supérieure pour le mariage à 60 ans, âge auquel le veuvage se généralise, il y a du côté des femmes 45 « années personnes » (60-15), alors que du côté des hommes il n'y en a que 30 (60-30). Certes des hommes âgés de plus de 60 ans sont en situation de se marier, mais leur nombre dans les sociétés africaines est très limité. Il en résulte que, en dehors même de la migration sélective qui éloigne les hommes de l'Afrique, l'inégalité d'âge au mariage, délibérément maintenue par la tradition patriarcale et la dot, produit un surplus de femmes disponibles de 50 % (45-30/30). De plus, en raison d'une tradition de migration ancienne, accentuée par les sécheresses intervenues depuis 1970, la vallée du fleuve Sénégal se caractérise par un extraordinaire déficit d'hommes : deux hommes pour trois femmes en 1983. Ce déficit est particulièrement marqué pour la tranche d'âge 20-45 ans. De ce fait, si l'on met à part les adolescents, les hommes dans la maturité qui restent font face à une pléthore de femmes. C'est ainsi que la polygamie s'est trouvée favorisée par l'inégalité des nombres des individus de chaque sexe disponibles pour se marier[1].

Est-ce que les migrations masculines ont conforté la polygamie ? Cela paraît évident. Pourtant, on aurait pu aussi imaginer que la saignée de la population masculine, provoquée par la migration, appelle un rééquilibrage du sexe ratio au sein du mariage par une nuptialité plus précoce des hommes. L'observation des comportements dans la vallée du Sénégal montre que la réduction du nombre des hommes disponibles n'a pas produit un tel ajustement des âges. L'âge au mariage des hommes, déjà élevé, s'est maintenu durant les trente dernières années. En partie pour des raisons économiques – la difficulté d'hommes jeunes à apporter une dot –, mais ce maintien va bien au-delà. Devant la raréfaction des hommes, les sociétés du Sahel en dehors des plus grandes villes se sont en quelque sorte hyper-traditionalisées. Elles ont durci l'asymétrie des sexes qui les caractérisait déjà, de sorte que la polygamie ne régresse pas dans cette région contrairement à la plupart des pronostics formulés dans les années 1960, 1970 et même 1980.

Corrélativement, parmi les immigrés, les écarts d'âge et la polygamie ont trouvé un autre aliment : le prestige des migrants aux yeux des femmes qui, en termes de revenus, sont facilement dix fois plus riches que leurs congénères restés en Afrique et se comportent comme des chefs traditionnels. Parmi les immigrés maliens et polygames, pères de nos interviewés, on observe la situation moyenne suivante : ils se sont mariés une première fois à 27 ans et demi, une seconde fois à 35 ans, et parfois une troisième fois à 40. Cela est plus rare parmi les Sénégalais et les

1. G. Pison, « La démographie de la polygamie », *Population*, vol. 41, 1, 1986.

Mauritaniens. On observe que les taux de polygamie des familles issues de la région du fleuve habitant dans la vallée de la Seine ne sont pas inférieurs à ce qu'ils sont en Afrique même, contrairement à ce que l'on aurait pu croire en raison d'une occidentalisation des mœurs. Cette asymétrie imprègne l'ensemble des rapports entre les sexes, elle renforce un rapport de domination d'un sexe sur l'autre, qui existe aussi en Europe, mais qui est ici d'une autre nature. La domination des hommes sur les femmes, sous-jacente à cet écart, s'appuie sur l'expérience de vie. Une telle différence d'âge fait souvent des femmes des jeunes filles soumises à leurs vénérables maris. Elle réduit l'autonomie de décision chez les femmes et, partant, affaiblit toute construction éducative reposant sur une autorité équitablement partagée.

Outre la persistance d'écarts d'âge importants entre mari et femme et celle de la polygamie, cette réaffirmation de la tradition en situation d'exil favorise, même dans les familles monogames, le maintien de très grandes fratries parmi les migrants d'origine sahélienne en Europe. Youssef Courbage et Emmanuel Todd, ainsi que Philippe Fargues ont soutenu de façon convaincante, sur un plan global, l'idée d'une convergence des taux de fécondité : dans les pays du Maghreb, du Moyen-Orient, comme en Inde et en Chine, ces taux ont effectivement baissé rapidement, corrélativement à la hausse du niveau d'éducation des femmes. Dans les pays arabes et d'autres pays musulmans comme la Turquie ou l'Iran, la diminution des taux de fécondité est remarquable au cours des dernières décennies, comme le soulignent ces auteurs. En Afrique de l'Ouest, *en dehors de la zone sahélienne*, au cours des dernières décennies, on a enregistré une baisse sensible des taux de fécondité. Certes, cette baisse est plus limitée que dans d'autres régions du monde, notamment en Asie au cours de la même période, mais elle reste remarquable. Ce mouvement d'ensemble cache cependant des exceptions, dont une de taille concerne le maintien de taux de fécondité élevé dans toute la zone du Sahel[1]. Or, ce sont précisément ces pays, appauvris dans

1. Et une transition démographique encore très partielle dans les pays qui bordent le golfe de Guinée.

les décennies 1990-2000, qui ont alimenté les dernières migrations d'Afrique vers l'Europe et notamment vers la France.

Évolution des taux de fécondité entre 1975 et 2006

*Deux pays musulmans**						
Iran	1975	7,0	1995	2,9	2005	2,0
Maroc	1975	7,2	1995	3,1	2005	2,5
Pays de la forêt						
Côte d'Ivoire	1978	7,4	1997	5,1	2006	4,5
Ghana	1968	7,1	1996	4,5	2006	4,0
Pays du Sahel						
Mali	1985	6,9	1994	7,0	2006	7,4
Mauritanie	1979	6,2	1999	4,7	-	-
Niger	-	-	1999	7,5	2006	7,5
Sénégal	1976	7,2	1996	5,8	2006	5,1
Burkina Faso					2006	6,5
Guinée-Bissau					2005	7,1

Sources : Courbage et Todd, 2007 ; World Fertility Survey and US Census Bureau, 2008 ; OMS, 1990 ; WHS, 2007. * Nous donnons, pour apprécier le contraste, l'évolution de la fécondité dans deux pays musulmans.

Dans les familles du Sahel, on compte six ou sept enfants par femme, une différence d'âge entre les conjoints de plus de douze ans et un taux de polygamie également fort. Ainsi, la diminution, au cours des années 1975-2000, des taux de fécondité – extrêmement élevés au seuil des indépendances – dans des pays musulmans comme le Mali, la Mauritanie, ou à forte présence musulmane comme le Burkina Faso, le Niger, ou même plus minoritaire comme la Guinée-Bissau, est insignifiante. Elle est assez faible au Sénégal, très musulman. En Afrique noire, dans les pays où l'influence de l'islam et des traditions patrilinéaires est forte, ce qui recoupe largement la zone du Sahel, la fécondité est peu ou prou en 2005 à son niveau des années 1975. La tendance historique longue dans différents pays du monde à la convergence de certaines caractéristiques sociodémographiques, notamment l'élévation du niveau de scolarisation, ne doit pas nous faire ignorer la complexité de ces ajustements. L'évolution des formes de gouvernance familiale prend du temps.

Corrélativement, on rencontre schématiquement trois situations typiques dans les villes les plus multiculturelles de la Région parisienne : les adolescents élevés dans des familles européennes dont la fratrie est comprise entre deux et trois ; les adolescents élevés dans des familles originaires du Maghreb, de Turquie et d'Afrique noire hors Sahel dont les fratries sont sensiblement plus larges (4 à 4,5) ; enfin les adolescents issus des familles du Sahel dont les fratries dépassent sept personnes[1]. Certes, il ne s'agit pas de situations représentatives des familles avec enfants en général mais caractéristiques des familles des zones multiculturelles d'Île-de-France avec des enfants au collège. Si la fécondité des femmes d'origine maghrébine a beaucoup baissé, les familles d'origine maghrébine qui ont des enfants de 15 ans et plus et qui habitent les cités se distinguent, encore nettement en 2005, des familles d'origine européenne et des familles maghrébines qui vivent dans d'autres contextes. En comparant les tailles des fratries, on réalise que celles-ci sont sensiblement affectées par le contexte résidentiel : les familles habitant les quartiers sensibles sont plus larges que celles qui vivent au-dehors. Au-delà de l'hétérogénéité des flux migratoires, le contexte de l'insertion en Europe distingue les modalités d'évolution des familles migrantes une fois installées.

Même si elle tend à se réduire dans certains IRIS du Mantois où elle était la plus élevée, l'évolution de la taille des fratries résidant dans le logement social en 1990 et en 2005 témoigne du maintien de l'importance des familles larges venues du Sahel. On observe des évolutions analogues parmi les familles

1. Par définition, les ménages sans enfants sont exclus de l'enquête multisites.

sahéliennes résidant dans le 18e arrondissement de Paris[1], ce qui implique des différences importantes de contexte de socialisation des adolescents. La persistance de taux de fécondité aussi colossaux et d'autres traits associés nourrit des tensions sur le sol européen, notamment dans les relations des enfants avec les institutions : l'école au premier chef, parfois la police et la justice plus tard.

Les familles africaines et l'aide sociale

Sommes-nous pour autant confrontés, en France, dans ces quartiers, à ce que des chercheurs américains ont appelé la « culture de la pauvreté[2] » ? Peut-on écarter cette possibilité tout en soulignant, comme je l'ai fait, l'immobilité, la ségrégation, l'échec scolaire et la délinquance particulière des adolescents éduqués dans ces contextes urbains ?

Pour ce qui concerne les familles d'origine africaine, on ne peut récuser complètement l'idée d'un enclavement dans la pauvreté, nourri par le manque d'opportunités ou de perspectives et qui tend à enfermer ces familles dans un cercle de sous-accomplissement. Liés par le réseau des aides sociales, une partie des habitants des cités sont à la fois exclus et dépendants, dans un rapport clientéliste à l'État et aux services sociaux municipaux. Certes les propos qui soulignent ces phénomènes sont souvent outranciers : on les écarte à gauche, on les énonce du bout des lèvres à droite. Pourtant ils posent, comme on dit, une vraie question. Dès le début des années 1990, on constate dans un échantillon de dix quartiers prioritaires étudiés par l'INSEE que la part des revenus de transfert oscille entre 29 % et 55 % du revenu des familles[3]. La disparition des emplois industriels a beaucoup accru la dépendance des familles aux transferts sociaux : l'allocation chômage ou le RMI remplacent souvent

1. Ce qui peut paraître surprenant au premier abord, mais s'explique par le caractère plus récent de l'installation des familles à Paris (poids des primo-migrants).

2. Qu'on a sommairement décrite au chapitre I.

1. D'après une étude citée par F. Dubet et D. Martucelli, *Dans quelle société vivons-nous ?*, Paris, Seuil, 1999.

le salaire, les emplois complémentaires disparaissent. La part cumulée dans les ressources des familles des revenus de transferts (prestations familiales, RMI, APL) et des aides généralement allouées par les Conseils communaux d'action sociale s'est fortement élevée dans les années 1990, accroissant du même coup la dépendance des familles aux dispositifs d'aide sociale et leur immobilisation dans les quartiers sensibles.

Dans le Mantois, les IRIS où le revenu des familles est constitué pour 50 % ou plus par des transferts recoupent largement les IRIS à forte population « africaine » (corrélation 0,66), mais la source de cette relation est le nombre élevé d'enfants des ménages qui, en raison d'un taux d'activité des femmes relativement faible, vivent sur un salaire unique. De plus, même dans les IRIS pauvres, les revenus de transferts ne constituent la majeure partie du revenu que pour 25 % des familles[1]. Je ne cherche pas à sous-estimer l'importance de cette dépendance mais à montrer qu'elle n'atteint pas le niveau qu'on rencontre dans les ghettos nord-américains décrits par McKay[2], moins encore dans le Harlem des années de l'après-guerre décrit par Glazer et Moynihan, ou dans les quartiers de Chicago dont parle W.J. Wilson pour la décennie 1980. Moins dépendantes des prestations sociales, les familles afro-européennes habitant les cités en France, venant du nord ou du sud du Sahara, ne sont-elles pas cependant des familles disloquées dont les enfants sont en « danger » sur le plan éducatif ? La réponse est globalement négative. Ce sont des familles qui depuis la fin des années 1980 sont fragilisées. Mais cette fragilité, d'abord liée au déficit de ressources financières et de bagage éducatif, n'est pas, jusqu'en 2005, corrélative des déstructurations familiales qui relèvent des dispositifs mis en place en France pour protéger les enfants de leur famille.

Sous le nom d'Aide sociale à l'enfance (ASE), un dispositif

2. J'ai fait ces calculs sur la base de données fournies par la CAF concernant la part des différents transferts, évidemment non ventilés par origine culturelle mais agrégés par IRIS, d'où le caractère indirect des constats.

3. McKay souligne que, pendant la Dépression, 60 % des Noirs de New York vivaient des allocations.

maintenant départementalisé a été mis en place pour suppléer *les familles* qui, en raison de conflits entre les parents, d'addictions comme l'alcoolisme ou d'incapacité d'assumer leurs responsabilités éducatives, mettent leurs enfants en « danger »[1]. Ces carences familiales graves sont en général signalées par les travailleurs sociaux. Les situations problématiques font l'objet soit d'un traitement direct par les services de l'ASE, soit d'une décision du juge des enfants qui ordonne une mesure (placement, action éducative, etc.). Les interventions de l'ASE auprès de familles incapables ou empêchées de remplir leur rôle auprès de leurs enfants concernent en priorité des familles qu'on dit pudiquement « abîmées ». Ce qui est visé par l'ASE, en dépit de son nom, ce ne sont pas les inconduites des enfants mais celles de leurs parents – violences, alcoolisme, toxicomanie, désorganisation. C'est pourquoi elle réalise dans la plupart des cas des interventions au long cours[2]. Les déficits de ressources financières ne sont pas le cœur de l'action de l'ASE, même si elle intervient parfois pour demander un soutien à la Caisse d'allocations familiales.

Le dépouillement et l'analyse d'un échantillon représentatif de dossiers de prises en charge par l'ASE dans le Val-de-Seine ont révélé des résultats inattendus. La moitié des prises en charge concerne des enfants de moins de 13 ans, le tiers des adolescents de 13 à 18 ans et, dans un cas sur six, des jeunes de plus de 18 ans. Les taux de prise en charge sont en moyenne quatre à cinq fois plus élevés dans les quartiers d'habitat social que dans les centres-villes ou dans les petites communes de l'agglomération qui ne comprennent pas de quartiers sensibles. Inversement dans les bourgs cossus où une population de cadres, travaillant à Paris, voisine avec une population âgée composée

1. Deux lois ont été adoptées dans le contexte de la décentralisation. La première, datant de 1986, donne au président du Conseil général une mission « d'aide aux enfants confrontés à des difficultés sociales susceptibles de compromettre leur équilibre » ; la seconde, datant de 1989, précise les modalités d'intervention du juge des enfants lorsque les services sociaux n'arrivent pas à convaincre les familles de modifier leur façon d'agir.

2. Ces interventions ne prétendent pas réparer les familles mais pallier les conséquences éducatives de leur déréliction.

pour une bonne part de personnes isolées, les prises en charge sont rares. Les difficultés, liées aux recompositions familiales avec leurs répercussions classiques sur les enfants (problèmes de garde, tensions avec le beau-père), assez fréquentes, ne relèvent pas de l'ASE. Il y a donc un contraste marqué entre les quartiers d'habitat social qui concentrent les situations de dysfonctionnement éducatif relevant de l'ASE et les quartiers plus aisés où les situations lourdes sont rares. Jusque-là rien que de très attendu.

On pourrait imaginer que les principaux bénéficiaires des prises en charge sont les grandes familles venues d'Afrique. Ce n'est pas le cas. Le taux moyen de suivis par l'ASE est de 18‰ dans le Mantois en 2003-2004, un taux voisin de celui enregistré dans la même zone en 1994. Les années 1990, qui ont vu croître dans de fortes proportions le nombre des familles issues de l'immigration africaine dans cette région, n'ont pas connu une explosion des prises en charge. Alors, qui sont les clients de l'ASE ? On a calculé les proportions de prises en charge selon l'origine culturelle, en rapportant le nombre de dossiers qui concernent chaque catégorie de familles au poids de ces familles dans la population[1]. Les taux de prise en charge de familles d'origine africaine sont en moyenne de 16‰. Ils ne dépassent d'ailleurs ce niveau que dans trois IRIS du centre de Mantes-la-Jolie où les familles africaines sont en nombre absolu en 2003-2004 à la fois peu nombreuses et atypiques (monoparentales). Le taux de prises en charge par l'ASE des familles d'origine africaine atteint son maximum (26‰) dans le bas Domaine de la Vallée à Mantes-la-Ville où le pourcentage de familles immigrées est assez faible, mais où la proportion de familles monoparentales est particulièrement élevée.

Les prises en charge au titre de l'ASE des familles « africaines » sont particulièrement rares dans les IRIS de la ZUS du Val-Fourré (cf. carte ci-dessous). En revanche, les taux de prises en charge de familles « franco-françaises » habitant la ZUS sont

1. Il n'est pas raisonnable de distinguer, lorsqu'on mène l'analyse au niveau des IRIS, avec de tels effectifs, entre les familles venues d'Afrique noire (principalement du Sahel) et celles qui sont originaires du Maghreb.

Mantois 2003 : prises en charge de familles d'origine africaine par l'Aide sociale à l'enfance

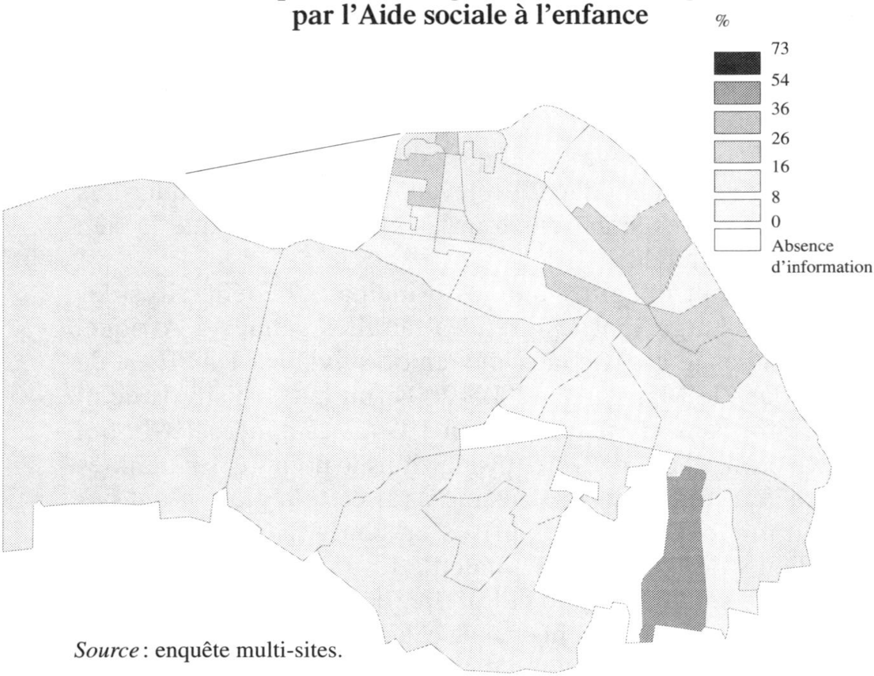

Source : enquête multi-sites.

très élevés, atteignant 73‰ (soit quatre fois plus que les familles originaires d'Afrique). C'est au sein des familles « franco-françaises » résidant au Val-Fourré que l'on rencontre en 2003 le plus de déstructurations dues à l'alcool, de troubles psychiatriques, de conflits violents entre conjoints ou partenaires. Les enfants de ces familles autochtones déstructurées, qui ont une scolarité médiocre, sont en « danger ». Ils sont cependant moins souvent absentéistes et moins impliqués dans la délinquance que les adolescents issus de l'immigration africaine élevés dans des familles larges et unies.

On peut se demander si ces taux élevés de prise en charge traduisent un effet de sélection : les familles « franco-françaises » qui sont restées ou sont venues s'installer dans les cités sont les plus fragiles. Or, les taux de prise en charge des familles « franco-françaises » dans les quartiers d'habitat social de Mantes-la-Ville, où la population issue de l'immigration est plus faible

Mantois 2003 : prises en charge de famille autochtones par l'Aide sociale à l'enfance

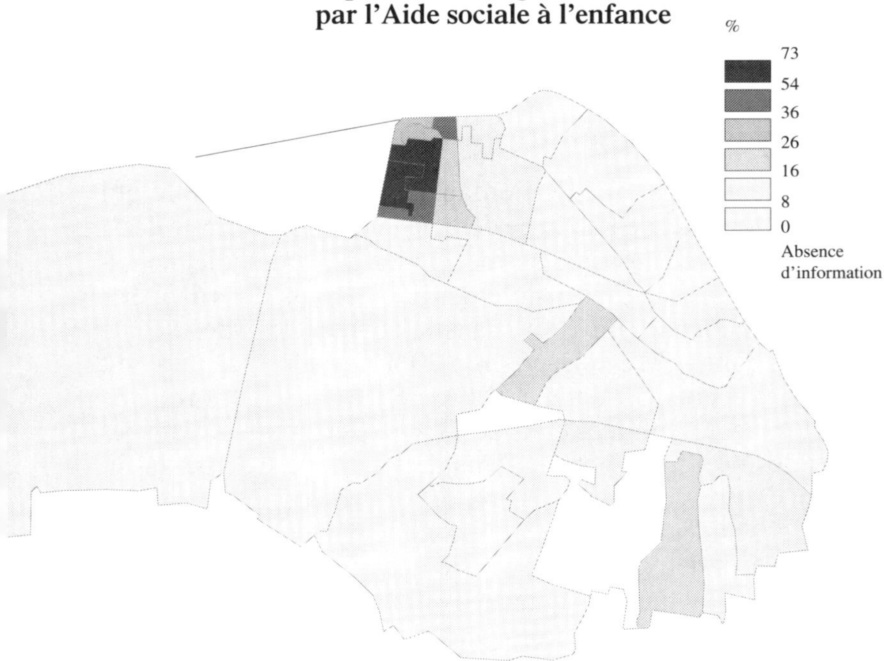

et, vraisemblablement, le phénomène de sélection négative de moindre importance, sont également très hauts. La sélection géographique des « cas sociaux » n'est donc sans doute pas très importante. En 2003, considéré en valeur absolue, le taux de prise en charge des familles issues de l'immigration africaine est faible dans les quartiers HLM où la proportion des familles originaires du Sahel est forte. Voilà un résultat qui cadre mal avec les propos réitérés stigmatisant la démission des parents et l'effondrement de l'autorité dans ces quartiers. Les problèmes de socialisation que rencontrent ces familles larges issues de l'immigration sahélienne, comme la plupart des familles maghrébines, ne sont pas principalement ceux qui motivent l'action ordinaire de l'ASE[1].

1. La cartographie précise du travail des assistantes sociales qui travaillent dans le cadre des espaces territoriaux et la proportion des signalements montrent que ce n'est pas parce qu'elles ignorent ces familles.

Dans les quartiers les plus pauvres de la cité du Val-Fourré, parmi les familles d'origine africaine dont les enfants sont de façon massive en difficulté scolaire et plus souvent que les autres impliqués comme auteurs de délits [1], peu relèvent des prises en charge de l'ASE. Cette observation est congruente avec un fait peu relevé en matière de prévention de la délinquance : le faible recoupement statistique de l'enfance en « danger » (celle qui relève de l'ASE) et de l'enfance délinquante. Cela contraste aussi avec l'idée forgée au cours des décennies de l'immédiat après-guerre, d'un passage insensible des adolescents du « danger » vers la délinquance. En 2004, dans la cohorte des adolescents scolarisés dans le Mantois, environ 20 % des adolescents ayant fait l'objet d'un suivi dans le cadre de l'ASE se sont trouvés ultérieurement impliqués dans des délits. Deux études réalisées auprès des tribunaux pour enfants de Pau et de Caen, à la fin des années 1990, donnent des proportions analogues [2]. Le pourcentage des mineurs en danger qui commettent des délits pénaux est réduit. Les deux sphères ne se recouvrent plus aujourd'hui, particulièrement dans les quartiers qui nous occupent. On peut difficilement faire de la délinquance juvénile des jeunes Afro-Européens une conséquence de l'altération des familles liée à la fragilisation du couple qui se développe dans les années 1960. À la différence des enfants des familles d'origine européenne déstructurées ou affectivement déficientes, pour les enfants élevés dans ces familles « africaines », les difficultés ne viennent ni du délabrement de l'environnement affectif ni de la séparation des parents, mais de déficits d'une autre nature.

En dehors des zones où nous avons mené l'enquête, on enregistre des constats convergents. Dans une étude de 1987 sur Chanteloup-les-Vignes (Yvelines), qui évoque le « risque du ghetto », H. Vieillard-Baron s'interroge sur la spirale de la dépendance.

2. Il y a un très faible recouvrement aujourd'hui entre « l'enfance en danger » et « l'enfance délinquante ».

3. Robert Bidart, François Touret de Coucy *et al.*, « Anciens mineurs délinquants : bilan à l'âge de 22 ans », document multigraphié, Tribunal pour enfants de Caen, 2003.

Selon lui, le développement de l'Aide personnalisée au logement (APL), qui a facilité le logement de beaucoup de familles pauvres, a entraîné en contrepartie une forte élévation de la demande de tutelle budgétaire. Il souligne le possible « enfoncement des familles dans une spirale de l'assistance, toute demande en appelant une autre ». Il rapporte d'ailleurs qu'au cours du premier lustre des années 1980, dans la ZAC de la Noé à Chanteloup, sur 1 800 familles, de 250 à 300 selon les années bénéficient d'une aide financière fournie par les services de l'ASE : un taux astronomique ! Mais Vieillard-Baron rencontre peu de familles déficientes sur le plan éducatif : celles qui relèvent des suppléances familiales fournies par l'ASE sont au nombre d'une cinquantaine, « *surtout françaises du quart-monde*, mais aussi quelques-unes originaires du Maghreb, de Turquie et d'Afrique Noire »[1]. Marwan Mohammed souligne pour sa part qu'en 1997 40 % des demandes adressées au CCAS de Villiers-sur-Marne viennent de la cité des Hautes-Noues. Comme à Chanteloup, il s'agit d'aides financières. Est-ce d'ailleurs beaucoup plus que la part des familles pauvres de la cité dans la ville ? Ce n'est pas sûr, et surtout cela ne veut pas dire qu'il y ait un taux élevé de prises en charge des familles immigrées des Hautes-Noues au titre de l'enfance en danger. Ainsi encore, le constat récent d'un médecin responsable de la PMI à Saint-Denis, où la population d'origine africaine est particulièrement nombreuse : selon cette praticienne, la proportion des familles noires prises en charge au titre de la protection de l'enfance est sensiblement plus élevée que dans le Mantois où elle a travaillé il y a une vingtaine d'années, mais à regarder de près il s'agit pour une large part de familles réfugiées du Congo (ex-Zaïre), donc de la zone de la forêt, qui de plus ont vécu les traumatismes d'une guerre civile particulièrement meurtrière. Ce sont aussi ces familles bantoues qui sont les plus affectées par les divorces et les situations de monoparentalité. En revanche, les migrants d'origine sahélienne ne semblent pas en 2005-2007 compter, en proportion de leur nombre, parmi les principaux bénéficiaires des interventions non financières réalisées par l'ASE.

1. H. Vieillard-Baron, « Le risque du ghetto », *Esprit*, *op. cit.*

Si les inconduites des adolescents venaient d'un déficit éducatif associé à une altération de la cohésion des familles, une politique publique conséquente aurait dû multiplier les interventions de l'ASE auprès de ces familles. Cela n'a pas été le cas, et pas en raison de dysfonctionnements des services. Les problèmes graves dont les assistantes sociales s'occupent en priorité, dans les villes d'Île-de-France, sont les problèmes éducatifs rencontrés par les familles autochtones du quart-monde : des familles monoparentales, généralement d'origine européenne, qui n'habitent pas dans les grandes cités mais ont obtenu des logements sociaux en centre-ville et sont, en quelque sorte, hors communauté. Les familles noires déstructurées venues principalement des zones du golfe de Guinée qui ont connu une forte instabilité politique mobilisent aussi ces services et ceux de la PMI, les familles sahéliennes majoritaires dans les quartiers pauvres sont, pour l'heure, encore peu concernées. Aussi le diagnostic qui associe étroitement, aux États-Unis, les dérives des centres urbains à une altération de *la* famille noire ne s'applique-t-il pas généralement ici.

Autoritarisme et brouillage des rapports de générations

Bien que l'altération des familles due à l'absence du père soit rare dans les ménages issus d'Afrique sahélienne et du Maghreb en France, beaucoup de magistrats de la jeunesse, influencés par la pédopsychiatrie, soutiennent l'idée, trop directement calquée sur les déficits éducatifs dans les classes moyennes métropolitaines, d'un manque de symbolisation de la loi – les pairs remplaçant les repères[1]. À droite le diagnostic de l'effondrement de l'autorité est une posture constante.

S'agissant des adolescents dont les familles sont venues d'Afrique sahélienne, le problème résiderait plutôt dans un excès autoritariste qui, pas moins que le laxisme, implique un

1. Cf. les articles de *Melempous*, les rapports d'A. Bruel, président du tribunal pour enfants de Paris, et d'un point de vue théorique les nombreux ouvrages de P. Legendre.

effondrement de l'autorité. Pour comprendre cet autoritarisme, il faut distinguer l'autorité statutaire – ou traditionnelle – de l'autorité de compétence. Dans les familles migrantes ayant un faible bagage scolaire, l'autorité ne peut être qu'une autorité statutaire. Les parents n'ont pas sur les enfants un ascendant fondé sur la connaissance de la langue du pays d'accueil, de ses habitudes, de ses fonctionnements administratifs, ni d'ailleurs une éducation scolaire qui leur permettrait de les guider par leur savoir. L'autorité qu'ils peuvent revendiquer est par conséquent réduite à un statut, ordinairement inscrit dans la différence des générations, qui fait que les membres de la jeune génération obéissent à ceux qui les précèdent. Pour dire les choses simplement, chaque enfant obéit à ses père et mère, non par un assentiment raisonné fondé sur les compétences qu'il leur reconnaît, mais par respect de ceux qui l'ont protégé et nourri, par affection.

Comment fonctionne cette autorité statutaire là-bas et ici ? Ce n'est pas un père absent et distant qu'on rencontre dans le Sahel mais plutôt un père hypertrophié. Chez les Djelgôbé, Peuls du Burkina Faso, les aînés ont le droit d'insulter les puînés, les parents les enfants, mais pas l'inverse ; seuls ceux qui ont le même âge peuvent s'insulter mutuellement sans danger, écrit Paul Riesman[1]. Cette hiérarchie associée aux groupes d'âges tend à réduire l'importance des distances proprement généalogiques entre parents et enfants. « Les générations, les groupes d'âges, de frères se succèdent par vagues qui avancent par le même vent, en gardant leurs distances tout au long de la vie [...], écrivent joliment Marie-Cécile et Edmond Ortigues. C'est seulement lorsque sa vague aura atteint le rivage des morts [qu'un individu] deviendra *père* à part entière[2]. » Ils soulignent implicitement que le père biologique n'est guère plus éminent que le frère aîné pour un cadet, du moins tant qu'il n'a pas rejoint les ancêtres. C'est une limitation de l'ascendant du géniteur

1. Paul Riesman, « Société et liberté chez les Peul Djelgôbé de Haute-Volta », *Cahiers de l'Homme*, Maison des Sciences de l'Homme, 1974, p. 82.

2. Marie-Cécile et Edmond Ortigues, *Œdipe africain*, Paris, La Découverte, 1984, p. 110.

sur les enfants qui est compensée par l'autorité collective des pères comme groupe. S'il y a, dans les sociétés traditionnelles de l'Ouest africain, une forte asymétrie entre vieux et jeunes, elle sépare des groupes d'âges plus qu'elle ne hiérarchise véritablement les générations, en l'espèce celle des parents biologiques et celle de leurs enfants. Ce qui frappe l'enfant peul, c'est l'autorité que son père exerce, non pas sur lui, mais sur sa mère. La dureté des hommes envers les femmes parmi les familles originaires du Sahel, comme les Peuls sédentaires, les Dyolas de Casamance, les Mandingues du Mali ou d'autres groupes du Sahel, s'appuie sur les exigences d'une tradition patriarcale. Pour comprendre cette dureté des comportements des hommes envers les femmes, il faut prendre la mesure de l'importance de la recherche de la pureté et de la condamnation de la souillure, écrit Louis-Vincent Thomas qui a étudié en profondeur la société Dyola (basse Casamance). Il souligne que cette société est une « entreprise de coercition » ordonnée par la pureté. Dans la société Dyola, le rite de passage collectif demeure l'initiation à thème sexuel : circoncision pour les garçons, excision pour les filles. Ces actes participent à la purification des individus, à la mise à distance d'une nature animale.

L'autorité d'un père sur son fils est la conséquence de son ascendant sur sa femme. Cela est vrai non seulement dans les sociétés patrilinéaires comme les Peuls, les Wolofs ou les Soninkés, mais aussi chez les Sérères matrilinéaires et chez les Manjaks[1]. Les mâles y affirment plus fortement leur autorité aussi bien pour marier les filles que pour initier les garçons[2]. Pour les Ortigues, suivant une interprétation classique, l'enfant au stade de l'Œdipe doit être séparé de la mère considérée comme l'omni-gratifiant. Cette action de séparation mère/enfant est en quelque sorte un moment clé de la construction d'une identité autonome pour le jeune garçon ou pour la jeune fille, de l'acquisition du *contrôle de soi*. Cette exigence n'est pas propre aux sociétés africaines traditionnelles. Ce qui est plus marqué cependant

1. Le système de parenté manjak est de type Crow, cf. Maurice Godelier, *Métamorphoses de la parenté*, Paris, Fayard, 2006.
2. M.-C. et E. Ortigues, *Œdipe africain*, *op. cit.*, p. 274.

dans ces sociétés, c'est l'importance accordée à la séparation *précoce* des sexes et le rôle éminent des *hommes* en tant que collectif pour l'opérer. Par ailleurs, ici comme là-bas, les mères africaines ne peuvent faire d'un petit garçon un homme : ce sont des hommes qui doivent séparer l'enfant mâle des femmes, car celles-ci n'ont, au-delà de la prime enfance, aucun pouvoir sur les individus de sexe masculin.

En Europe, les maris africains, premiers arrivés, ont établi des règles qui isolent les femmes et parfois les enferment. La plupart des femmes venues du Sahel reconnaissent la valeur éminente de l'autorité traditionnelle et l'importance des hiérarchies d'âges telles qu'elles ont été léguées par la tradition. Elles n'éludent pas la nécessité de se conformer à une coutume fondée sur le respect des choix des aînés et des parents, même lorsque ce qu'ils affirment paraît arbitraire ou injuste. Mais cela ne suffit pas à les préserver en Europe du ressentiment masculin. Plus souvent qu'à leur tour, les hommes venus du continent africain ont tenté de se guérir du mépris qu'ils ressentent ici en reportant leurs frustrations sur leurs propres femmes. Celles-ci sont l'objet d'injonctions contradictoires : elles devraient exercer l'autorité sur les garçons pendant que les pères travaillent ou sont absents, mais, comme le père les a disqualifiées [1], elles n'en ont guère les moyens. « Du fait que la femme est plus disponible que le mari, à la maison en général, c'est elle qui a l'autorité dans la journée. Mais elle ne décide presque jamais. Parce que la femme, s'il s'est passé quelque chose à l'école concernant les enfants, on la convoque, on vient la voir, elle dit : "Je ne peux rien décider, mon mari n'est pas là." On sait qu'après, le mari va rentrer à la maison et dire : "Toi, tu ne sers à rien ! Tu es ici, et tu n'as rien fait !" Elle se sent responsable des enfants mais sans autorité parce qu'elle ne peut pas décider sans l'avis du mari [2]. » C'est comme si elle était la grande sœur ou la jeune fille au pair de la

1. Comment s'en sortent les filles quand l'image de leur mère est dévalorisée ? Les conséquences, pour être moins visibles, ne sont pas moins fortes : surcroît de tentatives de suicide, dépression, baisse relative de leurs performances scolaires après le collège et éloignement de leurs parents.

2. Nous disait K. Sarr, une médiatrice sénégalaise de Mantes-la-Jolie très consciente des enjeux.

famille : en se rendant à la convocation du collège ou de l'école, c'est une consultation qu'elle va faire à la place du mari, mais la décision attendra.

D'un côté, les pères ne peuvent cacher aux yeux de leurs fils qu'ils ont passé une part de leur vie à raser les murs. De l'autre, ils ont détruit ce qui aurait été la seule force qu'ils auraient pu avoir ici : une solidarité inflexible avec leur femme, une cohérence parentale. Les tensions, liées à l'autoritarisme des hommes, entre maris et femmes, ruinent toute autorité statutaire de la génération aînée. Dès lors que l'homme ne joue pas son rôle et que, de plus, il rabaisse la mère aux yeux des garçons, celle-ci ne peut véritablement faire de ces garçons des êtres autonomes, capables de s'insérer dans la société. Le brouillage des positions générationnelles combiné avec des échecs scolaires précoces suscite chez les adolescents une attitude de défiance envers les autorités et les institutions. Ainsi, contrairement aux mœurs des familles occidentales où l'asymétrie générationnelle – subordination des enfants aux parents – prévaut sans équivoque sur l'asymétrie de sexe, ces coutumes patriarcales, altérées par l'immigration, tendent à faire prévaloir la hiérarchie de sexe – subordination des femmes aux hommes – sur la hiérarchie générationnelle. Elles brouillent les repères éducatifs [1]. La radicalisation de l'infériorisation des femmes divise le camp parental et met les fils au-dessus des mères.

Dans un contexte de migration, les adolescents indociles sont parfois renvoyés en Afrique. La question de savoir comment on se chargera d'eux est rarement posée. Ces renvois s'appuient sur une pratique traditionnelle, le « fosterage », mais dans la plupart des cas, ils constituent une pression exercée sur la mère. Ils traduisent une affirmation brutale d'autorité des pères autant sur leurs femmes que sur leurs enfants. S'ils prennent des formes différentes quand il s'agit de garçons et de filles, nous n'en avons presque jamais perçu les bénéfices pour les adolescents. Cette menace et les renvois effectifs divisent les couples. Dans les cas qu'il nous a été donné de connaître,

1. Qui, distinguant nettement les ancêtres des aînés encore vivants, écrasent la différence entre parents et enfants.

l'origine de la séparation dans les ménages d'origine africaine est rarement une mésentente entre les époux issue de choix existentiels divergents, mais un conflit majeur concernant la garde des enfants ou une anticipation du « rapt » des enfants par le père. De ce fait, en France, les situations de conflit au sujet des enfants et particulièrement la crainte du renvoi des enfants en Afrique ont amené des femmes à engager des procédures de divorce ou de séparation[1].

En Europe les pères classificatoires – les frères et cousins du père – ne sont pas là, le collectif des hommes ne fonctionne plus comme tel. Au sein des sociétés occidentales, les familles d'origine africaine sont en quelque sorte comme un tissu mité. Les liens qui organisaient les rapports entre les sexes et entre les générations ont été partiellement détruits. Les lignées paternelles et maternelles ont été démembrées. Les femmes en émigration sont privées de la protection de leurs frères et de leurs pères ; sans le soutien de leur lignée, elles sont sans autorité sur leurs fils et représentent un modèle négatif pour leurs filles. De même, sans le secours de leurs pairs et de leurs parents, les hommes sont isolés, mais aussi privés des tempérances que leurs sœurs pouvaient introduire. En l'absence de ces rôles, l'affaiblissement de la distinction entre le grand frère et le père, qui a des sources dans le rôle dévolu par la tradition aux ancêtres, favorise l'autoritarisme et détruit l'autorité de la génération aînée. L'affaissement de l'autorité est donc engendré par le défaut de *fermeture générationnelle* dans les contextes de migration :

1. Il y a d'autres porte-à-faux. Les hommes arrivés de la plupart des zones du Sahel dans les années 1970-1980 avec un contrat de travail étaient en situation régulière et leurs femmes également, au titre de mère d'enfants nés en France, du moins jusqu'en 1993 (la seconde épouse entre alors légalement en France comme épouse et obtient un titre de séjour). Mais à partir de cette date, quand les titres de séjour d'une épouse arrivent à échéance, ils ne sont plus renouvelés (en raison de l'interdiction de la procédure de regroupement familial au profit de la seconde épouse). En conséquence s'est développé un processus de décohabitation qui recoupe des divorces de fait et entraîne l'augmentation de situations de monoparentalité. Encore assez rares parmi les parents des adolescents des cohortes suivies en 2005, ces situations pourraient dans le futur créer des difficultés.

cela signifie très concrètement que les oncles ne se comportent pas comme des pères de substitution ici, qu'ils n'ont aucun droit sur l'éducation des enfants de leurs frères et cousins germains. La réussite de l'éducation est garantie en Afrique par la cohérence et les redondances des conseils et des attentes du cercle des hommes de la génération mature à l'égard des membres des jeunes générations. Or ce cercle a été brisé en émigration, et les tentatives pour le restaurer à travers les grands frères ont échoué. De ce fait, la crise doit autant à l'altération du fonctionnement des systèmes normatifs qu'à l'écart avec les normes occidentales. Ce démembrement pèse surtout sur les groupes de migrants pour lesquels la parentèle joue un rôle important, ceux qui étaient, en Afrique même, dans les situations les plus traditionnelles : les ruraux non ou peu scolarisés.

En raison d'une ségrégation élevée et de la concentration des familles d'origine sahélienne en France, l'héritage culturel, les normes éducatives qui prévalent parmi ces groupes sont restés fortement marqués par le modèle patriarcal. Mais c'est, en émigration, un patriarcalisme boiteux. Au sein de ces familles apparaissent des dysfonctionnements et des dérives autoritaristes qui n'existent pas sous cette forme en Afrique noire[1]. Ce patriarcalisme fait des femmes des victimes d'autant plus accessibles que la désocialisation qui accompagne la migration des familles africaines est profonde[2]. Les garçons à l'adolescence s'engouffrent dans cette brèche de l'autorité, tandis que les pères, affaiblis, sont amenés à surcompenser. La crise de la tradition, la dénaturation de l'autorité en autoritarisme, a préparé l'effondrement plus général de l'autorité et en particulier de l'autorité sur les fils. Cet effondrement se conjugue avec des pères par excès. Enfin, en Afrique sahélienne, les enfants sont regroupés en classes d'âge, *fedde*, construites à l'image de la société : l'aîné doit protéger le cadet qui lui doit en retour le

1. Cf. Abdelmalek Sayad, *La Double Absence*, Paris, Seuil, 1998.

2. Claude Meillassoux distingue judicieusement désocialisation et dépersonnalisation, à propos de l'esclavage, c'est « seulement » de désocialisation qu'il s'agit ici, cf. *The Womb of Iron and Gold*, Chicago, University of Chicago Press, 1986.

respect. En émigration, cette déférence ne produit pas les effets qu'on pourrait attendre du fait que les aînés sont eux-mêmes en difficulté dans les sociétés «d'accueil» et ne sont pas un bon modèle pour les puînés. Les classes d'âge n'existent plus et n'exercent plus de régulation. Les garçons aînés s'accommodent bien du pouvoir que leur confèrent ces dysfonctionnements et ces altérations en l'associant à une tradition qu'ils ignorent en partie. Du moins, le privilège qu'ils ont dans leur famille leur rend plus supportable l'amertume qu'ils éprouvent parfois très tôt en raison de leurs insuccès scolaires ou des discriminations. Cela produit des désastres. Les garçons s'approprient de manière caricaturale le modèle patriarcal et récusent complètement l'autorité maternelle, tandis que la réduction de l'autonomie des filles débouche sur des conflits plus dissimulés avec leurs parents.

Les dynamiques familiales au sein de la population d'origine maghrébine sont plus différenciées que celles qu'on observe dans les familles du Sahel. Certes, à travers le *revival* musulman, s'affirme aussi une tendance néotraditionnelle, particulièrement dans les familles marocaines qui habitent les quartiers ségrégés. Au Maghreb, comme on sait, les systèmes patrilinéaires dominent dans les zones arabisées. Longtemps, les Berbères ont gardé des systèmes de parenté bilinéaires, après quoi la loi musulmane s'est appliquée. Le taux des enfants naturels au Maghreb est très faible et le contrôle des femmes élevé[1]. Mais, dans le cas de cette région, on peut suggérer des raisons intrinsèques qui font que la femme est plus protégée, et pas seulement en tant que mère. Youssef Courbage et Emmanuel Todd font une lecture peut-être trop irénique des situations dans les familles arabes et au Maghreb. Ils opposent «les familles russes et chinoises [...], patrilinéaires mais exogames dans

1. Germaine Tillon lie «la claustration des femmes dans tout le bassin méditerranéen à l'évolution, à l'interminable dégradation de la société tribale»; elle avance des raisons pour lesquelles «cette position humiliée a été si souvent, et à tort, attribuée à l'islam». Ces systèmes impliquent un contrôle de l'alliance et des formes de mariage préférentielles, observables dans les familles maghrébines auprès desquelles nous avons enquêté en 2005 et imprègnent les conduites de la jeune génération à un certain degré.

lesquelles les rapports entre parents et enfants, entre maris et femmes semblent baigner dans une atmosphère de violence psychologique permanente », et les familles arabes. Certes, on peut supposer avec les auteurs que « l'endogamie adoucit les rapports interpersonnels complexes induits par un système familial étendu, car la belle-fille n'est pas une étrangère persécutée par sa belle-mère ou violée par son beau-père, elle commence sa vie conjugale avec le statut de nièce[1] ». Mais on peut aussi soutenir que cette proximité précisément resserre les contrôles : la femme étouffe entre son mari et un beau-père qui est son oncle[2]. Aujourd'hui, chez les migrants arrivés jeunes du Maghreb et leurs descendants, l'endogamie au sens du choix d'un conjoint de la même origine ne diminue pas, mais le mariage préférentiel avec un cousin ou une cousine croisés tend à disparaître. Ce ne peut donc pas être un facteur actif direct de protection des femmes. Toutefois la sacralisation de la mère comme garante de la pureté clanique est restée plus forte qu'en Afrique sahélienne.

Certes, dans les familles venues du Maghreb, on retrouve des manières d'éduquer les garçons qui ne les préparent pas toujours bien aux exigences actuelles de l'égalitarisme compétitif entre filles et garçons à l'école. Beaucoup d'adolescents élevés dans des familles du Maghreb ont vécu dans un cocon maternel prolongé et peinent à intérioriser les frustrations qui accompagnent ici les parcours scolaires dès la maternelle. À cet égard, ce que disait en 1964 Germaine Tillon me paraît conserver de la pertinence : « [dans le Maghreb] la mère appartient au dernier-né : il dispose d'elle en maître souverain, exclusif, incontesté, de jour comme de nuit[3] ». Dans nos entretiens de 2005,

1. Y. Courbage et E. Todd, *Le Rendez-Vous des civilisations*, *op. cit.*, p. 51.

2. Cf. J. Goody, « Comparing family systems in Europe and Asia », *Population and Development Review*, vol. 22, 1, mars 1996.

3. « Le jour, le petit vit collé à elle, circulant sur son dos ou somnolant sur ses genoux ; la nuit, il couche nu contre elle, peau contre peau. Il tète quand il veut, dort, s'éveille ou fait ses besoins à son gré. Au-delà de la mère, dans une brume bienveillante, circulent des êtres familiers – sœurs, tantes, grand-mère, pères, oncles –, l'enfant les distingue mal... Lorsqu'une naissance survient, en quelques heures il perd tout : la place au lit, le sein, la disposition totale et

on a encore remarqué chez les garçons d'origine maghrébine, notamment les cadets, des relations très symbiotiques à la mère, et retrouvé un trait observé chez les femmes disqualifiées des familles patriarcales : celles-ci, par compensation, ont tendance à être surprotectrices. Ces garçons qui restent longtemps collés au parent *nurturant*, qui n'ont pas appris à surmonter les frustrations, dévient plus souvent à l'adolescence, surtout dans des contextes où manque un modèle d'accomplissement masculin. L'accentuation des traits d'omnipotence des garçons s'accroît lorsque le surinvestissement affectif des mères vient à la rencontre d'un effacement de pères peu éduqués, lui-même fréquent dans les vagues migratoires des années 1960. On a plusieurs témoignages de cette situation où les garçons oscillent entre égalité à l'école et privilège dans la famille. Lorsqu'il manque de la viande, ce sont les garçons qu'on sert d'abord[1]. Les distorsions résultant du maintien formel de contraintes rigides dans le cadre familial, du retrait des pères et d'une surprotection maternelle favorisent les déviances chez les garçons. Celles-ci sont devenues pour une fraction d'entre eux une étape nécessaire à la réalisation de leur masculinité[2]. On en voit les effets dans les quartiers sensibles, mais ils n'ont plus chez les garçons d'origine maghrébine l'acuité que l'on observe dans les familles du Sahel. Pour l'heure, le conflit entre les jeunes issus de l'immigration maghrébine et la société est moins ancré dans une crise de l'autorité de la génération aînée sur la cadette que dans les discriminations au travail, dans un traitement délibérément asymétrique entre les sexes. Si les garçons d'origine maghrébine ont largement joué du double standard moral – restrictif pour les filles et peu contraignant pour eux – avec ses effets en matière de réussite scolaire, il n'y a pas eu, au même degré, une disqualification des mères dans les familles d'Afrique du Nord. Au milieu des années 2000, une évolution des mœurs patriarcales vers un modèle familialiste plus paritaire s'est fait jour dans ces familles.

---

inoubliable d'un être. » Cf. Germaine Tillon, *Le Harem et les cousins*, Paris, Seuil, 1966, p. 115.

1. Témoignage d'une médiatrice connaissant bien ces familles.
2. Cf. Y. Kerfi, *Repris de justesse*, Paris, La Découverte, 2001.

En dépit des clivages politico-idéologiques, aujourd'hui, en France, la position d'une fraction des jeunes issus de l'immigration maghrébine a changé. La diminution relative de la propension à la délinquance parmi les enfants des familles d'origine maghrébine est corrélative de l'affaiblissement du modèle patriarcal, avec l'ancienneté de l'immigration et la réduction relative de sa ségrégation spatiale, outre bien sûr une meilleure réussite scolaire initiale que chez les jeunes originaires du Sahel. Une fraction des jeunes d'origine maghrébine, connaissant les codes de la société française métropolitaine, ont de meilleurs parcours scolaires et trouvent aussi plus souvent aujourd'hui des voies de réalisation. D'où un contraste entre deuxième et troisième génération de migrants originaires du Maghreb parfois relevé. Ceux qui éprouvent le plus de ressentiment sont les jeunes d'origine algérienne qui ont emprunté une voie de scolarisation universitaire longue, notamment dans les sciences humaines, aujourd'hui largement dépourvue de débouchés professionnels. Parallèlement, plusieurs éléments dans le comportement des secondes générations maghrébines, installées dans des zones de plus grande mixité sociale, traduisent une prise de distance avec les héritages : un syncrétisme entre islam et modernité, une réduction du mariage préférentiel, une entrée plus tardive dans la conjugalité. Issue de la population venue d'Afrique du Nord, une élite dont la stratégie d'ascension sociale implique des comportements matrimoniaux qui se rapprochent de ceux des classes moyennes européennes prend pied dans de nombreux secteurs.

La perception que nous avons des migrants d'Afrique noire est souvent empreinte d'une pitié plus ou moins condescendante. Ceux qui donnent l'assaut aux grilles de fer de Melilla et Ceuta ne sont pas arrivés là par hasard. Ce ne sont pas des vagabonds qui tentent leur chance au Nord. Ce sont des jeunes hommes qui portent les espoirs d'une famille, d'un village, auxquels on a confié un pécule important pour se frayer un chemin, payer les passeurs, soudoyer les policiers mauritaniens ou algériens [1]. Ils risquent leur vie pour un projet vital. Comme le souligne

1. Cf. Fabrizio Gatti, *Bilal*, Paris, Liana Lévy, 2008.

fortement J. Schmitz, « la nouvelle microéconomie des transferts d'argent des migrants [...] a modifié radicalement les catégories en mettant en lumière la fonction d'assurance des remises [d'argent] des migrants internationaux. Ainsi, en une ou deux générations, ce n'est plus l'économie domestique mais la migration internationale qui assure la sécurité de la famille [1] ». Si l'on ne prend pas en considération cet objectif, on ne comprend pas non plus la position des migrants du Sahel en Europe. Toute leur vie est tramée par une tension entre ce qu'ils font ici et ce qu'ils font et veulent faire là-bas. La société française n'est pas leur seul, ni même leur principal horizon. Pour beaucoup de chefs de famille africains, l'Europe n'est pas, en tant que telle, un lieu où ils souhaitent vivre mais un moment et un moyen dans une vie tournée vers l'Afrique. Relégués dans des positions subalternes en France, les hommes venus du Sahel gagnent respectabilité et prestige par ce qu'ils peuvent faire pour leurs familles ou leurs villages, plus que par des accomplissements professionnels ici. De ce fait, pour eux, la réussite scolaire des enfants, en principe souhaitée, passe plus souvent au second plan par rapport au soutien des parents restés en Afrique et à l'affirmation de leur propre prestige. Le *kaawman*, c'est-à-dire l'homme digne ou respectable dans la tradition sénégalaise, est une figure qu'adopte le migrant de retour. Avec l'accroissement considérable, au cours des quarante dernières années, de l'écart de revenu entre les pays d'Europe et ceux du Sahel, les incitations financières à la migration sont devenues extrêmement puissantes. Si modestes soient-ils en Europe, les migrants deviennent, par rapport à leur village ou leur pays d'origine, des notables qui sont enclins à se comporter comme tels.

1. « Les Africains de l'Ouest en transit vers l'Europe : miséreux ou "aventuriers" et notables », *Politique africaine*, n° 109, 2009.

CHAPITRE VII

NÉOTRADITIONALISATION DES MŒURS : LA SECONDE GÉNÉRATION DEVANT LA MODERNITÉ

À l'angle de la rue La Fontaine se trouve un café kurde. « Il y a beaucoup d'hommes là qui ne travaillent pas, il y en a pas mal qui sont en situation irrégulière, au chômage ou au RMI, et puis des retraités. Quand ils trouvent du boulot, entre-temps, ils vont travailler. Le propriétaire de ce café-là, c'est un Kurde et le propriétaire de l'autre café, du côté de la mairie, c'est un Turc », dit Ilayda.

« Ce sont des cafés où il n'y a que des hommes, si je veux rentrer, les gens vont me regarder bizarrement. Et puis moi, je serai gênée. Après ils diront "T'as vu, la fille d'Untel est rentrée au café". Mon père, quand il est au café, même venir jusque devant la porte, ou si on aperçoit quelqu'un qu'on connaît, même ça déjà, on est un peu intimidée, on n'ose pas trop approcher, alors entrer carrément dedans… Même si je cherchais mon père, je ne pourrais pas entrer dans ce café. Soit je passe avec un enfant – une fille ou un garçon – qui peut entrer, soit une personne que je vois juste à l'entrée mais, encore, dehors et je lui dis que je cherche mon père. Mais je ne pourrai pas entrer lui dire "Papa on te cherche". Ce serait mal vu, et puis même je ne pourrais pas. Je vais être gênée, puis je sais pas comment les gens vont l'interpréter, je ne sais pas ce qu'ils vont dire, les gens sont tellement bizarres, on fait attention un peu à tout. C'est vrai qu'au début, avec K. et A., on est parties manger dans un café juste à côté, qui est plus grand, au Riyad. Déjà à l'extérieur là-bas, il n'y avait que des hommes, elles ont l'habitude d'y aller, moi j'étais gênée, mal à l'aise, je me sentais regardée. Une fois entrée, ça s'est dissipé, on était assises. Mais entrer seule, même seulement prendre un sandwich et repartir, ça, je ne ferais pas. Il y a tellement de personnes qui nous regardent bizarrement. »

Ilayda pense qu'on peut avoir une bonne vie sans rompre les attaches, sans sortir du cadre imposé. Venue de Turquie juste après sa naissance, elle s'impose une réserve dans les lieux publics. « Il y a beaucoup de personnes qui ont vécu dans les villes, qui se marient avec un garçon d'ici, qui sont gênées ici et qui sont toujours à reprocher à leurs maris : on ne sort pas, on ne se balade pas. Ici, franchement, il n'y a pas beaucoup d'endroits pour aller se promener. On ne peut pas aller toujours sur Paris. Prenons le cas d'un homme qui se marie avec une femme en Turquie mais pas du village, une femme qui habitait en ville, ils viennent ici en France, elle reprochera à son mari de la tenir trop enfermée. "Pourquoi tu ne m'emmènes pas à tel endroit ?" En fait, il n'y a pas les endroits qu'elles veulent. Ici, il va aller où ? Dans les magasins ? C'est rare qu'un homme turc entre dans un café, prendre un café avec sa femme. Tandis qu'en Turquie c'est différent, il y a beaucoup d'endroits où on peut sortir avec la famille… prendre une glace, un gâteau, des couples, la femme avec des enfants, ou bien les femmes entre elles. Elles sortent. Ici les maris vont dire "Ça va pas, tu crois que je vais t'emmener dans un café où il y a des hommes, ils vont dire quoi les gens ?" Dans ma ville, en Turquie, on va manger une glace, prendre le thé, il y a des endroits un peu plus chics où viennent des maris avec leurs femmes, des jeunes, des garçons. Surtout ici on est obligé de se renfermer, peut-être à Paris c'est plus ouvert. Je vois des femmes avec leurs maris au Quick ou au McDo. Ce sont des endroits où on va en famille, où tu peux venir avec des enfants, mais pas au café. Un jour, mon mari est entré dans un café pour acheter des cigarettes, je croyais qu'il allait me dire de rester dans la voiture, j'étais restée à ma place et il m'a dit "Alors tu ne descends pas", j'étais surprise, il m'a dit de venir. "Je vais acheter des cigarettes et un café, tu ne vas pas attendre ici, tu vas prendre un café avec moi !" Mais je sais qu'il ne m'emmènera pas en boîte de nuit, ça il ne m'emmènera pas, on n'est pas les seuls. Même des Français qui ont grandi ici, ils veulent pas emmener leurs femmes en boîte, ça on comprend un peu plus. En boîte, il y en a qui ont bu, ils ne savent pas ce qu'ils font. Lui, seul, il peut y aller. Mais la femme, seule, elle ne peut pas y aller, et même avec son mari, non. [...] Il y a des hommes, une fois qu'ils sont mariés, ils ont laissé tomber leurs façons de garçons. Quand ils sortent, c'est entre amis mais il y en a d'autres, ils veulent toujours continuer leur vie d'avant, aller en boîte. Moi je sais que, personnellement, quand il était jeune, mon mari allait souvent en boîte, depuis qu'on est mariés il n'y va plus. Il sort avec ses copains, au café, s'ils veulent prendre un verre, ils jouent aux cartes. Depuis qu'il est marié, il n'a jamais été en boîte. Des fois, pour le taquiner, je lui dis "Alors tu m'emmènes en boîte".

Il y a beaucoup de choses que les femmes ne feront pas. Elles se disent "Je ne suis pas moi, je suis la femme d'Untel", donc il faut que je fasse une preuve par rapport à ça. Ce n'est pas "J'ai envie de faire ça alors je le fais". Si je fais, est-ce qu'il n'y aura pas une rumeur, des gens pour dire la femme d'Untel a fait ça. On recule par rapport aux maris et aux parents, on se dit après ils vont dire ça. Ça va être une prise de tête, ça va être mal vu et je ne veux pas que mon mari ou mes parents soient gênés, c'est pour ça qu'on fait attention. Faut pas oublier qu'on est la fille d'Untel et la femme d'Untel. »

Les parents d'Ilayda viennent d'un pays dans lequel une sécularisation volontariste, didactique pour reprendre le mot d'E. Gellner[1], a été imposée pendant trois quarts de siècle à la suite de la révolution kémaliste. On est en présence d'un double processus de retour du local et de normes explicites. La cité, comme le souligne le propos d'Ilayda, est un cadre de vie où chacun est toujours sous le regard des autres et il y a dans ce regard une norme explicite. Ce n'est pas seulement le « qu'en-dira-t-on ». Les lieux qu'une femme peut ou ne peut pas fréquenter font l'objet de prescriptions. L'espace public est organisé par ces prescriptions dont le caractère explicite introduit une différence importante avec la situation la plus courante dans notre pays.

1. Cité par Nilüfer Göle, « The gendered nature of the public sphere », *Public Cultures*, vol. 10, n° 1, 1997.

Comme le suggère ce récit, contrairement au schéma d'un éloignement rapide de la seconde génération des mœurs léguées par la coutume, dans certains groupes culturels une re-traditionalisation des mœurs s'opère depuis quelques décennies[1]. Les comportements qui vont à rebours de la parité entre les sexes, de l'effacement du rôle des familles dans la constitution des nouvelles unions se multiplient. Cette dé-modernisation des mœurs est particulièrement accentuée dans les quartiers ségrégés et dans certains groupes. Une « nouvelle » ségrégation des sexes parmi les adolescents d'âge scolaire, un reflux de l'autonomie, pas seulement des femmes, mais des individus des deux sexes s'imposent dans les quartiers où la densité de migrants issus du Sahel, d'Afrique du Nord et de Turquie est importante. Nous allons l'objectiver s'agissant des conduites des adolescents.

Ségrégation des sexes

Toute une littérature, bien intentionnée au demeurant, s'est attachée à mettre en valeur le succès des filles d'origine maghrébine, pour appuyer l'idée que des enfants issus de l'immigration peuvent réussir et conjurer les démons du racisme. Fort bien, mais cette différence témoigne aussi d'une réalité moins dicible : la dualisation des mœurs. La capacité de contenir ou de différer les réponses émotionnelles est à la base de l'éducation méritocratique moderne. Les filles y sont surentraînées dans les cités et cela contribue à mon sens à expliquer l'accentuation de l'écart de performances scolaires entre garçons et filles dans les quartiers sensibles. En effet, d'après l'enquête multi-sites, *hors ZEP/ZUS*, les pourcentages de filles et de garçons, issus de l'immigration africaine et turque, qui entrent en sixième à l'âge normal ou en avance (11 ans et demi) sont respectivement de 71,8 % et 65,4 % : une faible différence. En revanche *en ZEP/ZUS*, l'écart est beaucoup plus conséquent : 60,9 % des filles

1. Ce n'est pas toujours le cas dans les années 1960-1980 ; la distance entre migrants et descendants de migrants était forte, comme l'avait remarqué Abdelmalek Sayad.

entrent à l'âge normal contre 46,3 % des garçons. La polarisation sexuée des comportements est plus marquée dans les zones sensibles. Beaucoup d'indices suggèrent que la construction du masculin et du féminin dans les cités contribue à rendre compte de cette accentuation des écarts de performance scolaire entre garçons et filles.

Au premier regard, dans les ZUS, la restriction des libertés paraît très forte pour les filles et nulle pour les garçons. Durant le jour, on voit les filles marcher par quatre ou cinq tandis que les groupes qui « tiennent » ostensiblement les murs sont exclusivement composés de garçons. La restriction de la liberté de mouvement des filles, en dehors de l'école et des sorties pour faire des achats, est patente dans ces quartiers. La ségrégation des sexes tourne au couvre-feu à la tombée du soir. Le contrôle effectué par les garçons, en particulier les frères, est ouvertement énoncé. « Les filles ne doivent pas se montrer vulgairement... Les filles doivent faire attention dans les cités... Ici on n'est pas n'importe où... Il y a des gens qui ne savent pas qu'on a des frères et ils se permettent des choses... [1] » Les filles reconnaissent cet état de fait et, à un certain degré, l'admettent : les garçons doivent surveiller leurs sœurs dès leur plus jeune âge. L'analyse révèle que la restriction de la liberté des filles implique une limitation égale de celle des garçons.

On a reconstitué les réseaux de sociabilité d'un échantillon des jeunes qui terminent leurs études au collège. Tiré de la cohorte des jeunes entrés dans les collèges du Mantois en 2000, cet échantillon représente les élèves qui sont dans les cinq derniers déciles pour la réussite aux épreuves de maths et de français en sixième. Nous avons distingué les liens au sein de la génération de l'interviewé (nommé « ego ») :

1. Nous disait une interviewée. La catégorisation des jeunes filles en « filles sérieuses » ou en « filles faciles », voire en « putes », est une conséquence de la conjonction de ce néomoralisme et de la densité des liens à l'échelle locale, cf. H. Lagrange, *Les Adolescents, le sexe et l'amour*, Paris, Agora Pocket, 2003.

G-0
- ego,
- frères et sœurs, demi-frères et demi-sœurs,
- cousins, beaux-frères, belles-sœurs,
- copains, amis, petit(e)s copains/copines.

des liens avec les générations antérieures à celles de l'interviewé :

G-1 et G-2
- pères, mères, oncles, tantes,
- grands-parents.

Le critère retenu ici pour délimiter l'ensemble des copains et amis est le suivant : les jeunes avec lesquels les interviewés disent s'être retrouvés au moins occasionnellement hors du collège. La taille de la portion des réseaux composée de copains, frères, sœurs et cousins (réseaux G-0) hors ascendants directs et collatéraux des ascendants est, en moyenne, d'une quinzaine de personnes. Qu'ils habitent la cité ou en dehors, la taille des réseaux G-0 des garçons et des filles est identique. Cependant, la taille des réseaux de la génération de ego (G-0) est plus élevée quand ils appartiennent à de grandes fratries (5 frères et sœurs ou plus) : 17 personnes contre 14 pour les fratries plus petites.

Je ne dispose pas de données permettant de saisir un changement dans le temps des taux de mixité de leurs groupes de copains[1]. Je peux toutefois évaluer les différences de mixité des réseaux de copains selon le type de quartier de résidence. Pour saisir l'involution locale des mœurs, on a contrôlé les facteurs qui affectent la mixité des rencontres – sexe, âge, expérience

1. En 1994, chez ceux qui n'ont pas d'expérience sexuelle et dont l'âge moyen est de 16 ans (voisin de l'âge moyen dans notre échantillon de 2004-2005), le taux de mixité était de 26 % pour les groupes de copains des garçons et de 31 % pour ceux des filles, donc peu de différences dans le temps, mais l'échantillon n'est pas construit de la même façon et la sociabilité non plus. Cf. Florence Maillochon et André Mogoutov, « Sociabilité et sexualité », in H. Lagrange et B. Lhomond, *L'Entrée dans la sexualité*, Paris, La Découverte, 1997, p. 104.

affective[1] – car la mixité des relations augmente avec l'âge et avec l'étendue de l'expérience. Les copains des filles sont le plus souvent des filles et ceux des garçons sont majoritairement des garçons[2]. Dans les trois sites – Paris, Seine-Aval, banlieue nantaise – l'écart des taux de mixité entre les sexes est semblable en 2005 : 24,1 % de filles dans les réseaux de copains des garçons et 31,0 % de garçons dans ceux des filles dans le Val-de-Seine ; 18,3 % et 28,6 % à Paris dans le 18e arrondissement ; 19,6 % et 30 % en Loire Atlantique.

% d'adolescents de l'autre sexe dans le réseau selon le sexe d'ego et l'origine culturelle

	% de filles dans le réseau de copains des garçons		% de garçons dans le réseau de copains des filles	
Origine culturelle	Mantois ZUS/ZEP	Mantois hors ZUS/ZEP	Mantois ZUS/ZEP	Mantois hors ZUS/ZEP
Europe	23	34	28	37
Maghreb et Turquie	**17**	**33**	**34**	**43**
Afrique noire	21	25	34	42
Toutes origines	**21**	**31**	32	39

Source : enquête multi-sites. Lecture : il y a 23 % de filles dans le réseau de copains des garçons de la ZUS dont la famille est d'origine européenne. Les différences significatives entre ZUS et hors ZUS toutes origines confondues et Maghreb/Turquie chez les garçons ; pas de différence significative chez les filles sauf Maghreb/Turquie.

1. Il faut avoir en tête que les filles sont plus mûres sexuellement et affectivement à 16 ans que les garçons, ce qui explique cette différence. Mais ce qui nous occupe, c'est l'inflexion de la liberté des mœurs selon les quartiers et les origines culturelles.

2. On a exclu les germains, dont la répartition par sexe ne dépend pas des choix de chacun, cf. *infra*.

On observe que les taux de mixité des groupes de copains des garçons sont nettement plus faibles chez les garçons qui habitent les ZUS du Mantois qu'au-dehors (10 points d'écart, soit une fois et demie plus de mixité dans les réseaux des garçons hors des cités). Après le collège, dans la ZUS, les adolescents d'origine maghrébine retrouvent principalement pour « traîner » des garçons : la mixité varie du simple au double chez les adolescents des familles maghrébines selon qu'ils vivent dans ou en dehors de la ZUS ; elle est plus faible chez les adolescents des familles noires. L'analyse suggère que l'origine pèse sur la sociabilité mais interagit avec le contexte de vie et le sexe. La mixité varie aussi chez les jeunes d'ascendance européenne selon qu'ils habitent dans ou hors de la ZUS. Un modèle culturel, celui du groupe dominant des cités, exerce sur eux une pression.

Les contraintes qui pèsent sur la sociabilité des filles des cités sont ostensibles. Pourtant, si les copains des filles des cités sont de façon dominante des filles, si leurs réseaux sont significativement moins mixtes que ceux des adolescentes hors des cités, la différence est moins marquée que pour les garçons. Tel est le premier résultat contre-intuitif. La pression normative et les restrictions explicites qui portent sur la sociabilité des filles ne paraissent pas avoir autant d'impact sur leur sociabilité que sur celle des garçons, qui ne fait pourtant l'objet d'aucune restriction explicite. Une des raisons est que les filles des cités fabriquent de la sociabilité au sein du collège, dans un des rares lieux où la mixité est délibérément produite par les règles publiques. L'énonciation par les garçons des cités d'une nécessaire limitation des libertés des filles est une façon de justifier ce qui s'impose à eux – une difficulté à rencontrer des filles comme amies ou comme partenaires[1]. Leur moralisme plus ou moins enrobé de prescriptions religieuses est d'abord un antidote à la frustration résultant des obstacles qu'ils ont eux-mêmes contribué à mettre en place.

1. Et qui conduit les garçons des cités à aller draguer ailleurs. Voir « Le code sexuel des cités », in H. Lagrange, *Les Adolescents, le sexe et l'amour*, *op. cit.*

La restriction de leur liberté dans l'espace public, que les filles se voient imposer ou à laquelle elles consentent, ne serait pas acceptée si elle n'avait que des inconvénients. Une des adolescentes que nous avons interviewées, Salima[1], avoue qu'elle a pleuré quand Karima, sa grande sœur, s'est mariée et a décidé de s'installer à Lille. Elle partageait une complicité avec cette sœur, « parce que ma sœur, dit-elle, quand j'avais un copain, on se racontait tout ». Ayant perdu, du fait d'un déménagement, sa meilleure copine Meharia, elle avait sans hésitation reporté sur sa sœur le rôle de confidente. Elle ajoute : « On partait ensemble faire les boutiques, maintenant c'est plus comme avant. » Ces possibilités n'existent à proprement parler que dans le contexte d'une famille large horizontale. Cet espace où des licéités féminines se déploient résulte de l'extension horizontale des familles des migrants venus d'Afrique du Nord, et plus encore du Sahel, et de leur organisation territoriale : chaque adolescent a, outre des frères et sœurs, parfois des cousins qui, en dépit de la migration, habitent dans un périmètre relativement proche. Salima a sept frères et sœurs, qui vivent dans la banlieue parisienne et une sœur mariée qui habite Lille. Elle est contente de rendre visite à ses sœurs à Savigny-sur-Orge ou à Lille : « On fait des pique-niques en famille, entre amis », dit-elle, requalifiant les relations qu'elle a avec ses sœurs et avec leurs maris comme des relations électives. Les filles trouvent souvent auprès de leurs cousines, auprès de tantes plus jeunes que leur propre mère des copines, des complices avec lesquelles elles peuvent parler, sortir au cinéma, faire des courses. Dans cet espace, leur liberté est grande, elles n'ont pas à subir le contrôle de leurs frères ou de leurs cousins, et trouvent par ailleurs une protection et une compréhension renforcées par la proximité culturelle.

Aussi, affronter l'inégalité des libertés entre filles et garçons en y opposant brutalement les normes associées à la famille que nous connaissons en France n'a pas beaucoup de sens. C'est en effet séparer le problème de la liberté individuelle des conditions émotionnelles de son développement. La valorisation de la liberté individuelle a été corrélative de l'émergence d'une

1. Les prénoms ont été changés.

sphère privée intime, du découpage, dans tous les domaines, de relations électives au sein des relations familiales et locales. Pour le dire avec les mots d'Edward Shorter, « Dans le cours de la modernisation, la famille décida de mettre un terme aux relations intenses qu'elle entretenait avec la communauté environnante » : chacun a cessé de vivre aux yeux de tous et cela a redéfini l'ensemble des relations, y compris avec les collatéraux [1]. Dans les cités HLM, la famille est plus poreuse, la cité a un droit de regard en quelque sorte, les jeunes paient cette famille ouverte d'un déficit de libertés.

Pour les filles, l'accès limité à l'espace public est compensé par l'existence d'une sphère de liberté restreinte mais protégée dans l'espace familial. Si les sœurs et les cousines sont des chaperons, elles sont aussi des partenaires de sortie et des confidentes privilégiées. Les propos tenus par les jeunes filles maghrébines conduisent à penser que, dans leur grande majorité, elles consentent à limiter leur propre liberté en public et, au-delà de ce consentement, adhèrent au moins partiellement à une morale qui ne leur accorde pas les mêmes droits qu'aux garçons. La notion de flirt, dans lequel par définition les partenaires ne sont pas contraints et s'engagent dans une relation réversible, est souvent rejetée en principe. Pour autant ces relations intrafamiliales n'épuisent pas le registre des pratiques et des attentes : le désir de flirt reste présent, recouvert de cachotteries à deux sous. Dans la mesure où il y a une adhésion de la majorité des filles à ces règles de conduite spécifiques, on doit éviter de mener le débat sur le plan des seuls principes et chercher plutôt comment faire émerger une réflexion sur les pratiques et les inégalités concrètes d'une manière souple.

Bien qu'elles soient amplifiées par leurs propres attitudes dans les quartiers ségrégés, les contraintes ne transparaissent guère non plus dans les propos des garçons : la séparation des univers est naturalisée. Les propos des adolescents véhiculent

1. Cf. E. Shorter, *Naissance de la famille moderne*, Paris, Seuil, 1975, p. 25 ; et J.-H. Déchaux, N. Herpin, « Entraide familiale, indépendance économique et sociabilité », *Économie et Statistiques*, 373, 2004, p. 3-32.

en surface une idée d'égalité des sexes, l'adhésion de principe au traitement différentiel est toujours entourée de circonlocutions. Ils sont embarrassés et contradictoires, affirmant d'abord la nécessaire symétrie de traitement, suivie d'une justification pratique de la distinction. Si quelques-uns disent expressément que les filles ne doivent pas avoir les mêmes libertés, ils envisagent rarement l'effet de ces restrictions sur leur propre sociabilité. Ces volte-face expriment chez beaucoup la tension entre des exigences contraires découlant d'une valorisation du jugement individuel et de l'identification de soi comme musulman. Cela contribue sans doute à expliquer que la révolte adolescente des quartiers s'exprime usuellement hors de la famille et de la communauté, que les relations des enfants avec les parents restent en général peu conflictuelles et empreintes de respect. L'accentuation de la ségrégation sexuée traduit une contrainte morale, certes enrobée d'attraits, mais qui pèse sur les conduites des adolescents des grandes ZUS. Cette pression normative n'est pas exercée par la génération adulte sur celle des adolescents, c'est largement une autocontrainte. L'identité sexuée, telle qu'elle est construite par le contexte des cités, impose aux adolescents de chaque sexe d'évoluer dans un univers sensiblement plus homosexué qu'en dehors des cités. La différence entre les garçons et les filles issus de l'immigration patriarcale, c'est que les garçons sont légataires d'une faillite, l'échec de leurs pères, tandis que les filles sont héritières d'une promesse d'émancipation. Cela a une incidence sur les dynamiques scolaires, sur la propension aux inconduites, sur les formes de la sexualité. Nous ne développerons pas ici ce dernier aspect. Nous allons en revanche préciser la forme que prend le rétrécissement de l'autonomie individuelle chez les adolescents.

Désindividualisation

Pour les adolescents d'origine européenne, les liens horizontaux avec des frères, des cousins et des voisins sont secondaires. À l'inverse, la sociabilité des filles et des garçons d'origine africaine représente dans les grandes cités un caractère néotraditionnel.

La modernisation des mœurs fait prévaloir les liens électifs sur les liens sélectifs et ménage ensuite des degrés d'électivité diversifiés à mesure que la personnalité de l'adolescent s'affirme. Une dimension de la sociabilité se prête au repérage du niveau de l'électivité des liens interpersonnels : le degré d'ancienneté des « copains » des adolescents au sein de leur réseau de sociabilité. Les relations qui deviendront des copains, parfois des amis, se forment au cours de l'enfance, notamment à l'école primaire. Certains enfants renouvellent les personnes avec lesquelles les circonstances les ont mis en contact de sorte que leur réseau actuel ne comporte pas beaucoup de copains de l'école primaire ou d'amis d'enfance, tandis que d'autres, quelles que soient leurs trajectoires, restent avec les mêmes personnes, les voisins, les copains de maternelle ou de primaire que la contingence des dispositions administratives au sein de l'école ou le voisinage a placés sur leur chemin. Les liens formés tard sont en général plus électifs que les liens précoces, ils sont plus figuratifs des goûts et des inclinations de chacun. Ainsi, le degré de renouvellement du réseau de sociabilité à l'adolescence est un indice de son individualisation et de son électivité.

De ce point de vue, il existe une spécificité du phénomène scolaire en tant que pourvoyeur de liens. L'école, en distribuant les élèves dans des classes non pas indépendamment de leur performance mais du moins de leurs préférences, pèse sur le renouvellement de la sociabilité. Les jeunes les plus éloignés de la norme scolaire sont ceux qui, malgré ces propositions nouvelles, gardent le plus de copains anciens. De plus, ceux qui redoublent ont moins tendance à changer les membres de leurs réseaux : ils ont un peu de mépris ou de jalousie envers ces « morveux » qui sont désormais leurs égaux. Aussi privilégient-ils le maintien des liens anciens. Nous avons calculé pour chaque adolescent l'ancienneté moyenne de son réseau de copains (même génération qu'ego), en excluant bien sûr les frères et cousins pour que la comparaison témoigne des choix qu'il a faits. Les réseaux de copains/copines des filles sont plus récents que ceux des garçons. De plus les réseaux des jeunes qui sont dans les 6e et 7e déciles aux épreuves qui ont lieu à l'entrée au collège (les meilleurs des élèves situés en dessous de la médiane) ont moins d'ancienneté que les réseaux des jeunes qui sont dans les 8e et 9e déciles (les moins bons des élèves situés au-dessous de la médiane)[1]. Enfin, l'ancienneté des réseaux varie aussi avec le quartier de résidence : celle des réseaux des adolescents qui habitent la ZUS est sensiblement plus grande que celle des adolescents des quartiers ordinaires (hors ZUS). Cette ancienneté traduit, nous l'avons dit, une sociabilité moins élective, moins individualisée dans les cités. Une acceptation de ce qui est donné par le « hasard » du lieu favorise une moindre différenciation des aspirations et des comportements. Là encore, la séparation des lieux de résidence pèse sur la sociabilité des migrants.

Un autre trait de cette désindividualisation des rôles, accentué par la relégation des migrants, ressort du comportement des garçons aînés des grandes fratries. La forte asymétrie des réseaux de sociabilité traduit une opposition des sociabilités masculine (celle du groupe de la rue) et féminine (négociant leur place dans le bi-pôle maison/école). Les garçons, élevés selon un double standard protecteur, payent ce favoritisme d'un déficit de réussite scolaire par rapport à des sœurs ayant à tous autres égards le même contexte éducatif qu'eux. Du fait de ces différences d'exigence dans la socialisation, une fraction des garçons qui ont accumulé le plus de frustrations à l'école se tourne vers le « business », la « dépouille » et l'« arnaque ». C'est en tout cas ce que suggèrent les analyses des propensions à la délinquance. Or, plus que dans les familles antillaises où la rupture entre les générations est affirmée, les familles patriarcales des migrants du Sahel et du Maghreb sont le lieu d'une forte solidarité intergénérationnelle et d'un fonctionnement communautaire de la fratrie. Cette forte solidarité dans les familles patriarcales est à la source de la sur-implication des aînés des familles larges dans des délits – règlements de compte ou violences – qui

1. Je n'ai pris en compte que les élèves des cinq derniers déciles dans l'étude des réseaux. De plus, les élèves les plus en difficulté scolaire ont une sociabilité plus étroite et sont nettement moins souvent impliqués dans des inconduites délibérées.

mettent en cause un membre de la fratrie ou de la famille. « Si quelqu'un me drague, que mon frère voit ça, il va lui cogner dessus », dit Glana Maddani, une adolescente d'origine marocaine, scolarisée à Mantes. Ces solidarités s'imposent aussi dans d'autres domaines. Les adolescents élevés dans des grandes familles sont plus enclins à la fois à une délinquance d'appropriation et à une délinquance expressive, cependant l'effet de la place d'un garçon dans la fratrie est plus significatif pour les actes expressifs (violences, dégradations). On est amené à penser qu'il y a, implicitement ou explicitement, un rôle social attendu des garçons aînés dans des contextes où les fratries fonctionnent comme des clans. L'aîné a le devoir d'être un chef de clan et de défendre l'image et la respectabilité de ce clan. Qu'il y ait éventuellement un déficit de surveillance parentale dans les grandes familles, on le conçoit, mais cet argument met exclusivement l'accent sur le contrôle et ignore les motifs d'action, qui sont au moins aussi importants que les obstacles. De plus, l'argument du déficit de contrôle parental explique la sur-implication globale des adolescents des grandes fratries, mais ne dit pas pourquoi les aînés sont, en proportion, plus investis dans la délinquance que les benjamins (au même âge).

Sur ce point encore, on ne comprend pas la sur-implication des aînés si l'on interprète les comportements des garçons d'origine sahélienne par analogie avec les jeunes des ghettos américains. O. Lewis a fortement souligné que la culture de la pauvreté de type nord-américain a tendance à s'épanouir dans des sociétés présentant « un système de parenté bilatérale plutôt qu'unilatérale ». Ce point est très éclairant. Les groupes unilinéaires, notamment patrilinéaires, sont plus organisés que les groupes bilinéaires et peuvent plus facilement agir en tant que collectif. En effet, un groupe unilinéaire peut assouvir une vengeance familiale contre un autre groupe. En revanche, un groupe d'apparentés bilinéaire n'est pas véritablement cohérent. Si l'on remonte à la fois en lignée paternelle et maternelle en partant d'un individu choisi, le nombre des apparentés devient rapidement très élevé, ce qui entraîne une fragmentation des « loyautés » et un relâchement des solidarités obligées. On ne peut construire véritablement un groupe soudé qu'en choisissant

% d'auteurs de délits parmi les adolescents de 16 ans des familles d'origine sahélienne selon la taille de la fratrie et le rang dans la fratrie

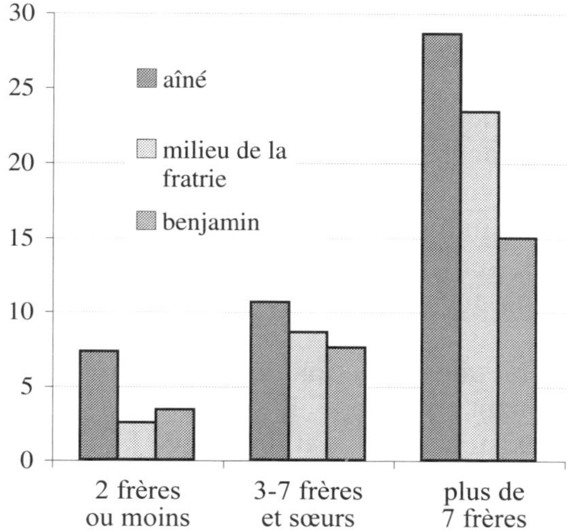

Source : enquête multi-sites 1999-2005.

au sein de ce réseau une branche ou une autre (comme le fait la filiation agnatique). C'est un aspect central qui distingue les solidarités des migrants africains de nos quartiers pauvres des situations décrites par les chercheurs américains. Les solidarités développées par les garçons ici s'appuient sur des traditions qui ont été bien décrites pour le Maghreb : « Entre groupes [...], écrit D. Rivet, se tissent des alliances à géométrie variable [...], selon l'enjeu et la taille du conflit faisant jouer la mécanique segmentaire. Un aphorisme familier aux hommes du sud de la Méditerranée illustre de manière imagée l'application de ce principe de solidarité : "Moi contre mon frère, moi et mon frère contre mes cousins germains, moi, mon frère et mes cousins contre le reste du monde." Traduisons ce langage métaphorique : l'héritage d'une maison est susceptible d'opposer des frères entre eux, une alliance matrimoniale qui se fissure, des cousins entre eux, l'entretien d'une seguia, les habitants d'un douar, la possession litigieuse d'une zone de pâturage, des tribus les unes contre les autres[1]. » Comme les Maghrébins, les Sahéliens héritent des structures agnatiques (unilinéaires paternelles), et on ne sera pas surpris de constater que les garçons aînés des familles peules ou soninkés sont plus impliqués dans des délits que leurs cadets. Ce sont des chefs de clan qui ont des responsabilités de défense/vengeance du groupe (cf. graphique ci-dessus). Là encore, on observe que les fonctionnements dans les familles pauvres issues des immigrations africaines ne sont pas « déliés », « individualistes », mais très collectifs. Ce n'est pas un affaiblissement des normes qui pose ici problème mais plutôt leur puissance excessive dans le contexte migratoire.

Si elle traduit une involution des mœurs par rapport au mouvement dominant en Europe, la sociabilité des cités est plutôt cohésive. L'existence même d'un espace familial large, d'une sphère privée qui ne coïncide pas avec la sphère de l'intime, a aussi des vertus socio-économiques adaptatives et en tout cas protectrices. Le groupe primaire qu'est la famille clanique large réorganise à son profit le rapport à l'espace public. C'est moins ce groupe primaire qui pose problème que l'articulation entre les normes locales et les exigences de la société globale. Dans une économie tertiaire fondée sur la scolarisation longue, un grand nombre d'enfants est un handicap – on peut difficilement aider chacun –, mais c'est une contrainte que n'intègrent que partiellement les migrants venus d'Afrique sahélienne. Au sein de la première génération, celle qui a accompli la migration, et de façon variable en fonction des cultures d'origine, une descendance nombreuse continue d'être souhaitée. Plongés dans une société où les familles autochtones, dotées de ressources culturelles élevées, s'arc-boutent sur la réussite scolaire de leur étroite progéniture, les adolescents élevés dans de grandes familles venues des zones rurales de l'Afrique sahélienne ont bien du mal à s'adapter et à « réussir ».

La sociabilité induite par cet espace familial large est souvent

1. D. Rivet, *Le Maghreb à l'épreuve de la colonisation*, Paris, Hachette Littératures, 2002, p. 92.

décrite comme une forme de communautarisme. On perçoit confusément ces fonctionnements familiaux comme créateurs de groupes repliés sur eux-mêmes, constituant les éléments de base d'un corps social étranger au « nôtre »[1]. Le diagnostic de fermeture des quartiers n'est pas totalement dépourvu de pertinence, même si les degrés de fermeture des groupes sont extrêmement variables. La réduction de la mixité des activités, la disparition du flirt, l'absence d'une vie autonome avant le mariage, l'acceptation plus fréquente d'un conjoint du pays d'origine, le prolongement de la cohabitation avec ses parents, la montée de la religiosité affirmée... sont autant de marques de la distinction identitaire des descendants de migrants de ces régions. Si le port du voile ou de vêtements conformes aux interprétations les plus étroites de la tradition musulmane reste assez minoritaire, leur affirmation croissante par des jeunes issus des migrations sahéliennes et turques est patente au cours des dernières décennies. Cette fermeture participe d'une crispation mutuelle des descendants de migrants et des segments larges des sociétés « d'accueil ». Il ne sert à rien de dénoncer cette fermeture communautaire. L'enjeu est de savoir si l'on peut inverser cette dynamique de clôtures des communautés et comment.

Dans les familles venues de Turquie, d'Afrique du Nord et d'Afrique sahélienne, les germains restent proches entre eux et des liens spatiaux étroits se maintiennent entre les enfants adultes et leurs parents plus que dans les autres groupes de migrants. L'envers de cette proximité affective est une réduction de l'autonomie des enfants, marquée par un prolongement de la dépendance matérielle, un passage direct de la vie chez les parents à la vie en couple sans l'expérience d'une existence adulte autonome. Ainsi, au sein des unions – sanctionnées par un mariage ou non – qui sont intervenues le plus récemment, les écarts d'âge entre maris et femmes ont plutôt augmenté tant chez les migrants que chez les descendants de migrants parmi

1. Cette perception n'empêche pas par ailleurs qu'on voudrait les voir se comporter comme s'ils vivaient dans les familles étroites, sans liens horizontaux, qui sont les nôtres.

les générations les plus jeunes. La néo-traditionalisation des mœurs passe aussi par la fréquence élevée des mariages civils qui ont lieu dans le pays d'origine des migrants ou dans celui de leurs parents. Ces mariages impliquent, s'agissant d'Africains ou d'Asiatiques, une forte soumission à la coutume, le choix du conjoint étant fait par les familles. Michèle Tribalat avait noté dès 1992 un renforcement en exil du mariage préférentiel[1] chez les migrants originaires de Turquie : 16 % chez ceux qui sont arrivés avant 1975, 26 % chez ceux qui sont arrivés entre 1975 et 1984, et 32 % pour ceux qui sont arrivés entre 1985 et 1990. Globalement, concluait-elle, s'agissant de ces migrants, 40 % des hommes et 55 % des femmes avaient épousé en premières noces un conjoint choisi par la famille, généralement avec leur consentement[2]. Certes, une fraction de ces mariages civils – contractés à l'étranger par des descendants de migrants qui ont généralement la citoyenneté française – vise à faciliter la venue en France de personnes originaires de ces pays[3], et est pour une part la conséquence de la fermeture des voies d'immigration de travail. Il reste que ces pratiques ont des effets concrets. Comme le dit Pascal, « Mettez-vous à genoux, remuez les lèvres de la prière et vous croirez » : les postures et les démarches emportent avec elles un changement des mœurs.

La fréquence des unions des migrants avec des personnes nées dans le même pays qu'eux (pour les descendants, dans le pays de naissance de leur père ou mère) est un autre indice de cette néo-traditionalisation. La fréquence de ces unions endogames s'élève de 30 points de pourcentage dans les quartiers ethniquement ségrégés (pratiquement que des migrants) par rapport à ce qu'elle est dans les quartiers peu ségrégés (graphique p. 217). La forte ségrégation ethnoculturelle des migrants d'Afrique et de Turquie a amplifié cette dualisation des mœurs dans les sociétés européennes, de sorte que la prise de distance

1. C'est-à-dire en général avec un cousin.
2. M. Tribalat, *Faire France*, *op. cit.*, p. 63.
3. Quand on contrôle la nationalité des partenaires du mariage, cela ressort sans équivoque.

des descendants de migrants et leur mise à distance se conjuguent, renforçant l'isolement et l'hostilité mutuels.

Migrants et descendants de migrants : fréquence des unions endogames (dernières unions) et ségrégation résidentielle en France en 2008

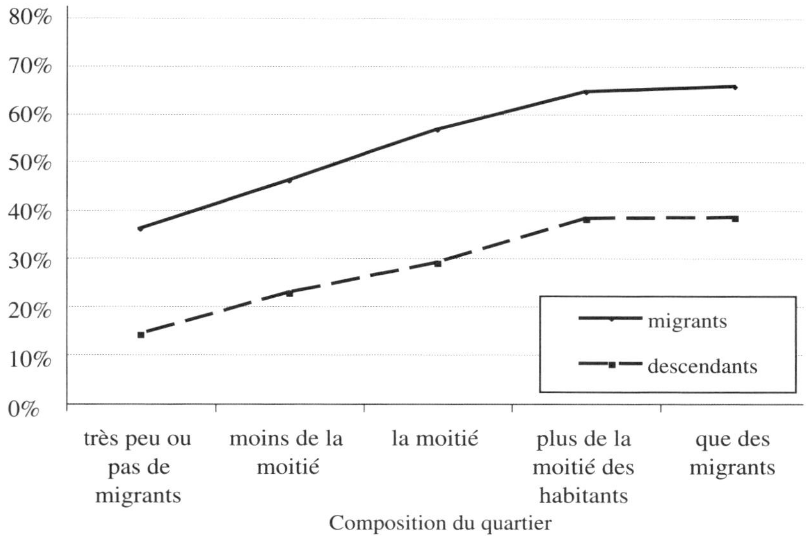

Source : enquête TeO, INSEE-INED, 2008.

Depuis deux décennies une tendance néo-traditionnelle s'est développée au sein de la deuxième génération venue d'Afrique sahélienne, de Turquie et du Maroc, notamment. En matière religieuse aussi bien qu'au sujet du mariage et de la conception des rôles sexués, de nombreux descendants de migrants ont adopté des positions hyper-traditionnelles, franchissant à rebours le chemin que la génération de leurs parents avait suivi à la fin des années 1970. Abdelmalek Sayad écrivait alors au sujet des tensions morales entre les générations dans l'immigration maghrébine : « Toute société en transition dans laquelle le monde rural jusqu'alors prédominant du point de vue des codes, des modèles et de l'idéologie est en passe de perdre la prééminence au profit du mode de vie urbain et moderniste, produit des "enfants illégitimes"[1]. » Les choses ont changé en trois décennies. Cela ne signifie pas que les descendants de migrants soient devenus des enfants légitimes. Les garçons qui sont en échec scolaire, notamment, sont pris dans une double tension : discrédités et marginalisés par la société, ils doivent pour reconquérir l'estime de soi et pour cela s'affirmer contre la société qui les dévalorise. Cela suscite de leur part une affirmation identitaire et religieuse, mais ils doivent en même temps gérer une position inconfortable d'adolescents en rupture avec les institutions et qui, de ce fait, déçoivent les attentes parentales. Ils le font à travers un néo-traditionalisme par lequel ils adressent en quelque sorte un reproche muet à la génération des migrants qui auraient abandonné les obligations de la foi véritable dans un Occident dévoyé. Les parents se sentent en porte à faux. On a d'ailleurs pu noter, pendant les émeutes en 2005 en France, l'approbation silencieuse des parents à l'égard des inconduites adolescentes. C'est dans ce contexte de réduction des distances intergénérationnelles entre les migrants et les descendants de migrants d'origine africaine ou turque, d'augmentation de l'hostilité mutuelle entre ces groupes et les segments autochtones des sociétés européennes qu'on doit interpréter les tensions urbaines.

L'affirmation identitaire

Depuis quelque temps, les humiliations ressenties par une fraction des jeunes en raison de l'échec scolaire et de la relégation dans les cités ont été réélaborées en fonction de l'histoire coloniale et d'une hostilité aux musulmans dans les sociétés occidentales. Ainsi, à plusieurs égards, ceux qui sont perçus comme « Noirs » ou « Arabes » sont traités de la même façon, partagent une expérience commune. Leurs conduites, en réponse à l'image globale qu'on leur renvoie, fédèrent des identités distinctes.

1. Abdelmalek Sayad, « Les enfants illégitimes », *Actes de la recherche en sciences sociales*, n° 25, 1979.

Banalement, les contrôles d'identité au faciès[1] et les discriminations à l'embauche, pour reprendre deux des expériences les plus communes concernent peu ou prou tous les jeunes d'origine africaine noire, maghrébine, turque, ainsi que les jeunes Antillais, Réunionnais, Comoriens. Ce rapport aux institutions et à la société dans son ensemble crée un sort commun, des sentiments collectifs. C'est, me semble-t-il, en ce sens que Pap N'Diaye parle de « condition noire[2] ». Les interactions entre ceux qui sont noirs de peau et les peaux blanches rendent compte du rapport asymétrique, d'assignation, imposé à ces individus, et des discriminations qu'ils subissent. La fronde des jeunes Africains venus du Sahel prolonge celle des jeunes Maghrébins avec une ou deux décennies de décalage. Il y a chez les jeunes du Sahel comme chez beaucoup de Maghrébins une posture de défiance et de rébellion, suscitée par leur situation, mais également associée aux évolutions mêmes du monde musulman que les jeunes Asiatiques ne partagent pas pour des raisons géopolitiques évidentes. Cette composante, difficile à mesurer, ne saurait être sous-estimée. Peut-on regarder les attitudes de ces jeunes devant l'école et la société comme si les postures idéologiques prévalant dans leurs pays d'origine étaient les mêmes que celles des jeunes d'origine européenne ou asiatique ? Comment s'insérer dans un pays qui est simultanément perçu comme un espace de liberté et d'humiliation, un pays séduisant et hostile ?

Les identités en conflit avec le modèle dominant ne décalquent pas les clivages stéréotypés suivant lesquels s'organisent les discriminations. Ces constructions identitaires s'appuient sur les reconstructions que chacun fait. Les jeunes issus des migrations d'Afrique du Nord et du Sahel mobilisent aussi l'islam, se définissant comme des musulmans dans une perspective qui est beaucoup plus assertive et corrosive que leurs parents. De ce point de vue, Olivier Roy[3] a raison de souligner la déterritorialisation

1. Ce qui est non seulement le fait des rapports sociaux ordinaires mais aussi de ceux de l'administration avec les migrants ; sur ce point, voir par exemple le rapport de la Fondation Soros sur les contrôles au faciès : Fabien Jobard et René Lévy, *Police et minorités visibles : contrôles d'identité à Paris*, *op. cit.*

2. *La Condition noire*, Paris, Calmann-Lévy, 2008.

3. Olivier Roy, *L'Islam globalisé*, *op. cit.*

de cet islam des jeunes. Pour autant, souvent à leur insu, les jeunes issus des migrations ont été socialisés dans des cultures dont ils véhiculent les valeurs et les normes sans toujours – qui le pourrait ? – les identifier. Je ne suis pas persuadé qu'on trouve dans les quartiers pauvres une culture jeune unifiée. Les formes de repli communautaires s'étendent à la jeune génération sous forme d'exclusions et de conflits. Il existe ainsi une pluralité d'identités. Nous avons rencontré dans les propos de jeunes sahéliens et de jeunes issus des migrations turques une hostilité assez vive à l'égard des jeunes d'origine maghrébine qui font figure de groupe « majoritaire ». Il y a par ailleurs, à l'évidence, une pluralité d'identités noires que le vernis d'une référence assez superficielle au rap noir ne suffit pas à occulter. Les oppositions de couleurs n'épuisent donc pas la compréhension des conduites, car chacun porte avec lui des attentes et des appréhensions qui se sont formées bien avant. Ces identités des individus ne sont pas produites par les interactions car ils n'y arrivent pas vierges de déterminations. Dès l'abord, plusieurs strates identitaires se superposent et parfois se confrontent. Les cultures des migrants affectent la manière dont ils se saisissent des opportunités, s'accommodent ou franchissent des obstacles. Les conflits entre la culture du pays d'accueil et les sous-cultures contestataires ou d'accommodement des migrants déploient leur influence dans chaque contexte d'interaction.

CHAPITRE VIII

MACHISME, SOUS-CULTURE ET DÉVIANCE

Durant le dernier quart du XXe siècle, face aux difficultés économiques, les mœurs patriarcales se sont rigidifiées au Sahel. Ces changements ont particulièrement pesé sur les comportements des migrants isolés par des barrières ethniques : l'autoritarisme qu'on rencontre en Europe dans les quartiers populaires et immigrés prolonge le durcissement de la culture patriarcale et le fondamentalisme musulman qui a gagné au Sahel. Au-delà même, cette tendance autoritaire a débordé dans des couches qui n'étaient ni patriarcales par leurs traditions ni musulmanes par la confession. Nombre d'exemples m'ont été donnés de mœurs autoritaristes dans les milieux chrétiens, de femmes manjakes battues, humiliées et recluses, de femmes sérères – société matrilinéaire, bien que longuement imprégnée par les mœurs patriarcales dominantes chez les Wolofs – qui ont subi les mêmes violences et la même infériorisation. Les Manjaks de Guinée-Bissau et du Sénégal ont hérité dans le contexte de migration des attitudes autoritaristes dominantes, au point qu'on observe en France des cas de polygamie dans ces groupes. Tout se passe comme si, favorisées par la fermeture des quartiers et la radicalisation de l'islam, les normes des groupes localement majoritaires s'étaient diffusées au sein des migrants d'origine africaine qui n'étaient pas musulmans.

L'autoritarisme dans les familles noires des quartiers pauvres est indissociable de cette tension entre ce qu'ils sont là-bas et ce qu'ils sont ici. Les pères venus d'Afrique sont privés de dignité dans notre société, exclus de tous les cercles sociaux qui, dans leur pays d'origine, leur confèrent honneur et respect. Ces hommes qui ont émigré pour travailler ont été amenés, on le sait, à occuper des positions inférieures dans nos sociétés. Le problème n'est pas seulement qu'ils ont le plus souvent exercé des emplois d'ouvrier sans qualification, ce n'est pas non plus seulement l'ingratitude des tâches, c'est le mépris qu'on a ici pour eux, particulièrement dans une période de déclin des emplois industriels. Ces hommes venaient de sociétés où le statut est construit de façon telle que, dans toutes les castes, même parmi les « castes d'esclaves », un respect de soi est possible. Ici, ils sont indignes. La violence qui s'est développée chez les pères de famille du Sahel n'est pas interprétable comme un accident biographique. Elle est la trace d'une condition sociale divisée. Les comportements violents sont pour une bonne part le produit du contraste entre des vies d'ouvriers méprisés ici et une respectabilité rehaussée par l'argent là-bas. Les pères, souvent âgés et travaillés par le ressentiment, sont largement dépourvus de prestige aux yeux de leurs enfants qui n'ont pas les mêmes références, car ils n'ont pas, eux, le regard tourné vers le village. À l'inverse des Noirs américains, les hommes de l'immigration sahélienne n'ont pas réagi au mépris en l'extériorisant. Ils ne l'ont pas non plus sublimé dans une posture machiste, si l'on garde de cette attitude la définition originelle. Ils ont avalé leur honte parce qu'ils ont un ailleurs.

« Le machisme signifie être très homme, sans aucune considération pour la femme », écrit Roger Bastide, ajoutant : « Quelle qu'en soit l'origine [...], les Noirs américains, qui ont accepté ce *machismo*, l'ont fait leur parce que ce dernier leur procurait une revanche contre leur sort [...]. Le machisme va se traduire, par la conquête du plus grand nombre possible de femmes [1]. » Qu'on me permette de citer Bastide longuement, car il précise une distinction entre machisme et autoritarisme patriarcal, essentielle

1. Roger Bastide, « La civilisation de la femme dans la tradition africaine », Colloque d'Abidjan/Présence africaine, juillet 1972, repris dans *Les Amériques noires*, Paris, L'Harmattan, 1985.

pour comprendre la crise de l'autorité dans les cités en France, qui n'est absolument pas comprise. « Alors qu'en Afrique le mâle avait la haute main sur le gouvernement et pouvait se réaliser dans les guerres intertribales, il subissait dans le Nouveau Monde la plus profonde humiliation... Lorsque le travail servile est aboli, mais aboli sans qu'on ait songé au préalable à donner aux esclaves une éducation pour la liberté, le clivage entre les hommes et femmes prend des formes encore plus radicales : le mâle [noir] qui fuit les plantations pour se réfugier dans l'anonymat de la ville ne connaît aucun métier ; il est donc battu sur le marché du travail par le pauvre Blanc autochtone ou par l'immigrant européen ; au contraire la femme peut, elle, se placer soit comme bonne à tout faire, soit comme cuisinière, soit comme laveuse et repasseuse, soit comme couturière à la journée. Elle devient ainsi, avant qu'un nouvel équilibre ne s'établisse dans les relations interraciales le seul noyau de stabilité ainsi que le seul noyau d'adaptation à une nouvelle société... » Bastide ajoute : « Le système familial nègre des Caraïbes, mais qui se trouve dans toute l'Amérique Noire (la famille matrifocale), explique la maintenance jusqu'à nos jours de ce *machismo* nègre. Les enfants nés dans cette famille n'ont pas de père, mais seulement une mère[1]. » Ces traits ont été renforcés par le contexte socio-économique de vie des urbains : les hommes, noirs ou caribéens, connaissent en Amérique du Nord des taux de chômage souvent supérieurs à ceux des femmes des mêmes groupes, que l'on peut interpréter comme des taux de rejet par la société blanche. Fasciné par la prégnance des héritages africains par-delà l'esclavage, Bastide liant les altérations familiales et le ressentiment donne une interprétation des rapports entre les hommes et les femmes noirs dans le contexte américain susceptible d'expliquer l'élévation du potentiel déviant dans les ghettos[2]. L'interprétation de la crise de la socialisation et de l'intériorisation de la loi dans les Amériques noires que donne Roger Bastide me

1. *Ibid.*
2. Cf. Y. Charbit, « Transition démographique aux Antilles françaises », *Population et sociétés*, 139, 1980 ; G. Therborn, *Between Sex and Power*, New York, Routledge, 2000.

semble toujours très suggestive. On peut certes souligner l'ancienneté du texte : et alors ? Associant la question des rapports entre les sexes avec l'oppression économique et le chômage, cette analyse rend compte de la manière très particulière dont, dans les centres urbains nord-américains, la délinquance et l'échec scolaire se conjuguent avec une famille sans père qu'on ne rencontre pas ici dans la majorité des familles noires vivant dans les quartiers pauvres[1].

Oscar Lewis, dans sa description de la culture de la pauvreté en Amérique du Nord, insiste lui aussi sur l'importance des spécificités des familles noires américaines notamment l'instabilité endémique du mariage, l'illégitimité et les grossesses précoces. Montrant que les attitudes de la communauté noire à l'égard de l'illégitimité ne sont pas strictes, que les mises en couple hors mariage sont fréquentes, il donne une interprétation historique et culturelle de ces tendances : ces particularités des familles noires seraient autant un héritage afro-caribéen que les conséquences de la rencontre des Noirs déportés avec l'univers nord-américain[2]. Selon lui, la culture de la pauvreté est une réponse inventée par des familles brutalement projetées au sein de sociétés individualistes, compétitives et stratifiées. Il n'y a pas, à proprement parler, de culture de la pauvreté dans des sociétés qui n'ont pas connu ou ne connaissent pas un développement et une urbanisation rapides. Les critiques des thèses de Lewis comme ceux qui s'en inspirent pour stigmatiser les comportements des pauvres oublieront son insistance sur les particularités de la famille matrifocale, ses remarques sur l'altération des

1. Ainsi, une sexualité génitale et des grossesses précoces, si caractéristiques des jeunes femmes noires dans les villes d'Amérique du Nord, ne se retrouvent pas en France dans les migrations noire et maghrébine, cf. H. Lagrange et B. Lhomond, *L'Entrée dans la sexualité*, *op. cit.*, p. 41-42.

2. O. Lewis, *La Vida*, Paris, Gallimard, p. 801. Oscar Lewis s'est « efforcé de comprendre la pauvreté en tant que culture ou plus exactement en tant que sous-culture, avec sa structure et ses justifications propres, en tant que mode de vie transmis de génération en génération. Cette conception attire l'attention sur le fait que la culture de la pauvreté dans les États modernes n'est pas seulement une question de misère économique, de désorganisation… c'est aussi un élément positif qui a ses bons côtés sans lesquels les pauvres pourraient difficilement tenir ».

modes de vie au contact des normes étrangères et sur les conditions de vie des Noirs au nord des États-Unis[1].

Curieusement, de l'autre côté de l'Atlantique, la nature de l'héritage familial des Noirs a été largement ignorée par les *sociologues urbains*[2]. Bien qu'observant le niveau élevé de dislocations de familles noires des centres urbains, ils n'ont guère interrogé la culture d'origine de ces familles. Une référence simplificatrice à l'esclavage, longtemps vu comme une discontinuité absolue, a fait écran, et l'on a ignoré un argument qu'a toujours rappelé Bastide : la persistance de leurs coutumes chez les esclaves déportés, surtout lorsque leur concentration spatiale est restée forte.

Raisonner par comparaison de part et d'autre de l'Atlantique conduit à penser que la fragilité des familles noires américaines qui s'est nettement renforcée dans les décennies 1960-1980 a des origines profondes. On peut faire l'hypothèse que dans les quartiers pauvres en Amérique du Nord les familles matrifocales, instables et pas particulièrement larges, portent trace des cultures prévalant dans les zones de capture des esclaves. Les esclaves noirs déportés aux Amériques ne forment pas un bloc uniforme. Claude Meillassoux souligne les différences entre la désocialisation qui accompagne la capture des esclaves dans les sociétés patrilinéaires de la savane, et la complète dépersonnalisation qui est associée à la capture et au traitement des esclaves pris dans les zones de la forêt, notamment dans les sociétés avunculaires (matrilinéaires). Dans ces dernières, l'esclavage a eu les effets les plus déstructurants : perte du nom, création de parentés fictives. On sait, grâce aux travaux de

1. Les études de Lewis, qui ont suscité une fascination en raison de leur qualité littéraire, ont rencontré plutôt du dédain parmi les sociologues de gauche. Ainsi, un auteur aussi averti que W. J. Wilson ne fait aucune référence à l'analyse de Lewis, alors même que son analyse récente recourt aux notions de culture du ghetto, d'habitudes socialisées sur plusieurs générations.

2. En Amérique du Nord, ceux qui s'en soucient ne sont pas foncièrement intéressés à la sociologie urbaine, cf. E. F. Frazier, *The Negro Family in the United States*, University of Notre Dame Press, 2001 ; Melville J. Herskovitz, « The myth of the Negro past », *American Anthropologist*, vol. 67, février 1965.

Philip D. Curtin et d'Olivier Pétré-Grenouilleau notamment, que les hommes et les femmes qui devaient composer la population d'ascendance africaine, en Amérique du Sud mais aussi en Amérique du Nord, furent, de façon croissante, des esclaves capturés dans les zones de la forêt[1]. Dans *Séville et l'Atlantique*, les époux Chaunu montrent que si les déportations réalisées par les Espagnols proviennent des zones de la savane au milieu du XVIe siècle, elles touchent les zones de la forêt au XVIIe siècle. À la fin du XVIIe siècle, l'essentiel du trafic de la traite atlantique vient des zones de la forêt, de l'Angola à la Côte de l'Or[2], et seulement une minorité est originaire de Sénégambie. Un tableau synoptique de la traite anglaise, de 1680 à 1800, établi par Ph. D. Curtin, montre clairement la substitution d'un trafic qui, certes de manière minoritaire, prenait des esclaves en Sénégambie et ne les prend plus au XVIIIe siècle que dans la zone de la forêt. De plus, s'agissant des destinations, il faut remarquer que l'importation directe d'esclaves vers les États-Unis a été faible, sauf en Caroline. La majorité des esclaves dans les États du Sud – Géorgie, Virginie, Alabama – descendent d'esclaves des Caraïbes. Au XVIIIe siècle, à peine 25 % des esclaves déportés aux États-Unis viennent des régions du Sahel, et parmi eux une minorité appartient à des groupes patrilinéaires. Les Français aussi, du milieu à la fin du XVIIIe siècle, qui certes comptent pour peu dans la formation de la population de l'Amérique du Nord (à l'exception des esclaves acheminés initialement à

1. Un des échantillons les plus anciens a été tiré d'un inventaire de la propriété de Hernán Cortés au Mexique en 1549, deux autres échantillons d'Afro-Mexicains et d'Afro-Péruviens ont été recueillis un peu plus tard. Ils révèlent qu'alors à peine 26 % des déportés viennent des zones de la forêt et que près de 74 % viennent des zones qui aujourd'hui correspondent au Sénégal, à la Gambie, à la Guinée-Bissau. Cependant, dans ces zones mêmes, les groupes les plus importants de déportés sont des Wolofs, des Sérères, des Biafadas de Guinée-Bissau (deux tiers) tandis que les Fulbé et les Malinké représentent un tiers. Or, au milieu du XVIe siècle, ni les Sérères ni même les Wolofs ne sont islamisés et, pour ce qui concerne les Sérères et les Biafadas, ils sont de tradition matrilinéaire. Cf. Ph. D. Curtin, *The Atlantic Slave Trade : A Census*, University of Wisconsin Press, 1972.

2. La majorité des esclaves venus de cette région parlent les langues Akan et comptent parmi les peuples de la forêt.

Saint-Domingue, Porto Rico puis par la suite aux États-Unis), ont importé essentiellement des esclaves issus des zones de la forêt. Ce biais matrilinéaire ou bilinéaire dans la population des esclaves du Nouveau Monde s'explique du fait qu'une bonne part de la capture et de la vente aux négriers européens a été faite de façon croissante par des chefs de guerre musulmans qui s'attaquaient de façon privilégiée à des groupes non islamisés. Ces héritages ont été, dans tout le Nouveau Monde, un terreau propice à la prévalence de structures matrifocales.

Que reste-t-il de ces formes culturelles après la guerre de Sécession ? C'est une question ignorée par beaucoup des sociologues américains qui ont travaillé sur les ghettos. La plupart des travaux de sociologie urbaine nord-américains mentionnent un héritage africain nébuleux centré sur la famille étendue et le rôle des parents de substitution. Ils ne disent rien de la variété des structures familiales qui sont si fortement différenciées en Afrique entre les zones de la forêt et le Sahel notamment. Partant, aux États-Unis, à travers la peur de l'effondrement des familles blanches, la matrifocalité des familles afro-américaines est pensée moins comme une forme culturelle spécifique, dont les racines sont à chercher aussi dans l'héritage de groupes déportés par l'esclavage, que comme une forme paroxystique de l'instabilité du couple moderne blanc dans le contexte historique de l'après-guerre. Pourtant, on aurait pu se demander dans quelle mesure la matrifocalité et l'instabilité qu'on observe de façon récurrente dans les familles noires pauvres d'Amérique du Nord ont pu être marquées par les traditions prévalant dans ces groupes en Afrique, et dans quelle mesure c'est plutôt un effet de l'altération due à l'esclavage[1]. En effet, plusieurs travaux récents menés à partir des données du recensement récusent l'idée que l'instabilité et la matrifocalité des familles noires sont une conséquence de l'altération introduite par l'esclavage. Il y a de fortes continuités dans les formes familiales afro-américaines avant la guerre de Sécession et après. Dans les grandes exploitations, les esclaves avaient dans une large mesure réussi à reproduire le

1. Cf. E. F. Frazier, *The Negro Family in the United States*, *op. cit.*

modèle familial qui était le leur auparavant[1]. Or, dès ce moment, parmi les Noirs libres, la matrifocalité et le fosterage sont très développés. La matrifocalité et l'instabilité, qu'on rencontre de façon récurrente dans les familles noires pauvres, s'observent pendant et après la fin de l'esclavage, ces différences renvoient en partie à un héritage culturel pérenne. Même si cet héritage a été altéré par l'esclavage, ce qui est évident, on peut penser qu'il n'a pas été détruit. G. Therborn, au terme d'une vaste comparaison, écrit dans cette perspective que la structure des familles noires américaines reste marquée par la prégnance du modèle créole, celui de la Jamaïque, qui a été la source majeure de l'importation des esclaves noirs aux États-Unis[2]. Il y aurait une continuité repérable des formes familiales avant et après la guerre de Sécession.

La dynamique des familles matrifocales n'est donc pas superposable à celle de l'instabilité du couple occidental repérée par le taux des divorces. Cette culture matrifocale se manifeste chez des femmes noires d'une manière qu'on rencontre peu chez les Blanches d'origine européenne : la fréquence des grossesses adolescentes et la valorisation de la maternité. En conséquence, le pourcentage d'enfants élevés sans l'un au moins de leurs deux parents est beaucoup plus élevé dans les familles noires. Le changement de fréquence de cette situation est certes intervenu dans l'organisation familiale des deux côtés de la *color line* : d'après S. Ruggles, le pourcentage d'enfants noirs élevés sans la présence d'un de leurs deux parents est stable (autour de 30 %) pendant plus d'un demi-siècle avant de bondir à 53 % en 1980. Parallèlement le pourcentage d'enfants blancs élevés dans la même situation, après être resté stable assez longtemps (inférieur à 10 %), s'élève à 16 %[3]. Le différentiel est très ancien, mais il a pris depuis le milieu du XXe siècle une ampleur croissante

1. S. Ruggles, « The origin of African-American family structure », *American Sociological Review*, vol. 59-1, 1994.
2. Göran Therborn, *Sex and Power*, New York, Routledge, 2004.
3. S. Ruggles, « The origin of African-American family structure », *American Sociological Review*, *op. cit.*, p. 136-151, tableau p. 140.

dans les familles noires américaines et a été, comme le souligne W. J. Wilson, fortement amplifié par les recompositions du marché du travail dans les années 1970 et 1980.

États-Unis : % d'enfants élevés sans l'un au moins de leurs deux parents

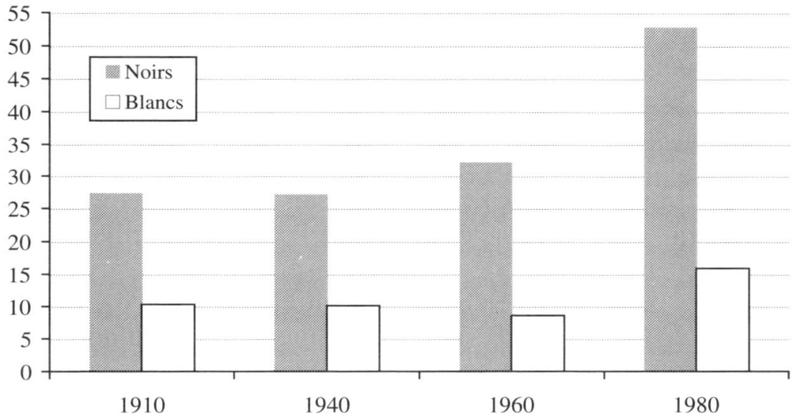

Source : S. Ruggles, « The origin of African-American family structure », *American Sociological Review*.

En Europe, ce phénomène ne se retrouve pas dans toutes les familles noires. Ainsi, l'enquête « Trajectoires et Origines », réalisée en 2008, interroge les migrants et les personnes originaires des DOM pour savoir s'ils ont été élevés par leurs deux parents, un seul ou dans d'autres configurations. Elle montre que la fréquence d'une éducation en dehors du cadre biparental – le plus souvent par un seul parent – est la plus élevée chez les personnes venues des Antilles et d'Afrique centrale, notamment beaucoup plus élevée que dans les familles originaires du Sahel ou du Maghreb.

L'importance historique de l'illégitimité, du concubinage et de la monoparentalité aux Antilles est connue. Pour certains auteurs, c'est un héritage de l'esclavage. Pour d'autres, un phénomène qui a des racines plus profondes. En 1975, un quart des femmes de la Martinique, âgées de 15 à 49 ans, vivent des relations de conjugalité non cohabitante, dans des foyers matrifocaux. Dans la période récente, en Guadeloupe, le pourcentage de femmes chefs de famille est resté stable malgré le passage d'une économie de plantation à une économie de transferts sociaux : il y avait 30 % de femmes chefs de famille en 1900 et un pourcentage analogue, 29 %, en 1982. Cependant, au cours des années 1980, la proportion de familles monoparentales a significativement augmenté, passant à 39 % en 1990. Il semble que le pourcentage élevé de familles monoparentales en Guadeloupe ne soit pas lié à une augmentation des divorces, mais résulte de la multiplication des relations de type « ami », et donc d'un recul du mariage dans le contexte de récession des années 1980. L'importance des unions consensuelles, sans mariage formel, qui est une caractéristique ancienne des Antilles, s'est accentuée dans la période récente. La spécificité des structures familiales constitue un élément explicatif du taux élevé de bénéficiaires de l'API et du RMI à la Martinique. La population des allocataires de minima sociaux à la Martinique partage avec celles des autres DOM plusieurs caractéristiques : les allocataires de l'API dans les DOM sont souvent des femmes jeunes enceintes ou dont le benjamin a moins de 3 ans[1] ; une allocataire sur deux a moins de 20 ans aux Antilles, c'est le cas de près des trois quarts en Guyane, contre 35 % en métropole.

De ce côté-ci de l'Atlantique, on ne s'est pas demandé pourquoi les taux élevés de monoparentalité des familles noires dans les quartiers pauvres sont un phénomène qu'on ne retrouve à ce degré que chez les Antillais, chez les Afro-Européens venus de la zone bantoue (Congo) et pas dans les migrations sahéliennes. On pourrait par conséquent soutenir que nous sommes, aux Antilles françaises, devant une forme particulière de « sous-culture de la pauvreté », associée à un État-providence distant mais généreux. Une telle interprétation peut aussi prétendre rendre compte de traits essentiels du fonctionnement de la fraction la

1. Mathieu Ronan et Clément Justinia, « Les allocataires de minima sociaux dans les DOM : caractéristiques et évolution », *Les Travaux de l'Observatoire national de la pauvreté et de l'exclusion sociale 2005-2006*, Paris, La Documentation française, 2006, p. 451-462.

plus marginalisée des familles antillaises qui résident en France métropolitaine. Dans ces familles, qui sont une composante minoritaire de la population des ZUS, la monoparentalité s'inscrit en continuité avec le foyer matrifocal, elle traduit la prévalence du lien de filiation mère-enfant sur l'alliance. Cette situation familiale, lorsqu'elle s'accompagne de faibles ressources, crée des problèmes éducatifs non moins importants que l'autoritarisme des Sahéliens, mais plus proches de ceux que connaissent certaines familles européennes. Mais, pour l'essentiel, les altérations des familles immigrées venues d'Afrique ne sont pas celles des familles matrifocales.

Les sous-cultures noires sahéliennes, caractéristiques d'une difficile adaptation des migrants d'origine sahélienne au contexte de leur vie en France, se distinguent fortement de la « sous-culture de la pauvreté » telle que l'a décrite Oscar Lewis. Il s'agit d'une organisation familiale fondée sur une forte affirmation de l'asymétrie entre hommes et femmes. À la différence de la sous-culture de la pauvreté nord-américaine, on n'est pas en présence d'une famille où la mère assume seule les responsabilités, notamment l'éducation des enfants, où l'essentiel des revenus vient des transferts sociaux ou des activités illicites. Comme nous l'avons vu, l'importance des revenus de transfert résulte essentiellement de la taille des fratries mais ces revenus ne constituent pas, pour la majorité des résidents des ZUS, leurs ressources principales. Les relations des maris avec leurs femmes ne sont pas instables mais autoritaires, la ségrégation des sexes et le contrôle des femmes sont particulièrement importants. Dans la plupart des cas, les envois d'argent en Afrique sont fréquents et les liens avec les pays d'origine très forts. Le maintien d'une population noire significative dans les zones sensibles précaires résulte de l'arrivée de nouveaux migrants, appartenant aux couches pauvres, dépourvus de bagage scolaire plus que de la concentration de familles immigrées qui résidaient déjà en France. Tous ces traits distinguent sensiblement la culture des migrants d'origine sahélienne de celle des Noirs issus des zones de la forêt ou des Antilles qui, eux, sont plus proches des Noirs d'Amérique du Nord.

Ghettos ou sous-cultures ?

Les traditions et habitus différents que les migrants portent avec eux suscitent des tensions. Si la ségrégation tend à les isoler, les groupes immigrés forment rarement en Europe des communautés fermées. Parler de ghettos est une facilité de langage, il s'agit plutôt de situations de ségrégation qui ont toutefois une échelle bien inférieure à ce qu'on constate aux États-Unis, particulièrement pendant les années 1960-1990. Les quartiers sensibles, même lorsque la population issue de l'immigration africaine y domine, ne sont pas en France séparés par une *color line*, ce ne sont qu'exceptionnellement des mondes à part.

Certains auteurs utilisent néanmoins ce mot de ghetto pour la France, tout en évitant de le définir par une configuration de caractéristiques et de relations objectivables – ségrégation, pauvreté, chômage, dépendance financière. Ainsi, Didier Lapeyronnie, dans une analyse très fouillée, sans nier l'importance de ces caractéristiques, considère que le ghetto est un ensemble de relations sociales et un mode particulier de rapports de soi à soi. Il affirme avec force que « les individus enfermés dans le ghetto sont réduits au silence sur le plan politique », ils ne sont plus en prise avec les aspects sociaux objectifs de leur propre existence, leurs jugements et leurs conduites sont marqués par une nostalgie, et c'est seulement dans cet imaginaire individuel que « vie sociale et morale [peuvent] correspondre ». Du coup, écrit-il, « les jugements des habitants du ghetto reposent le plus souvent sur des normes et des valeurs totalement déconnectées de la réalité sociale et de l'expérience qu'ils vivent »[1]. Pour lui, les habitants du ghetto irréalisent leur vie, selon l'expression de Sartre : c'est en projetant sur le monde extérieur un regard moral qu'ils s'échappent de leurs conditions d'existence. On pourrait parler d'esquive de la réalité et d'aliénation. Cette description sensible, qui renvoie aux fonctionnements qu'on rencontre dans certains cas extrêmes, ne correspond pas aux situations que nous avons observées ; elle fait, me semble-t-il, abstraction

1. *Ghetto urbain*, 2009.

des échanges entre les habitants des quartiers multiculturels et le reste de la société. L'image du ghetto véhicule l'idée de la séparation et de l'enfermement. Nous sommes effectivement avec les populations venues d'Afrique noire qui habitent les quartiers sensibles devant des situations où la mobilité sociale et résidentielle est moindre que celle des familles venues d'Afrique du Nord ou d'origine européenne. Il n'en reste pas moins que, comme le montre Jean-Louis Pan Ké Shon [1], même les familles noires habitant des ZUS avec des taux de chômage élevés ont de la mobilité à la fois sociale et géographique. De ce point de vue, nous sommes, à l'exception d'une petite fraction des quartiers sensibles, plutôt dans une logique d'espaces ségrégés, de quartiers de relégation, que de ghettos [2].

Mais la différence majeure ne se situe pas là : il s'agit dans beaucoup de nos cités de sous-cultures patriarcales et non des sous-cultures matrifocales et machistes. Aussi le terme de « ghetto » est-il confus puisque, à la fois, il désigne une forte ségrégation ethnique et simultanément projette sur les quartiers immigrés d'Europe l'image très particulière de la culture noire américaine, qui est diverse, mais diffère beaucoup des sous-cultures noires européennes. S'il y a des similitudes entre les comportements machistes et les attitudes autoritaires patriarcales d'une fraction des Sahéliens en France, ces derniers ne se comportent pas comme les pères « abandonniques », machistes que l'on trouve chez les Latino-Américains, Afro-Américains et Afro-Caribéens. Nous ne sommes pas, avec les familles d'origine sahélienne dans les quartiers pauvres en France, en face d'un système associé à un père absent symboliquement. Certes, comme les centres urbains nord-américains, les cités HLM d'Île-de-France abritent une population pauvre, peu mobile, peu diplômée dans laquelle les adolescents sont en difficultés scolaires et sur-impliqués dans la délinquance sanctionnée. Certes, avec les taux de chômage

1. « Ségrégation ethnique et ségrégation sociale en quartiers sensibles », *Revue française de sociologie*, 50-3, 2009.

2. Le mot « relégation » utilisé par J.-M. Delarue traduit une nuance importante.

élevés qui ont été enregistrés dans les quartiers sensibles, sans discontinuer maintenant depuis près de trente ans, on rencontre en France une masse considérable d'hommes dans la maturité, présents dans l'espace public, qui ne travaillent pas et ne cherchent plus de travail. Le haut degré d'inactivité masculine est commun à nos quartiers ségrégés et aux quartiers décrits par H. Cayton et S.-C. Drake, O. Lewis, W. J. Wilson, L. Rainwater, E. Anderson ou plus récemment S. Venkatesh[1]. Mais les familles venues du Sahel, jusqu'en 2005, bien qu'en mutation, ne sont pas déstructurées. Les situations de « filles mères » restent exceptionnelles, la prostitution, si elle n'est pas inexistante, est relativement rare et très cachée. La quasi-totalité des familles peuvent mener une vie décente sans avoir recours au « business ». L'essentiel des familles d'origine sahélienne des quartiers pauvres d'Île-de-France ne sont pas non plus disloquées. On est à mille lieues des situations décrites à propos des ghettos nord-américains. Je n'ai rencontré véritablement les altérations décrites par les sociologues nord-américains ni au Val-Fourré, ni dans les cités des Mureaux, ni dans les zones sensibles du 18e arrondissement de Paris.

Les sous-cultures des migrants d'origine sahélienne en Europe comme des Maghrébins ne procèdent pas d'un effondrement du modèle de rôle masculin ni d'une esquive des hommes adultes devant leurs responsabilités. Les problèmes que rencontrent ces familles dans l'éducation des adolescents ne sont pas ceux d'une insuffisance de contrôle due à un abandon du foyer par l'homme mais plus souvent les conséquences de l'asymétrie délibérée entre les sexes, qui non seulement laisse plus de liberté aux garçons mais encourage de leur part des violences et des vexations contre les filles. Bien sûr, la dimension du mépris et du ressentiment se retrouve en partie de chaque côté. Mais les tensions, si elles ont des conséquences en partie similaires à celles observées dans les centres-villes pauvres aux États-Unis et aux Antilles, reposent sur des mécanismes différents. Ici, les violences interpersonnelles auxquelles se livrent les garçons

1. *Off the Books*, Cambridge, Harvard University Press, 2006.

dans l'espace public, et les hommes, plus souvent dans l'espace privé, ne sont pas la conséquence d'une forme d'anomie familiale, d'une déresponsabilisation. En France, beaucoup des familles africaines noires dont les enfants posent problème dans les banlieues pauvres au milieu des années 2000 sont des familles où, majoritairement, le père et la mère continuent de vivre ensemble, où les enfants sont environnés de la présence physique et symbolique de leur père.

Ce qu'on observe depuis la fin des années 1990, dans les cités où le poids de ces familles du Sahel est élevé, c'est une néo-traditionalisation qui est aussi le fait de la fraction des familles maghrébines la moins mobile. S'agissant des Noirs du Sahel, il s'est formé une sous-culture spécifique qui est à cent lieues de la sous-culture machiste des ghettos nord-américains. Il y a entre les deux constructions d'énormes différences, même si l'autoritarisme, comme le machisme, exprime un désarroi et des frustrations. Le thème de la pureté du groupe, qui conduit à contrôler étroitement la sexualité des femmes, essentiel aux cultures patriarcales, n'existe pas pour le machisme. Le machisme, en revanche, implique de la part des hommes un idéal individuel de conquêtes féminines, un désinvestissement des relations stables, une tendance à l'abandon des femmes après leur grossesse. Ces attitudes engendrent d'autres problèmes que les cultures spécifiques peuvent éclairer.

Proche des Démocrates, W. J. Wilson a développé, dans un livre publié en 1987, des analyses qui ont eu un fort impact aux États-Unis[1]. Il récusait l'idée que les dérives des ghettos renvoient à des dysfonctionnements spécifiques aux familles noires tout en relevant de fortes altérations. Il insistait alors sur le fait que la dislocation de ces familles se produit *à mesure* que disparaissent les emplois dans les centres-villes où habitent les Noirs pauvres, et que la classe moyenne noire quitte les quartiers ghettoïsés. Il considérait les changements dans la structure

1. Il a publié, en 1978, *The Declining Significance of Race*, où il invoque les pathologies sociales des quartiers sinistrés, et, en 1987, un livre qui a retenu largement l'attention, *The Truly Disadvantaged*.

des emplois comme le déterminant primordial de cette dislocation de la famille. Sa lecture était donc d'abord centrée sur les facteurs économiques : la disparition du travail peu qualifié dans les centres urbains. Tout en reconnaissant la profonde altération des familles noires, W. J. Wilson se démarquait aussi de l'idée selon laquelle les pathologies du ghetto seraient l'effet d'un mode d'adaptation spécifique des Noirs, renforcé par les aides sociales. Il récusait en particulier l'idée d'une trappe à inactivité dont les allocations aux familles avec enfants seraient la source (AFDC). La dislocation des familles noires des ghettos urbains avait été, selon lui, non pas inductrice des autres problèmes – échec scolaire, délinquance, abus de drogue – mais induite par la disparition du travail.

Vingt ans plus tard, en 2008, Wilson reprend à son compte beaucoup des constats du rapport Moynihan, dont il salue la franchise. Si on le lit attentivement, on trouve chez lui une position bien différente de celle de 1987 : il a introduit beaucoup de « culturalisme » dans son argumentation. Les comportements des individus, écrit-il en substance, sont culturels, parce qu'ils correspondent à la manière dont ils perçoivent le fonctionnement de la société. Ces perceptions sont apprises, socialisées, elles créent de puissantes attentes qui peuvent mener des individus à agir d'une manière qui, vue de l'extérieur, suggère l'insolence, la paresse, etc. En réalité, ajoute Wilson, « Les parents vivant dans des quartiers ségrégés transmettent aux enfants, par la socialisation, un ensemble de valeurs et d'attentes dans la vie et suscitent des schèmes d'attitudes, des façons de répondre aux circonstances… Par la socialisation, les enfants acquièrent des dispositions qui résultent de l'interprétation qu'ils ont de la manière dont la société fonctionne et de l'image d'eux-mêmes qu'elle leur renvoie en tant que Noirs [1] ». Ainsi, c'est l'intériorisation d'une condition défavorable qui agit comme un obstacle, à la création duquel ceux qui ont réduit leurs attentes et leurs ambitions collaborent.

1. W. J. Wilson, *More Than Just Race*, Cambridge, Harvard University Press, 2008, p. 67.

La sous-culture est un rapport social

Ici comme outre-Atlantique, ce qui rend le débat difficile, c'est que la notion de culture est employée dans deux sens distincts. Selon une définition classique, la Culture « grand-C » désigne un ensemble de pratiques et de représentations articulées et instituées, pourvu d'une cohérence qui est l'héritage d'un groupe d'hommes historiquement délimité. Mais on emploie aussi le mot culture (culture « petit-c ») pour désigner l'ensemble des dispositions et représentations résultant de l'interaction entre ces normes prévalant dans un sous-groupe et celles de la société majoritaire (par exemple en parlant de culture ouvrière). En émigration, les formes familiales sont l'expression d'un compromis avec la culture dominante (intermariage, ajustement de la fécondité), elles traduisent parfois aussi une mise à distance ou une crispation nées du contact avec un monde perçu comme hostile ou simplement inaccessible (repli, ignorance de la langue, reconstitution de communautés imaginaires). C'est ce syncrétisme d'attitudes que j'appelle sous-culture. Les sous-cultures sont dépendantes à la fois de la culture dominante *et* de la culture d'origine, des systèmes de valeurs, d'aspirations et de réalisations issus du pays d'origine *et* du pays d'accueil. La culture peule, par exemple, n'est pas présente en tant que telle en France, mais les conduites des adolescents d'origine peule ont des traits communs qu'organise une sous-culture (culture « petit-c ») qui combine la culture peule (« grand-C ») et celle des autochtones. Ces comportements rejaillissent sur les attitudes et les conduites observées dans les autres segments de la société : en Europe du Nord, la présence des sous-cultures des migrants récents a suscité des accès d'ethnonationalisme – d'anglicité, de francité, de germanité. Implicite, peu visible mais néanmoins présent même dans les sociétés culturellement homogènes comme la Suède ou la France du lendemain de la Seconde Guerre mondiale, le particularisme des sociétés européennes est aujourd'hui rendu visible par la présence sur leur sol de familles et d'individus issus d'autres cultures – maghrébine, tamoule ou peule, par exemple.

La confusion entre la culture « petit-c » (comme ensemble de dispositions qui régulent l'action des individus dans un contexte minoritaire) et la culture comme appartenance s'opère d'autant plus facilement que ces deux niveaux, loin d'être séparés, interfèrent constamment. Les cultures « petit-c » se produisent dans les interactions de la culture d'origine avec le courant central. Elles se pérennisent parfois comme formes hybrides qui peuvent prendre la forme d'un repli, d'une fermeture communautaire ou encore d'une contestation du système d'aspirations et de valeurs dominants. Nous avons affaire, dans les groupes migrants ségrégés, à des formes adaptatives transitoires qui résultent de la confrontation de ressources héritées avec le système d'opportunités restreint présent dans la société d'immigration. Les opportunités et les possibilités sont inégalement réparties. Il y a des gens pour lesquels le jeu paraît relativement ouvert ou au contraire fermé, et qui, dans ce dernier cas, doivent emprunter des voies qui s'écartent de la norme d'accomplissement majoritaire.

En France au cours des dernières décennies un fort degré de ségrégation spatiale réunit les Asiatiques, les Sahéliens et les Turcs[1] alors que les migrants venus d'Europe du Sud sont plus dispersés. Tandis que l'ouverture des possibles favorise les Asiatiques et les Européens du Sud, elle est très restreinte pour les Sahéliens et les Turcs. Les jeunes originaires du Maghreb se trouvent aujourd'hui dans une position intermédiaire sur ces deux dimensions, à la fois ségrégés mais moins qu'il y a vingt ans, ils voient s'ouvrir des possibilités que les derniers migrants n'ont pas mais ressentent fortement, du fait de leur qualification nouvelle, des discriminations dans l'accès à certains emplois. Dans les quartiers pauvres immigrés en France, le sous-accomplissement des enfants issus des migrations africaines est produit par l'interaction entre les habitudes et les valeurs des migrants, notamment de ceux qui sont venus de différentes régions d'Afrique, et les contextes de vie qui sont les leurs. Si de telles sous-cultures se maintiennent, c'est qu'elles sont, au moins à certains égards, utiles à ceux qui s'y inscrivent.

1. Et par ailleurs un groupe privilégié, les Britanniques.

Peut-on d'ailleurs rejeter l'idée générale de la valeur des sous-cultures à propos des migrants alors qu'on recourt sans hésitation à la notion de (sous-)culture ouvrière ?

Les sous-cultures, c'est-à-dire les comportements des migrants et de leurs enfants saisis dans leur cohérence, sont d'autant plus démarquées du courant central que la ségrégation spatiale est forte et les possibilités d'accomplissement, accessibles aux membres de ces groupes, limitées. Le risque d'enfermement dans une position de sous-accomplissement des familles qui vivent dans les quartiers pauvres dépend des *fonctionnements*[1] accessibles aux migrants. Dès lors, le lieu de vie n'est pas seulement un élément contingent, une simple surface d'inscription, mais un déterminant des interactions entre les groupes ethniques. La ségrégation traduit des dynamiques de rejet liées à la couleur de la peau, mais renforce aussi certains des comportements des migrants. Ce sont les modalités de la confrontation entre aspirations et possibles qu'il faut examiner.

Les discriminations réduisent les possibilités d'insertion. Les difficultés résultent aussi de comportements, des pratiques des individus et des familles appartenant aux diverses minorités et à la majorité. Si l'on évoque un enfermement dans une sous-culture marquée par un niveau d'exigence et d'accomplissement social réduit, on doit remarquer que ces sous-cultures sont la résultante d'une interaction entre deux cultures. On doit alors s'interroger sur nos standards de valeur, à supposer qu'ils soient bien définis, et sur les congruences possibles des aspirations des minorités avec les attentes définies par le courant central de nos sociétés. Jusqu'à quel point peut-on imputer aux migrants du Sud des aspirations qui convergent avec celles des autres segments de nos sociétés ? N'ont-ils pas d'autres ambitions ? Une autre éthique du travail ? Une autre conception de

1. Je me réfère aux notions de « capabilities », comme capacité de convertir des biens premiers en « fonctionnements » (par exemple, convertir la capacité de conduire une automobile en gain d'autonomie professionnelle), développées par Amartya Sen, « Human development index : methodology and measurement », in S. Fukuda-Parr et A. K. Shiva Kumar (éd.), *Readings in Human Development*, New-Delhi, Oxford University Press, 2003.

la liberté ? Le degré de tension entre des objectifs découlant des liens qu'ils ont ici et de ceux qu'ils ont gardés là-bas n'infléchit-il pas leurs priorités ? Certains groupes ont des aspirations convergentes avec les classes moyennes autochtones, d'autres moins. On suppose implicitement, dans beaucoup de réflexions sur l'intégration, que les membres des minorités souhaitent se fondre dans la société, mais qu'ils en seraient seulement empêchés par des obstacles et des discriminations. Le tableau que nous avons esquissé plus haut suggère que les conceptions de la « vie bonne », des objectifs à poursuivre sont plurielles et prennent diverses directions. Parmi les autochtones des sociétés du Nord, les aspirations sont diverses : ceux qui recherchent une plus grande sécurité matérielle se distinguent de ceux qui privilégient des accomplissements prestigieux, ou de l'argent, de ceux qui privilégient le temps libre, etc. Les priorités de vie sont aussi variables dans les groupes allochtones, avec en plus la tension entre ici et là-bas.

Les différentes postures dépendent non seulement des obstacles à l'intégration présents dans la société d'accueil – chômage, ségrégation et discriminations –, mais aussi des *fonctionnements* des familles et des adolescents, qui définissent la manière dont ils franchissent les obstacles et se saisissent des possibilités ouvertes. L'ouverture ou la fermeture des possibles est définie par la conjoncture économique, l'organisation sociale de manière externe. Elle dépend aussi des compétences acquises par les jeunes et de leurs orientations en valeur. Dans un contexte de croissance ralentie et d'exigences de formation élevée, elle conduit la grande majorité des jeunes issus des migrations africaines vers ce qu'on appelle outre-Atlantique une « assimilation sélective » et qu'on pourrait traduire par intégration partielle. Des difficultés spécifiques se présentent dans chaque direction. Les sous-cultures ne définissent pas une essence, une identité en soi plus ou moins compatible avec des accomplissements mais un rapport social. Elles sont, comme les défenses névrotiques, à la fois une protection et un obstacle. Leur valeur dépend pour chacun des possibilités et des aspirations impliquées par les ressources et les attentes historiquement spécifiées par l'organisation productive et les normes d'accomplissement dans la société d'accueil. Dans le temps, et à certains degrés, les sous-cultures peuvent permettre de « faire avec » mais aussi de changer la donne. Encore faut-il, pour en tirer parti, ne pas occulter ces fonctionnements mais équiper les politiques publiques en sorte qu'elles adaptent, elles aussi, leurs démarches. Quels fonctionnements familiaux et quelles *capabilities* développer, pour reprendre les mots d'Amartya Sen ?

CHAPITRE IX

POLITIQUES TERRITORIALES ET DIVERSITÉ CULTURELLE

Face aux exigences d'un monde ouvert il y a eu très schématiquement, dans les sociétés occidentales, deux types de réponses ou plutôt de réactions. Une réaction morale aux États-Unis et au Royaume-Uni, une réaction de repli nationaliste en Europe continentale. Les Américains se sont lancés dans une campagne pour réassurer les bases morales – familiale et religieuse. Le repli qui s'organise dans la sphère domestique est directement corrélatif d'une tentative de réarmer l'individu pour affronter les défis à l'extérieur de la sphère domestique. Parallèlement, on insiste sur les moyens d'accroître l'autonomie des individus pour faire face aux exigences d'un monde ouvert.

La parenthèse de la « lutte des classes » refermée, beaucoup d'intellectuels en Europe ont souligné la nécessité de reprendre la question classique du lien social en regardant chez Tocqueville. Jean-Claude Casanova, dans sa critique des fonctionnements bureaucratiques hexagonaux, insiste sur la relation de dépendance croissante qui s'est instituée entre les citoyens et l'État moderne[1]. Cette dépendance, fondée sur des protections automatiques, affaiblit le besoin de liens familiaux, sociaux et civiques. Après l'effondrement des régimes communistes, très vite, est montée une critique des « excès de la démocratie ». On

1. Jean-Claude Casanova, *Commentaire*, 39, vol. 10, automne 1987, cité par Olivier Mongin, « Libéralisme/socialisme », *Esprit*, 1988. Il ajoute : « À droite, il a fallu admettre que les revendications individualistes ont contribué à l'expansion et au renforcement du rôle de l'État bureaucratique. » L'a-t-elle vraiment compris ?

s'émeut, par exemple, du fait qu'au nom des droits de l'homme on se permette de contester le droit des États à contrôler les flux de population. Les tenants de cette critique soutiennent que la poussée individualiste a défait les figures classiques de l'appartenance – nation, patrie –, qu'il n'y a plus que des individus revendiquant leurs droits légitimes. Ce n'est pas seulement des cercles de pensée proches de la droite libérale qu'est venu le diagnostic de l'affaiblissement du lien social et civique : au cours des années 1980, le courant dominant chez les intellectuels a consisté, à rebours des théories critiques qui faisaient florès dans les années 1960-1970, à dénoncer une dérive ultra-individualiste. Cette critique recoupe l'argumentaire développé outre-Atlantique à propos des dérives des centres urbains.

Pas assez d'individu ou trop ?

Les réponses de l'Europe continentale sont à la fois dissemblables et décalées dans le temps par rapport à celles des États-Unis. L'ébranlement de la globalisation qui a entraîné aux États-Unis une réaction consistant à séparer « la maison et le monde » a suscité en Europe une exigence de fermeture des frontières et de « ré-institutionnalisation » des individus.

De ce côté-ci de l'Atlantique, dans les années 1980-1990, s'affirme une critique des excès de la liberté personnelle. Depuis la Révolution, le mouvement général de l'histoire était censé pousser à l'émancipation par rapport à des traditions, des préjugés, des contraintes d'appartenance. Après l'effondrement du bloc de l'Est, ce processus est jugé de manière plus circonspecte. Ainsi, Marcel Gauchet pointe, dans un article intitulé « Le mal démocratique », un déficit de cadre structurant[1]. La religion suppose et instaure, dans sa définition la plus générale, la dépendance des hommes par rapport à un principe supérieur, une *hétéronomie*. Selon lui, l'émancipation, parallèle à la sécularisation des sociétés, conduit à récuser non seulement l'excès des normes coercitives mais aussi la fonction socialisatrice des institutions. La sortie de l'hétéronomie radicale du religieux ébranle néces-

1. Cf. Marcel Gauchet, « Le mal démocratique », *Esprit*, octobre 1993.

sairement le pouvoir des institutions – de l'école au tribunal – qui ont calqué leur fonctionnement sur cette forme d'autorité. S'ensuit un brouillage général de l'ordre statutaire : de l'élève par rapport au maître, des fils devant les pères… On hésite à ajouter : de la femme devant son mari. Est-ce un non-dit ? Marcel Gauchet, qui suit de près les débats nord-américains, stigmatise les dangers d'un État social trop maternant et soutient que les garanties providentielles favorisent une crise de l'autorité dans une société riche qui valorise à l'excès l'autonomie individuelle. Pour lui, après 1989, on doit repenser le politique dans des termes antérieurs aux affrontements des intérêts propres au premier XXe siècle. Son analyse met en cause le rôle central de l'État qui, en dissociant la protection financière des individus d'un engagement actif et d'une responsabilité, est la source de cette atomisation et de l'altération de la cohésion familiale[1]. Ce n'est pas à « un individualisme "positif" » que l'on a affaire, écrit-il, à « un individualisme à base d'affirmation de soi », mais « de défiance et de distance envers l'autre et envers tout engagement susceptible de faire lien ». Et Gauchet de poursuivre : « Cette inflexion inédite n'a pas son ressort dans une valorisation […] du principe classique d'indépendance. Elle plonge dans les évolutions de l'être du dedans. Jusqu'alors les progrès de l'individualisme s'étaient traduits par une personnalisation croissante des relations et des implications : insistance dans la vie publique sur le caractère volontaire des engagements et des adhésions, renforcement des valeurs d'intimité, évolution du couple et de la famille vers des liens toujours plus affectifs et moins formels […]. Dans la période récente […] la psychologisation se met à jouer contre la capacité même de lien[2]. »

Faisant écho à Marcel Gauchet, Alain Finkielkraut suggère que « Tout se passe comme si la politique elle-même avait été gagnée par la frénésie de notre système économique, par la substitution d'une consommation toujours plus rapide de toujours plus d'objets à la sauvegarde et à la conservation des

1. En Europe, de 1990 à 1999, les mécanismes protecteurs sont devenus de moins en moins dépendants des contributions favorisant les déliaisons.

2. Marcel Gauchet, « Le mal démocratique », *Esprit*, *op. cit.*, p. 77.

choses[1] ». S'il admet la nécessité d'engendrer du neuf, il souligne ce travers des modernes de ne plus vouloir faire le détour. Il considère que nous vivons la naturalisation de l'idéal des Lumières : nous pensons que l'autonomie n'est pas une conquête du citoyen mais de l'homme à l'état de nature en dehors de toute institution. Dès lors, nul besoin de passer par la tradition, la culture léguée par nos pères. On ne se préoccuperait plus d'introduire au monde, c'est-à-dire au legs de nos grands anciens, les jeunes générations : on se contenterait d'affirmer la pluralité des mondes et leur plurielle égalité. Les enfants ne seraient plus des élèves à l'école mais des usagers du service public capables de faire un autre choix si le service n'est pas satisfaisant. L'école serait gagnée par une politique de la reconnaissance, c'est-à-dire de la considération des élèves comme valables quoi qu'ils fassent, avec l'impératif d'honorer en chacun l'humanité dont il est dépositaire[2]. « La modernité, c'est aussi, dit-il, [...] l'érosion du principe de responsabilité, elle produit un individu tellement enveloppé de déterminismes sociaux qu'il n'est plus responsable de ce qu'il est. »

Les dispositifs de protection et d'assurance qui se sont généralisés procèdent tous en effet d'une substitution à la responsabilité d'un mécanisme de solidarité qui engendre une dilution partielle de la responsabilité individuelle et une assomption de la responsabilité collective. Pour autant, dans ces nouveaux dispositifs, la faute et la négligence existent et personne n'est exonéré d'une part de responsabilité morale. Mais celle-ci se trouve plus limitée, plus étroitement bornée dans ses conséquences pratiques. La nostalgie d'un sujet plein, antérieur à la relativisation, d'un individu qui réponde de ses actes, et d'une famille comptable des actes de sa progéniture transparaît fortement. On dénonce la société des individus : là où il y avait un individualisme d'engagement, surgirait un individualisme d'esquive, délié

1. Alain Finkielkraut, « La crise de la transmission », *Esprit*, dossier sur la désaffiliation, décembre 1996.

2. Alain Finkielkraut dénonce l'égalitarisme, le refus de classements – étonnant dans une période où la docimologie bat son plein, où la performance est saturée de mesures.

et égoïste. Ces analyses laissent penser que l'individu engagé a été remplacé par un individu désengagé. Elles refusent d'envisager la viabilité, qui s'est pourtant esquissée dans la modernité du premier XXe siècle, d'un individu réfléchi, autonome, capable de vivre à égale distance de la tradition et de l'individualisme grégaire. Gauchet, Finkielkraut et d'autres auteurs considèrent que, pour contrecarrer le développement d'un individu désengagé, il faut non pas lui donner les moyens d'une vie plus autonome, plus créatrice, mais resserrer les liens institutionnels.

En France, il est symptomatique que, dès le début des années 1980, le retournement du climat introspectif se manifeste de façon expresse dans les réflexions d'inspiration psychanalytique. On perçoit nettement cette inflexion dans les attitudes des cliniciens et, dans leur sillage, des juges des enfants et des travailleurs sociaux. Face aux dysfonctionnements de la socialisation, les courants majeurs de la psychanalyse qui avaient actionné le levier d'une libération de la culpabilité pointent désormais dans une direction opposée. Ils soulignent que la crise du lien social est aussi morale et marquée « par la défaillance de la fonction paternelle [1] ». La clinique analytique, insistant de plus en plus sur la dimension de la loi, se fait parole d'ordre : l'affaiblissement de la loi symbolique est souligné partout et souvent avec regret [2]. Je ne cherche pas à discréditer ces analyses qui pointent des effets réels, plus ou moins directement attachés au déclin de la capacité socialisatrice des institutions, mais à souligner qu'elles pensent l'affaiblissement de l'intégration sociale dans les sociétés riches comme un excès d'individu et d'individualisme, comme une désinstitutionnalisation. On pourrait au contraire l'imputer à un affaiblissement de l'autonomie, de la capacité des individus d'intérioriser et de mettre en œuvre d'eux-mêmes des normes de comportements respectueuses d'autrui.

1. Cf. J.-J. Rassial (dir.), *Y a-t-il une psychopathologie des banlieues ?*, Paris, Érès, 2002.

2. Certes, comme ni les cliniciens ni les théoriciens n'ont de légitimité pour porter ce rappel à la loi, leur propos perd du crédit plutôt qu'il ne guide positivement les attitudes nouvelles au sein des classes moyennes qui constituent leur clientèle, mais cela ne change rien à la tendance.

La droite néo-libérale reste mal à l'aise devant le discours sur le besoin d'institution. Elle n'entend guère la thèse de Norbert Elias dans la *Dynamique de l'Occident,* selon laquelle l'individu a été en partie fabriqué par l'État, que le plus d'État signifie peut-être moins de dépendances interpersonnelles mais nécessite des garanties d'une autre nature, une activité symbolique d'inscription des individus dans les institutions. Elle ne saisit pas immédiatement la portée d'une analyse qui contrarie son souci de libérer l'individu de l'État et n'a que faire de le réinstituer: elle va se contenter de tirer des conséquences pratiques des critiques des excès de la démocratie radicalisant le misonéisme implicite dans ces idées. La réflexion sur la crise de l'institution a trouvé plus d'écho à gauche et a nourri les politiques publiques mises en œuvre au cours des années 1990.

Remettre des «yeux sur la rue» ?

Dans les décennies qui suivent le second après-guerre, l'exode rural en France est encore marqué: la mobilité spatiale et sociale érode les liens familiaux et brise les solidarités vicinales. C'est le mal des sociétés en changement rapide. La mobilité est porteuse de promesses – on va tenter sa chance en ville, on se déplace vers la modernité – mais aussi d'appréhensions. Ce n'est que grâce à la mise en place de dispositifs protecteurs – sécurité sociale, assurance chômage – que l'on est parvenu à éviter les conséquences économiques les plus graves de cette rupture des liens. Le risque d'anomie a été un des grands thèmes de la sociologie urbaine du milieu du XXe siècle; la sociologie occidentale du lendemain de la guerre associe les difficultés des quartiers urbains pauvres à cette poussée de l'anonymat et à sa conséquence majeure du point de vue de la cohésion sociale: l'affaiblissement du contrôle social. Aussi, un des enjeux spécifiques des politiques urbaines au lendemain de la Seconde Guerre mondiale, alors que l'afflux d'anciens ruraux vers la ville s'opère à grande vitesse, est-il de réduire le *turnover* dans le logement social, de stabiliser les relations de voisinage et, ainsi, de renforcer les contrôles qu'induit l'interconnaissance.

Or, depuis près de deux décennies, une délinquance d'immobilité a remplacé, au moins en partie, une délinquance de prospérité consumériste et de mobilité. Cette inversion de tendance, qui substitue au *turnover* résidentiel un ralentissement de la mobilité sociale et géographique, un enclavement, n'a pas été perçue. Une des deux composantes de la délinquance (les vols) renvoie à la notion d'anomie, d'affaiblissement du lien et du contrôle social. L'autre au contraire (les violences) dérive des frictions liées à une forte interconnaissance dans une société moins mobile où l'emploi tend à disparaître. L'augmentation des violences dans la délinquance juvénile sur près d'un demi-siècle traduit, non pas la dilution des contrôles sociaux mais le renforcement des frictions interpersonnelles.

Ce basculement reste inaperçu[1]. Il faut pour le percevoir prendre du recul. En 1950, tant la violence que les vols sont faibles dans les communes d'Île-de-France, qu'elles soient riches ou pauvres. De 1950 à 1980, les atteintes prédatrices progressent à un rythme rapide dans les communes riches. Cette progression apparaît comme le lourd tribut payé par ces communes à la modernisation et à l'anonymat croissant; les communes pauvres ont certes vu les atteintes prédatrices progresser, elles aussi, mais à un rythme plus lent tandis que les violences s'élèvent. Au cours des années 1980, les violences continuent d'augmenter dans les villes pauvres et s'accroissent à un rythme rapide dans les communes riches, tandis que les vols augmentent surtout dans les communes les plus pauvres. À la fin du XXe siècle, les situations respectives des communes riches et des communes pauvres se sont quelque peu rapprochées, avec toutefois une prévalence des violences enregistrées dans les zones pauvres, et des prédations dans les zones riches. Plus d'une décennie s'écoule avant qu'on ne réalise que les HLM, qui étaient un sas vers l'habitat pavillonnaire, un instrument de mobilité, sont en train de devenir des nasses, et une

1. Cf. H. Lagrange, *Demandes de sécurité*, Paris, La République des Idées/Seuil, 2003.

fraction des habitants du « parc social » des assignés à résidence. Le choix de recourir à une industrie de main-d'œuvre a conduit, en France plus qu'en Allemagne, à sélectionner des ouvriers dans des groupes culturels dépourvus de bagage scolaire et de qualification, que l'on n'a pas voulu ou pas su former. Nous ne nous donnons pas les moyens d'assumer cet héritage. Les observateurs de ce qui se passe dans ces quartiers notent certes que les taux d'emploi stagnent ou diminuent mais aussi que les liens sociaux ne s'étiolent pas dans ces segments de la population. Au contraire, les groupes culturellement les plus centrés sur la famille réagissent au chômage, aux déficits de revenus, à la perte des relations de travail par une reconstruction de la sociabilité locale – voisinage, famille, communauté. Ce sont à la fois leurs atouts et leurs handicaps. La faible mobilité traduit en partie la dépendance des familles aux revenus de transfert, elle renforce les difficultés à se saisir d'opportunités d'emploi qui exigent des déplacements. Les jeunes des cités, handicapés par un déficit de formation, rechignent à bouger pour suivre des formations qui leur ouvriraient d'autres possibilités. Or cette période de changement technique rapide exige une forte capacité de mouvement.

De ce fait, on n'a pas été attentif à une inversion des tendances qui se produit pourtant dès les années 1980. D'après les biographies de près de deux cents familles des Pyrénées-Orientales qui forment trois générations, A. Tarrius constate que dans les générations qui entrent dans l'âge adulte entre 1947 et 1956, 50 % quittent le département pour vivre et travailler ailleurs (ce sont majoritairement des hommes)[1]. Dans les générations qui commencent leur vie adulte entre 1967 et 1976, 71 % quittent le département, autant de femmes que d'hommes. Au cours des années 1980, sous l'effet du ralentissement de la croissance et de la montée du chômage, la tendance s'inverse. Parmi les générations qui entrent dans l'âge adulte entre 1987 et 1993, seulement 23 % partent – trois fois moins que durant les Trente Glorieuses – dont 67 % de

1. A. Tarrius, *Mobilités, identités, territoires : les nouveaux cosmopolitismes*, La Tour d'Aigues, Éditions de l'Aube, 2000.

femmes pour 33 % d'hommes [1]. Le ralentissement de la croissance induit dans les dernières générations qui ont 20 ans entre 1987 et 1993 un repli, une immobilité et un accroissement des dépendances intergénérationnelles – les jeunes restent chez leurs parents. Même ajusté pour l'âge, le poids des femmes dans le groupe des personnes qui quittent le département reste dominant au sein de la cohorte la plus récente. Cette analyse d'un petit groupe de familles des Pyrénées-Orientales pourrait être reproduite dans beaucoup d'autres régions. La réduction de la mobilité touche autant les départs des ruraux vers la ville que les mouvements des populations installées dans les quartiers sensibles. La mobilité des habitants des cités HLM et des quartiers pauvres s'est globalement réduite à la fin du XXe siècle.

Au milieu des années 1980, les spécialistes du logement, constatant que le taux de rotation dans l'habitat social diminue, y voient des avantages : la stabilité favorise les liens de bon voisinage. Cette perception se prolonge alors que le contexte a changé. La déchirure du tissu social, vocable utilisé pour parler de la délinquance, est encore volontiers attribuée, dans les années 1990, au développement d'un urbanisme fonctionnel. On s'intéresse beaucoup aux idées de désappropriation du logement. Le *turnover* rapide qui a accompagné l'expansion du logement collectif a été perçu comme un désastre du point de vue de la cohésion sociale, car il provoque la disparition de ce que Jane Jacobs appelle « *the eyes on the street* [2] ». Comment mettre des « yeux sur la rue » sans continuité de résidence, sans interconnaissance, sans ce tissu complexe que produisent en temps ordinaire les environnements urbains « naturels » ? Au cours de cette

1. Certes, il faudrait homogénéiser la distribution d'âge de la troisième cohorte, où le poids des plus âgés est sans doute plus faible que dans les premières, mais il est peu probable que cela change une tendance aussi nettement marquée dans la réduction et la féminisation des départs.

2. « La sécurité dans les rues des villes n'est pas assurée d'abord par la police […] elle est assurée par un réseau de contrôles qui résultent de la présence des habitants, agissant de manière routinière plus que volontaire » (Jane Jacobs, *The Death and Life of Great American Cities*, Vintage Books, New York, 1961, p. 31).

période, quand on réalise que la rotation des habitants dans les quartiers HLM baisse, on s'en félicite : c'est un élément certes insuffisant à refaire du lien mais du moins nécessaire. C'est aussi à ce moment, au début des années 1990, que l'argument développé dans un article paru dans *Atlantic Monthly*, intitulé «*Broken windows*» (souvent traduit par «La fenêtre cassée»), se répand en France comme une traînée de poudre : l'absence de souci pour ce qui se passe au-delà de son propre palier est considérée comme un puissant vecteur de désordre[1]. En réparant rapidement les «fenêtres cassées», le logeur témoigne de son souci pour la vie des résidents. Ce «Nous nous préoccupons de vous» entraîne par réciprocité un renforcement de la volonté d'appropriation de leur lieu de vie par les locataires. Ainsi, pour ces résidents, les espaces communs deviennent les leurs, ils s'en portent garants. Cet argument fait écho à la démarche, initiée par la gauche, qui sous-tend les politiques de la ville : il s'agit de (re)civiliser l'action de l'État, de la décloisonner et de l'ancrer dans les territoires au plus près des acteurs, pour rétablir la confiance entre les habitants des quartiers et les institutions[2].

La réduction de la mobilité n'est ni perçue ni évaluée – ce sont seulement les rapports publics sur les ZUS des années postérieures à 2005 qui commencent à s'intéresser à ce fait. Les difficultés des quartiers sont associées à un affaiblissement du lien social dans une société qui serait de plus en plus individualiste. Dans les années 1970, une ethnologue, attentive à la richesse de la vie qui se déroule dans les bidonvilles, met en contraste leur sociabilité avec celle des cités HLM, construites depuis peu. Pour elle, les cités HLM, c'est l'anonymat, la solitude, l'impersonnalité. Colette Pétonnet stigmatise l'absence de convivialité : «les gens n'y sont pas eux-mêmes. Dans la cour, même quand l'été favorise les flâneries à plusieurs, les conversations et les appels, [les gens] ont une manière particulière de se tenir éloignés les uns des autres, comme si chacun se tenait prêt contre l'agression probable du voisin… Toujours sur la

1. Paru en 1982.

2. Phénomène décrit par Jacques Donzelot et Philippe Estèbe dans *L'État animateur*, Paris, Éd. Esprit, 1994.

défensive, craignant l'intrusion au-delà du commun... » Elle ajoute : « la cité HLM n'est ni un groupe, ni une foule mais une masse indifférenciée dans laquelle le particularisme ethnique se dilue, s'estompe... On n'y décèle pas trace d'organisation sociale, contrairement aux hiérarchies inscrites dans l'espace bidonvillois, pas d'union, pas d'unité. Les différences de rang, de rôle, de statut, les différences agréées par l'ordre culturel y ont été abolies de l'extérieur. C'est pourquoi, il n'y a pas diversité mais désordre, et au lieu de communauté, des êtres divers confondus en une masse commune[1]. » Quant à la création de nouveaux liens, dit-elle, « elle repose principalement, en l'absence de critères sociaux, sur des critères affectifs[2] ». On se ferait des amis sur la base de critères individuels. Dépourvus d'arrière-plan social, d'expérience partagée, ces contacts personnels deviendraient vite blessants. Elle montre des individus engagés dans une course à celui qui sera le plus départicularisé, dénonce « l'idéologie des sociétés modernes qui tend vers l'égalisation et l'effacement des différences en justifiant cette tendance par le progrès moral, alors qu'il s'agit plutôt d'une uniformisation destinée à l'interchangeabilité des individus nécessaire à la productivité du corps social[3] ». Cela favoriserait une montée des violences.

Comparée à la vie des bidonvilles des années 1970, celle des cités HLM est peut-être anonyme, mais un quart de siècle plus tard, lorsqu'on compare la vie de ces cités à celle des quartiers ordinaires des grandes métropoles ou aux quartiers pavillonnaires dispersés sur d'immenses espaces, on a l'impression au contraire que les cités compactes, ségrégées – ce qu'elles n'étaient pas à ce degré – constituent en quelque sorte des gros bourgs où les migrants instaurent des mœurs néovillageoises. Il paraît rétrospectivement assez cocasse d'imputer la situation des cités de banlieue à l'idéologie égalitaire et négatrice des hiérarchies de

1. C. Pétonnet, *On est tous dans le brouillard*, Paris, Galilée, 1979, p. 213.
2. *Ibid.*, p. 215.
3. *Ibid.*, p. 210.

la modernité. Beaucoup de cités en France, notamment parmi les plus dégradées, peuvent donner le sentiment de délabrement et, en général on y dénonce l'émergence de règles particulières, d'interdits tacites, mais ce qui paraît aussi décalé, à l'épreuve du temps, c'est cette vision des cités gagnées par l'individualisme et la déliaison[1]. Ce qui est difficile à saisir aujourd'hui, c'est à la fois le sentiment, du moins dans la jeune génération née en France, que la cité est un espace où les communautés sont rassemblées, ont des activités collectives – religieuses, associatives, festives – qui renforcent les identités, et par ailleurs que la cité renforce les prohibitions collectives à un degré inconnu dans le centre des grandes villes et sans doute dans les zones pavillonnaires. S'il y a de la solitude dans la cité, elle provient moins des excès de l'individualisme que des obstacles à la communication et des restrictions de la liberté des femmes, de la montée des fermetures des groupes culturels sur eux-mêmes. Elle vient de l'isolement produit par la réclusion dans des appartements de jeunes filles tout juste pubères transformées en femmes au foyer à plusieurs milliers de kilomètres de chez elles, sans sœurs, ni mères, ni tantes. À deux ou trois décennies d'intervalle, on réalise que les cités n'ont pas été gagnées par l'individualisme moderne, mais qu'en revanche les entraves à la liberté ont été largement acceptées comme quelque chose de naturel par la jeune génération.

Désaffiliation

Durant les Trente Glorieuses, le lien salarial coordonne l'ensemble des sphères sociales et sociables. S'il définit autour du cercle des inclus stables une zone de vulnérabilité, celle-ci reste marginale tant que le chômage est lui-même limité. L'urbanisation et la mobilité, corrélats de la croissance économique rapide, ont certes produit des tensions qui touchent toutes

1. Thème repris beaucoup plus tard et d'une manière alors plus incongrue par Robert Castel, qui l'a développé jusqu'en 2007, sous-estimant, me semble-t-il, les différences considérables entre les formes de sociabilité des classes moyennes et celles des cités pauvres.

les sphères, mais des mécanismes de protection élaborés en limitent l'effet. La rupture du lien salarial, qui intervient avec l'accroissement de l'emploi hors CDI, va tendre à rompre toutes les attaches. Sous la plume de Robert Castel, le rapport salarial est presque synonyme de lien social[1]. Tout se passe comme si, à mesure que les protections salariales s'affaiblissaient, les individus des marges extérieures étaient exclus, non au sens où ils sont victimes d'une ségrégation les visant explicitement, mais du fait qu'ils ne disposent pas des ressources directes et indirectes attachées au contrat de travail et tendent à perdre d'autres ressources. Le déclin des protections qui découle de la crise des États-providence, de l'installation d'un chômage durable et de l'ouverture concurrentielle des sociétés susciterait une désaffiliation, au sens où le travail ne parvient plus à être l'intégrateur qu'il fut. Si le diagnostic porté sur la crise des régulations, entre autres par Alain Suppiot et Robert Castel, est largement fondé, un glissement s'opère parfois dans le sens d'une nostalgie de la société des Trente Glorieuses. « La société française [...] est sans doute aujourd'hui moins que jamais en proie aux traditions, pesanteurs culturelles héritées, sous l'emprise des religions. C'est au contraire une société éclatée, déliée, travaillée en profondeur par les forces centrifuges de l'individualisme[2] », écrit Joël Roman en résumant les analyses de Robert Castel. Dans ce contexte, la notion de désaffiliation acquiert une portée générale. Prolongeant cette analyse à plus d'une décennie d'intervalle, Castel radicalise sa critique, affirmant que les chômeurs, les allocataires des minima sociaux, les jeunes

1. Robert Castel écrit « lien social » au singulier dans la plupart des cas, cf. *Métamorphoses de la question sociale*, Paris, Fayard, 1995. D'ailleurs, on pourrait faire remarquer que le déclin des protections associées au lien salarial, notamment celles qui dérivent des cotisations sociales, ne signifie pas *ipso facto* une désaffiliation. Car, parallèlement à la baisse de la part des cotisations sociales dans le financement de la sécurité sociale – qui est une tendance globale dans l'UE au cours des années 1990 –, il y a une montée du rôle de la fiscalité. Le patronat a en France été très favorable à ce processus, il fait dériver le niveau de protection plus directement des choix politiques – du niveau de l'impôt – et non plus de la situation de l'emploi.

1. Joël Roman, « Un multiculturalisme à la française ? », *Esprit*, 1994, p. 146.

dépourvus de diplôme sont « comme les vagabonds de la société préindustrielle ou les prolétaires des débuts de l'industrialisation ». Il souligne qu'il leur manque les ressources pour être maîtres de leurs choix et se demande même si les désaffiliés sont encore des individus à part entière : « Ils vivent souvent au jour le jour dans la dépendance du besoin ou de la bienveillance d'autrui, ou dans la dépendance des secours publics[1]... » La description qu'il fait du malheur des « individus par défaut », des désaffiliés de nos sociétés européennes suggère une stratégie d'action que la gauche a eu tendance à adopter. Porte-t-il le bon diagnostic ?

L'analyse de Robert Castel pointe, certes à partir de prémisses très éloignées des néoconservateurs, le risque que l'ouverture des sociétés par la globalisation ébranle la sphère familiale. Sans établir une stricte causalité entre l'altération de la place du contrat de travail et la dislocation de la famille, Robert Castel observe que la dérégulation a produit l'une et l'autre. Il souligne l'étroitesse du lien entre l'effritement de la société salariale et l'ébranlement de la famille : « L'onde de choc issue de l'épicentre du travail se répercute dans les différentes aires de l'État social où elle produit des effets différentiels démultipliés[2]. » Et il ajoute : « À partir du milieu des années 1960, une transformation fondamentale des relations familiales s'opère dans le sens de leur contractualisation [...]. Cette transformation de la famille a une importance peut-être aussi fondamentale que celle qui a affecté le monde du travail car elle remet en question la structure traditionnelle à travers

2. Robert Castel, *La Montée des incertitudes*, Paris, Seuil, 2009. Songeant aux zones du monde où vivent la grande majorité des pauvres, en Asie et en Afrique, ce discours me paraît un peu ethnocentrique. Il suffit d'avoir traversé le soir Calcutta ou Mumbay, d'avoir vu des dizaines de milliers d'habitants allongés par terre le long des rues, parfois abrités par des bâches en plastique, respirant à pleins poumons les gaz d'échappement des camions pour mesurer combien le portrait de l'individu par défaut des sociétés européennes reste encore, à part une infime minorité de situations, un individu capable d'autonomie.

1. Robert Castel, *op. cit.*, p. 47.

laquelle s'effectue l'affiliation, à l'articulation du biologique et du social. » Pour Irène Théry, qui, me semble-t-il, partage largement l'analyse de Castel, les changements de la conjugalité et de la filiation ont laissé la famille en déshérence[1]. La sociologue suggère que ce sont les populations des quartiers difficiles qui souffriront le plus de cette déstructuration familiale et de cette perte des repères, payant ainsi la note des attitudes « ultra-libertaires ».

Un des aspects importants de l'idée de désaffiliation est que le divorce et la monoparentalité augmentent là où le travail disparaît. D'après le recensement de 1999, on trouve dans les zones urbaines sensibles d'Île-de-France une corrélation chômage/monoparentalité significative. La probabilité que des jeunes femmes se trouvent mères et sans compagnon pourvu d'un emploi est plus forte lorsqu'elles habitent des quartiers affectés par le chômage. Entre 1990 et 1999, mesurée dans les ZUS de quatre des six départements d'Île-de-France, la corrélation entre le taux de chômage des jeunes et la proportion des familles monoparentales avec deux enfants ou plus est proche de 0,50[2]. L'hypothèse d'une altération du lien conjugal associée au chômage paraît cohérente avec les observations. Ce ne sont pas les lieux de la modernité individualiste mais les zones de pauvreté, de chômage, de faiblesse des taux d'activité féminins qui abritent les situations de monoparentalité les plus nombreuses. À la fin du XXe siècle, l'extension du syndrome chômage/monoparentalité, théorisé par Robert Castel à travers la notion de désaffiliation, est empiriquement observable, sans que l'on puisse dire si c'est la précarisation de l'emploi qui fragilise le couple ou l'inverse. En effet, la corrélation globale (positive) observée à un moment donné ne suffit pas à prouver que le chômage affaiblit la cohésion des familles et engendre la fuite des hommes en situation précaire devant leurs

2. Cf. le dossier « Malaise dans la filiation », *Esprit*, décembre 1986.

1. Précisément de 0,54 en 1990, de 0,48 en 1999 entre les ZUS de Seine-Saint-Denis, Hauts-de-Seine, Yvelines, Val-de-Marne, d'après les calculs de l'auteur dans un rapport pour la Délégation interministérielle à la Ville.

responsabilités[1]. Une des rares études décrivant la manière dont chômage, divorce et/ou monoparentalité se combinent dans la durée suggère plutôt que le chômage ne prélude pas aux séparations. Dans cette analyse, réalisée à la fin des années 1980, Nicolas Herpin observe que la dissolution des couples touchés par le chômage est relativement rare. Cette étude suggère en outre que l'enchaînement ne part pas du chômage, qui entraînerait des ruptures de la vie de couple, mais qu'il fonctionne plutôt dans l'autre sens[2]. De plus, ce lien joue différemment selon le sexe. Un rapport de juillet 1999 du Haut Conseil de la population et de la famille, qui s'est efforcé d'analyser les relations entre la famille et le chômage, fait apparaître « une différence palpable de comportement entre hommes et femmes »[3]. De manière assez frappante, les hommes dont le statut professionnel est précaire ont plus souvent connu une rupture conjugale, tandis que les femmes manifestent une aptitude plus grande à la stabilité conjugale en dépit des vicissitudes de leurs parcours sur le marché de l'emploi. Il faut remarquer que les situations caractérisées par des niveaux relativement élevés d'instabilité conjugale ne concernent que 5 % des femmes vivant ou ayant vécu en couple[4] : celles qui sont au chômage depuis plus de deux ans. Si l'on s'en tient aux masses importantes (CDD, chômage récent), les situations d'emplois menacés ne sont pas associées pour elles à plus d'instabilité conjugale.

1. On peut imaginer que dans les zones où les proportions de familles monoparentales sont importantes, il y aura plus d'échecs éducatifs et, à terme, un chômage des jeunes plus important, mais il faut être prudent car les protocoles pour vérifier ce chaînage d'événements sont complexes.

2. « La famille à l'épreuve du chômage », *Économie et Statistiques*, vol. 235, 1990, n° 1. Dans une étude récente, C. Dewilde et W. Uunk suggèrent, prenant le problème dans l'autre sens, que le déclin du revenu juste après un divorce incite les femmes à se remarier rapidement, cf. « Remarriage as a way to overcome the financial consequences of divorce », *European Sociological Review*, 24-3, 2008.

3. In Rapport d'information n° 117 (2003-2004) de Janine Rozier, fait au nom de la Délégation aux droits des femmes, déposé le 16 décembre 2003, Paris, Sénat.

1. 36,5 % par rapport à une moyenne de 26,4 %.

Quoi qu'il en soit, l'analyse de Robert Castel sur la déliaison a trouvé des échos dans une conviction partagée par beaucoup d'acteurs institutionnels dans les banlieues pauvres en France. Elle a renouvelé la critique commune de l'anonymat urbain qui reste très prégnante. Lorsqu'on rassemble les discours sur la cohésion sociale des années 1970-1980, les ruptures de la cohésion se présentent comme des dommages collatéraux de la période de croissance longue et soutenue. La cohésion sociale dans cette période semble menacée par le mouvement, le *turnover* résidentiel, la concentration dans les villes de nouveaux venus sans appartenance, de déracinés. Une décennie plus tard, quand la récession s'installe, on perçoit surtout la montée du chômage, la réduction de la place du contrat de travail à durée indéterminée. On pense alors la crise sociale en termes de perte des garanties et d'affaiblissement du contrôle social.

Immobilité et anomie

Alors que les basculements de la mobilité à l'immobilité, du *turnover* à la nasse dans les quartiers d'habitat social sont déjà patents, l'analyse développée par Robert Castel est reprise dans les cercles gouvernementaux de gauche : ainsi, dans un jargon inimitable, la Délégation interministérielle à la Ville décline en détail la démarche nécessaire pour faire de la restauration des liens sociaux une priorité effective[1]. Cette analyse a un large écho, en raison même des inquiétudes nouvelles que suscite l'affaiblissement des protections traditionnelles, mais aussi, peut-être, des changements perceptibles dans le couple. Est-ce le bon diagnostic pour les quartiers d'habitat social ? Peut-on envisager d'agir dans les quartiers immigrés en se focalisant sur les dangers d'une société mobile, dépourvue de contrôle social endogène, menacée par l'individualisme et l'altération de la structure familiale ?

Intrigué par le fait que je n'observais pas, à travers les entretiens

2. Cf. Délégation interministérielle à la Ville, *L'Évaluation des contrats de ville*, Dossiers ressources, Paris, DIV, 1995.

menés dans le Val-de-Seine, la conjonction chômage-monoparentalité décrite par Robert Castel, j'ai refait une analyse sur l'ensemble des IRIS des Yvelines en distinguant ceux qui comportent une proportion élevée de population étrangère, ce qui revient à sélectionner les IRIS marqués par les migrations africaines, des autres. La relation même qui lie chômage et monoparentalité dans la majorité des territoires s'inverse dans les quartiers sensibles où les migrants d'origine africaine sont nombreux. Il y a là, au contraire, un découplage relatif entre chômage et monoparentalité. Si, dans les IRIS des Yvelines où la proportion de familles étrangères est faible ou moyenne, la corrélation est positive (chômage et altération de la stabilité du couple parental vont de pair), dans les zones où la proportion de familles étrangères – venues d'Afrique pour l'essentiel – est forte, la corrélation entre chômage et fréquence des familles monoparentales est négative (cf. graphique p. 261).

Les périphéries urbaines immigrées sont, à la fin des années 1990, plus coupées du courant central de la société qu'auparavant par l'enclavement et la ségrégation ethnoculturelle. Le chômage et la monoparentalité y sont plus accentués, mais la relation entre ces deux phénomènes diffère de ce qu'elle est dans les espaces ordinaires. Les quartiers pauvres où le chômage, l'inactivité et la monoparentalité se sont développés sont des espaces très hétérogènes. Certains abritent un quart-monde autochtone, pour lequel s'ajoutent aux séparations et aux tensions familiales des problèmes d'alcoolisme, d'abus de drogue. D'autres accueillent des familles issues de l'immigration turque, maghrébine et sahélienne parmi lesquelles, jusqu'en 2000-2005 au moins, la solidarité intergénérationnelle est forte, les liens familiaux puissants et les séparations dans le couple rares[1]. Ces quartiers immigrés représentent des situations qui ne sauraient être amalgamées aux autres. L'application de la réflexion de Robert Castel aux ruptures de la cohésion sociale repose sur une lecture trop globale. Pour une fraction de la population des quartiers

1. Certes, il y a aussi des familles venues des pays qui bordent le golfe de Guinée et des Antilles qui sont plus déstructurées, mais c'est une faible proportion.

Taux de chômage et % de familles monoparentales dans deux groupes d'IRIS des Yvelines

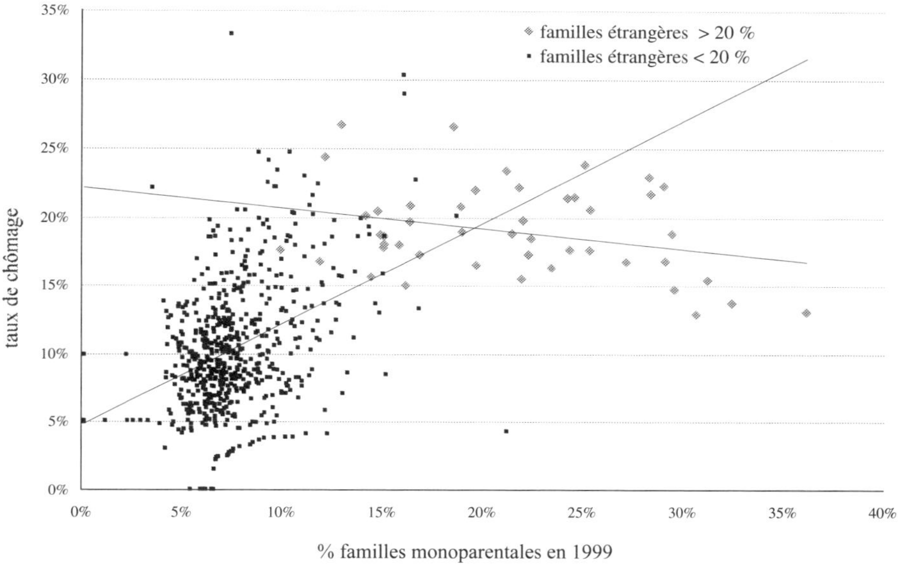

Source: recensement 1999. Lecture: là où la proportion d'étrangers est faible, le chômage est corrélé à la proportion de familles monoparentales; là où la proportion d'étrangers est forte (losanges), il y a un lien inverse entre monoparentalité et chômage.

pauvres, altérations familiales et précarité de l'emploi ne sont pas liées. En projetant sur les quartiers immigrés un diagnostic qui souligne le couplage de la perte du lien salarial et de la fragilisation des liens de couple, on se trompe.

Lorsqu'on prend pour mesure de la désaffiliation l'isolement des individus (un indice différent de la monoparentalité mais situé sur la même dimension), il s'avère que cette corrélation entre isolement social et chômage est, dans la plupart des pays d'Europe, à l'exception de la France, inverse de celle que suggère Robert Castel. Dans les pays les plus récemment modernisés – Italie, Espagne, Portugal – mais aussi au Royaume-Uni, ce sont les personnes en emploi stable, celles qui participent pleinement à la modernité urbaine, qui sont les plus isolées sur le plan de la sociabilité. En Belgique, en Irlande, au Danemark, aucun effet n'est remarquable[1]. En effet, dans les pays de l'Europe latine notamment, la famille joue le rôle d'amortisseur du chômage, fournissant un appui à ceux de ses membres qui sont privés temporairement de ressources. Le chômage retisse des solidarités familiales là où ce type de ressources n'a pas disparu, ou encore là où l'État-providence est peu généreux. Il distend en revanche les liens des membres d'une société déjà largement contractuelle (sociétés du Nord). Réinstituer l'individu ne signifie pas nécessairement redonner du pouvoir à la famille. L'analyse de Robert Castel a une validité conditionnelle : elle traduit un risque, en France, dans les espaces urbains modernes, et paraît moins adéquate quand on s'intéresse à la population des quartiers pauvres.

Le rapprochement que Robert Castel opère entre la dérégulation et la désaffiliation me semble trop global. Dans le contexte d'affaiblissement de l'autonomie, il suggère des réponses qui confortent cette involution des mœurs qui travaille nos sociétés. Symptomatiquement, les excès de l'individualisation ont été d'abord soulignés par ceux qui, comme Marcel Gauchet, partant d'un diagnostic exactement opposé sur le rôle de l'État-providence, pointaient la déresponsabilisation des individus engendrée par l'excès des protections sociales automatiques. Les sociétés qui prétendent étendre les libertés concrètes doivent pouvoir soutenir des individus, garantir des parcours, favoriser la mobilité : peut-on réinstituer l'individu sans abandonner la perspective d'accroître l'autonomie qui a été une des conquêtes majeures de la modernité occidentale ?

Si elle propose à l'action publique un ressort discutable, cette analyse fournit cependant une explication à l'inquiétude partagée par les salariés devant la crise de l'État-providence. L'idée de désaffiliation trouve un large écho à gauche parce

1. Telle qu'elle est mesurée par les *Eurobaromètres*, *Données sociales*, 1999, p. 477.

qu'elle met en cause un visage de la modernité qui inquiète les couches populaires : l'exigence de mobilité. Comment répondre à l'inquiétude suscitée par l'ouverture du monde et l'ébranlement des solidarités primaires ? On est prêt à croire, singulièrement en France, que les risques sont du côté de la déliaison produite par la raréfaction des garanties salariales, plutôt que d'un excès de dépendance. En plaquant sur les quartiers immigrés la notion de désaffiliation, on va renforcer les dispositifs qui éloignent les quartiers du droit commun et en font des poches coupées des ressources et des possibilités du reste de la société. Les dangers présents dans les quartiers pauvres au cours des années 1990, sont d'une nature différente de ceux que pointe le discours de la désaffiliation. Les politiques mises en œuvre, orientées par l'idée d'une désaffiliation, n'ont pas actionné les bons leviers.

CHAPITRE X

LES POLITIQUES URBAINES ET LA MIXITÉ SOCIALE

Les possibilités d'intégration sociale des familles et des adolescents des quartiers dépendent de la manière dont les effets des politiques publiques et ceux de la ségrégation sociale et culturelle se combinent. L'intégration résulte au premier chef de la collaboration de ceux qui en sont bénéficiaires. Il ne s'agit plus seulement aujourd'hui de construire des logements, des transports, voire des écoles mais de produire des compétences. Il faut obtenir l'adhésion de ceux qui habitent les quartiers, tenir compte de la manière dont les divers segments de la population se comportent car l'environnement humain est coproducteur des ressources humaines. Plus que jamais les politiques sociales sont des politiques. Les divers groupes sont parties prenantes et les résultats dépendent de synergies sociales. Une des questions posées aux politiques urbaines est de savoir dans quelle mesure elles peuvent affecter les chances de réussite scolaire et sociale des adolescents des quartiers sensibles et, parmi eux, des enfants les plus en difficulté, ceux des migrations africaines. C'est une question que les pouvoirs publics n'abordent que de façon oblique puisque les groupes culturels n'existent pas pour eux.

Effets du quartier

Je vais tenter d'évaluer l'effet de l'inscription des microquartiers dans des périmètres d'action de la politique publique dans une réflexion plus large sur les effets de la mixité sociale et culturelle. Car, si l'on veut juger de l'effet des politiques publiques il faut, autant que possible, prendre en compte l'effet des autres caractéristiques des quartiers, en comparant des quartiers similaires qui ne bénéficient pas de programmes urbains.

La réussite scolaire des adolescents des quartiers pauvres, si elle est fortement conditionnée par les ressources, les normes, les attitudes véhiculées par la famille, dépend en effet du contexte social local. Des études, notamment aux États-Unis, portant sur la réussite sociale et scolaire, l'implication dans la délinquance, les grossesses adolescentes, distinguent ce qui est imputable au cadre familial et ce qui relève du quartier. Elles suggèrent que le contexte social local rend compte de 5 à 15 % de la variance des performances, ou contre-performances, des adolescents et des jeunes adultes[1]. Linda Datcher, dans une étude déjà ancienne[2], estime que l'accroissement du revenu moyen des familles mesuré au niveau du quartier a un effet positif sur le nombre d'années de scolarité accomplies par les adolescents, une fois pris en compte le niveau d'éducation des parents, le revenu de la famille ainsi que les aspirations du chef de famille pour ses enfants. Lorsque le niveau moyen de revenu augmente dans un quartier, le nombre d'années de scolarité accomplies par les jeunes qui y résident s'élève également. Jonathan Crane[3] montre que la probabilité d'abandonner l'école sans diplôme croît fortement et de façon exponentielle avec la diminution de la proportion des actifs ayant un statut élevé dans le voisinage ; sa conclusion est que la composition sociale du voisinage, une fois prises en compte les caractéristiques individuelles des adolescents, affecte sensiblement la probabilité de décrochage scolaire et celle des grossesses adolescentes. De plus, Crane souligne qu'un faible accroissement de la mixité sociale a des effets très

1. Ch. Jenks et P. E. Peterson (éd.), *The Urban Underclass*, Washington, The Brooking Institution, 1991 ; J. O. Teitler, C. Weiss, « Effects of neighborhood and school environment on transition to first sexual intercourse », *Sociology of Education*, vol. 73, avril 2000.

2. L. Datcher, « Effects of community and family background on achievement », in Ch. Jenks & P. E. Peterson (éd.), *op cit.*, 1991.

3. J. Crane, « The epidemic theory of ghettos and neighbourhood effects on dropping out and teenage childbearing », *American Journal of Sociology*, vol. 96, n° 5, 1991.

sensibles dans les voisinages les plus pauvres. Pour Suzanne Mayer, les effets de la concentration de Noirs et d'Hispaniques augmentent significativement le risque d'abandon de l'école et, de même, elle observe que la mixité socioprofessionnelle a un effet positif, réduisant l'abandon de l'école sans diplôme. J'ai adopté une démarche analogue à celle de ces auteurs. Une des caractéristiques des IRIS, qui traduit le niveau de mixité sociale, s'est révélée particulièrement discriminante : l'importance du pourcentage de familles de cadres, professions libérales et intellectuelles[1], c'est-à-dire la présence d'une élite sociale.

Commençons par l'école et les filles[2]. Celles dont le père est en emploi stable réussissent mieux que celles qui appartiennent à des familles dont le chef est inactif, mais l'environnement social dans le microquartier, le statut des « pères de leurs copines », si l'on peut dire, joue un rôle majeur. Les résultats scolaires, à milieu professionnel individuel fixé, sont positivement et fortement affectés par la proportion de familles de cadres dans l'IRIS. L'effet sur la réussite des garçons est analogue mais décalé de quelques points. La mixité sociale a des effets positifs sur les résultats scolaires[3]. La simple contiguïté spatiale avec des couches aisées parvient à produire des synergies positives même à Paris où, nous l'avons vérifié, une microségrégation dans l'utilisation des services publics, et notamment un évitement des collèges publics par une large fraction des classes moyennes, introduit des séparations sociales même sans ségrégation spatiale. Ce qui amène à nuancer l'analyse maintes fois citée, et mal comprise, de J.-C. Chamboredon et M. Lemaire. Certes les proximités spatiales n'induisent pas automatiquement de proximité sociale ; elles produisent cependant des effets qui

1. D'autres caractéristiques ont été utilisées, mais elles se révèlent moins intéressantes ou redondantes (taux de sans diplômes ou de bacheliers).

2. Les propensions à la réussite et à la délinquance, représentées et commentées ici, sont issues d'une modélisation logistique dans un modèle hiérarchique à deux niveaux intégrant les effets de contexte local de manière à pouvoir en préciser le rôle.

3. Des résultats analogues, obtenus par une approche très différente, ont été mis en évidence par Éric Maurin, cf. *Le Ghetto français : enquête sur le séparatisme social*, Paris, La République des Idées/Seuil, 2004.

ne procèdent pas de l'émulation directe – les enfants ne sont pas dans les mêmes écoles –, mais de modèles de rôles et d'autres effets indirects. Les filles, quel que soit le statut social de leur père, qui vivent dans des IRIS où il y a plus de cadres et de professions intellectuelles supérieures réussissent globalement mieux toutes choses égales par ailleurs.

Filles : % de réussite au brevet des collèges en 2005 dans deux catégories sociales populaires selon la proportion de cadres dans l'IRIS[1]

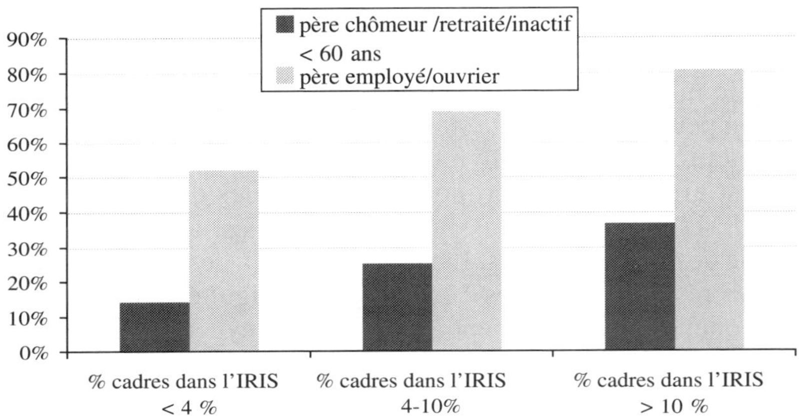

De même, s'agissant de l'implication en tant qu'auteurs de délits, j'ai pris en compte le lieu de socialisation des adolescents appartenant aux deux mêmes catégories sociales populaires en distinguant les pourcentages de ménages de cadres dans l'IRIS. Je m'intéresse ici aux garçons, car ce sont les plus actifs dans la délinquance.

Ceux dont le père est chômeur, inactif de moins de 60 ans ou retraité, sont plus impliqués que ceux dont le père est actif, quelle que soit la proportion de familles de cadres dans l'IRIS (en ajustant pour le type de famille et l'origine culturelle). De

1. Ajusté par un modèle logistique avec effets « quartier ».

Garçons : % d'auteurs de délits en 2005 dans deux catégories sociales populaires selon la proportion de cadres dans l'IRIS

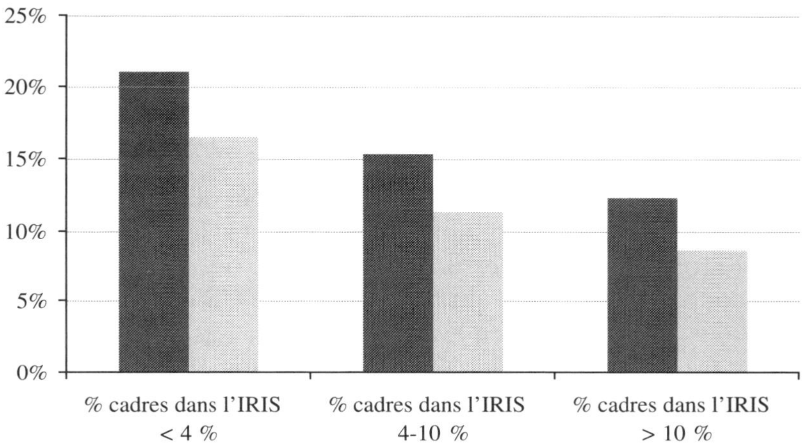

plus, l'implication dans la délinquance est inversement proportionnelle à la densité des ménages de cadres dans l'IRIS : l'élévation de la proportion de cadres est associée à une réduction très sensible des conduites délinquantes pour les garçons des deux catégories sociales considérées. Ce qui est évidemment un argument très fort en faveur de la mixité des statuts sociaux, la question est de savoir comment la favoriser. J'aborde ce point un peu plus bas.

Jeter le bébé avec l'eau du bain ?

Dans les années 1980, la gauche au pouvoir prétend à juste titre s'attaquer au chômage, au déficit éducatif et au manque de mixité sociale des quartiers. Trois rapports – Dubedout, Bonnemaison et Schwartz – ont jeté les bases d'une politique visant à palier ces manques dans les quartiers par un volontarisme public. Rompant assez radicalement avec les explications qui se concentrent sur la dimension individuelle des inconduites, une partie de la gauche a mis très tôt l'accent sur la question des territoires. Elle souligne la relégation des quartiers qu'il s'agit de dynamiser, et pour lesquels il faut fournir des réponses interpartenariales faisant jouer les responsabilités de tous les producteurs de sécurité – bailleurs, logeurs, écoles et, bien sûr, police et justice. Elle met en place un arsenal impressionnant de mesures d'aides à l'emploi réservées aux territoires en crise. Elle porte aussi l'action sur la réhabilitation du bâti, et parfois envisage la démolition des plus grands ensembles pour corriger les excès les plus criants.

Les quartiers prioritaires délimités au début des années 1980 sont restés au cœur des politiques de la ville, et si leurs périmètres ont été formalisés à travers la mise en place des ZUS en 1996, beaucoup des territoires qui recoupent les ZUS ont fait l'objet d'actions spécifiques bien avant cette date[1]. Les Zones d'éducation prioritaire (ZEP), créées elles aussi au début des années 1980, sont, par leur construction même, des dispositifs qui lient école et territoire. Concernant d'abord de 8 à 10 % des écoliers et collégiens, elles touchent en 2000 de 15 à 18 % de ces élèves avec l'ambition d'améliorer la réussite dans des territoires ciblés par une augmentation des moyens alloués. En primaire, les ZEP bénéficient de moyens supplémentaires en personnel, qui se traduisent dans les seuils d'ouverture ou de fermeture des classes (en moyenne de l'ordre de 15 % inférieurs à ceux des classes ordinaires), de décharges pour les directeurs d'école, de postes pour le réseau d'aide éducatif[2]. La preuve de l'efficacité que pourrait avoir une réduction supplémentaire de trois ou quatre élèves de l'effectif des classes a été avancée avec des arguments solides, mais ce diagnostic n'a pas débouché sur une action[3].

1. Les ZUS prolongent un zonage qui existe depuis 1981 avec les quartiers labellisés Développement social des quartiers (DSQ), complété par les procédures Développement social urbain (DSU) quelques années plus tard. Certes, jusqu'aux ZUS, les quartiers prioritaires n'étaient pas zonés, mais quand on regarde de près la délimitation des territoires sur lesquels s'exercent les politiques urbaines, on est frappé par les continuités.

1. Cf. C. Moisan, « Les ZEP : bientôt 20 ans », *Éducation & formations*, n° 61, octobre 2001.

2. T. Piketty, « L'effet de la taille des classes sur la réussite en primaire », Working papers, Cepremap, 2005.

Dans l'enseignement secondaire, les collèges en ZEP bénéficient de ratios d'heures attribuées globalement supérieurs par rapport au nombre d'élèves, en moyenne de l'ordre de 1,25 (avec des variations amples de 1,1 à 1,5)[1]. Il s'agit de réduire dans ces zones l'inégalité des *situations* à l'issue de l'enseignement obligatoire plus que de produire une égalité des chances entre individus[2].

La prévention de la délinquance est un des domaines qui ont été identifiés comme une des priorités de la politique de la ville à travers la mise en place des Conseils communaux de prévention de la délinquance (CCPD), puis des Contrats locaux de sécurité et de prévention de la délinquance (CLSPD). Des Diagnostics locaux de sécurité ont été systématisés pour coordonner des actions partenariales de prévention. Les ZUS ont bénéficié de moyens de prévention renforcés (à travers les équipes de prévention spécialisée et l'action associative). Par ailleurs, des structures de médiation et des Maisons de la justice et du droit ont été installées, sans qu'il soit possible de mesurer de façon précise le surcroît de moyens dont les zones sensibles disposent.

L'inscription publique du principe de « discrimination positive » a été adoptée dans les règlements administratifs. Des Zones franches urbaines (ZFU) ont été créées par des dispositifs d'exonération fiscale et de charges sociales dans le cadre du Pacte de relance pour la ville. On a octroyé des primes aux fonctionnaires exerçant dans ces quartiers. En 1997-1998, lorsqu'elle revient au gouvernement, la gauche critique la « lutte contre les exclusions » comme une politique qui s'adresse aux plus marginalisés dans une logique caritative : c'est le reproche fait à Alain Juppé. Le gouvernement de Lionel Jospin insiste sur la territorialisation de l'action « ordinaire » de l'État. La loi SRU enjoint aux communes

3. D'après le rapport Moisan-Simon, 1997.

4. Pour une approche compréhensive des enjeux liés à la ségrégation et à l'école, voir Marco Oberti, *L'École dans la ville : ségrégation, mixité, carte scolaire*, *op. cit.* ; Agnès Van Zanten, *L'École de la périphérie*, Paris, PUF, 2005. Il reste qu'on a peu réfléchi à la compatibilité entre les principes de compensation des handicaps affichés et la tradition républicaine d'égalité, bien que les compensations mises en place cherchent à produire de la discrimination positive territoriale.

de plus de 3 500 habitants incluses dans une agglomération de plus de 20 000 habitants de prévoir la construction de logements sociaux pour atteindre une proportion de 20 % dans le parc total de logements[1]. Depuis trois décennies, l'objectif majeur affiché par les politiques de la ville est resté, à gauche comme à droite, de rétablir une mixité, aussi consensuelle qu'imprécise dans sa définition, pour favoriser la cohésion sociale et l'intégration. Si l'on se réfère à la définition des enjeux et des objectifs de ces politiques, ce qui frappe, au moins jusqu'en 2006, ce sont plus les continuités que les ruptures[2]. La loi du 2 août 2003 réaffirme certaines priorités, précise qu'« en vue de réduire les inégalités sociales et les écarts de développement entre les territoires, les collectivités territoriales et leurs établissements publics respectifs mettent en œuvre, par décision concertée ou par voie de convention, des programmes d'action dans les zones urbaines sensibles [...], définies par la loi du 4 février 1995 d'orientation pour l'aménagement et le développement du territoire ». La loi précise que « la politique de la ville se justifie par l'objectif de réduction progressive des écarts constatés entre les autres villes ou quartiers et de retour au droit commun de ces quartiers ». Enfin, dans l'article portant création d'une Agence nationale pour la rénovation urbaine, il est dit que « cet établissement a pour mission de contribuer, dans un objectif de mixité sociale et de développement durable, à la réalisation du programme national de rénovation urbaine... ».

La politique de la ville ne sera pas abandonnée lors du

1. La loi Solidarité et rénovation urbaine (SRU) ne fait que renforcer des dispositions déjà présentes dans la LOV (loi « Gayssot/Besson », 2000). Il est difficile de dire si les lois Borloo (2003) ont eu un impact sur la mixité par la démolition des logements les plus dégradés, la diversification des statuts de résidence au sein du parc social et la résidentialisation. Les contrats de l'Agence nationale pour la rénovation urbaine (ANRU) ont donné une forte impulsion en 2003-2005, à travers les relogements, les rénovations et une diversification des statuts d'occupation, à la mixité au sein même des quartiers HLM. Mais, depuis 2006, avec le départ de son initiateur, cette politique a perdu son élan.

2. Date de départ de J.-L. Borloo du ministère de la Ville. Pour un point de vue opposé, cf. R. Epstein, « Gouverner à distance. Quand l'État se retire des territoires », *Esprit*, novembre 2005, p. 96-111.

changement de majorité en 2002. L'action porte sur le bâti à grande échelle et met l'accent sur des conventionnements entre les communes et les agences centrales, donnant plus de responsabilités aux acteurs décentralisés mais pas forcément plus d'autonomie. Cependant l'objectif de réduire l'écart entre les quartiers pauvres et le reste des villes et d'accroître la mixité sociale est réaffirmé. Durant la dernière décennie, les politiques de la ville ont connu des vicissitudes et ont perdu leur caractère prioritaire sans pour autant que les dispositifs qui en sont issus soient radicalement remis en cause. Le volet social des politiques menées entre 2003 et 2007 s'est réduit, il ne peut s'agir de favoriser un développement social local, auquel la droite ne croit pas. En dépit de l'existence d'un secrétariat d'État, cette politique s'étiole faute de moyens et d'orientation.

Je vais m'attacher précisément à donner une appréciation des effets de ces périmètres d'action de la politique de la ville dans deux domaines : l'amélioration de la réussite dans le cycle de l'école obligatoire et la réduction de la délinquance juvénile.

Quel fut l'effet de l'action publique dans ces domaines ? Pour apprécier l'impact des politiques publiques, on doit séparer, au sein des déterminations qui pèsent sur les trajectoires des adolescents, l'environnement familial, l'environnement local et enfin l'environnement institutionnel, c'est-à-dire l'action publique menée à travers les politiques ZEP/ZUS[1]. L'effet des politiques ZEP/ZUS dépend du contexte social et familial dans lequel ces politiques interviennent. Les quartiers ZEP/ZUS sont à la fois des quartiers où la densité des ménages de cadres est faible, où celle des familles immigrées d'Afrique est plus forte qu'en moyenne, et des quartiers marqués, en général durablement, par l'action publique tant en ce qui concerne l'école que la prévention de la délinquance et les prises en charge sociales et familiales (ASE, CAF comme on l'a vu). Évaluer les effets des politiques, c'est prendre en compte la manière dont se composent les « déficits »

1. Ces périmètres de l'action publique concernent, si l'on cumule les zones majoritairement ZEP et les ZUS, environ la moitié des IRIS étudiés dans l'enquête multi-sites.

sociaux et familiaux et les compensations publiques. Pour des raisons évidentes, outre les caractéristiques des familles, deux caractères clés des IRIS ont été retenus : la mixité sociale dont la proportion de cadres et de professions intellectuelles supérieures est un indice, et le degré de spécialisation ethnoculturelle mesuré par la proportion de familles d'origine africaine.

La réussite au brevet des adolescents varie selon que l'IRIS de résidence est hors ZEP/ZUS, majoritairement en ZEP ou bien en ZUS, à la fois ZEP et ZUS[1]. Lorsqu'on prend en compte les situations individuelles des adolescents – configuration familiale, statut social, origine culturelle –, la réussite au brevet augmente avec la proportion de cadres dans l'IRIS (cf. graphique p. 275), mais diminue plutôt avec l'élévation de la proportion des familles d'origine africaine (les quartiers où la densité de familles d'origine africaine est élevée ont en moyenne des résultats plus médiocres).

Ces différences de contexte ayant été prises en compte, l'analyse montre que lorsque se cumulent les actions ZEP et ZUS, elles ont un impact positif sur la réussite au brevet. Ainsi, *entre deux IRIS ayant le même degré de mixité sociale et culturelle*, les résultats au brevet des adolescents sont relativement meilleurs dans celui qui bénéficie à la fois des politiques ZUS et ZEP que dans celui qui n'en bénéficie pas (parmi les IRIS situés à gauche de la verticale, ceux qui sont ZEP/ZUS – triangles noirs – sont légèrement plus hauts que les IRIS hors ZUS – losanges gris clair).

En ce qui concerne la propension à la délinquance, elle est élevée dans les IRIS où il y a peu de ménages aisés[2].

1. Les IRIS ne recoupent pas exactement les délimitations ZEP et ZUS : nous avons distingué, d'une part, les IRIS hors ZUS où moins de 75 % des élèves du public sont scolarisés dans des collèges ZEP, d'autre part, un ensemble comprenant les IRIS hors ZUS où plus de 75 % des élèves fréquentent des collèges ZEP et les IRIS en ZUS non majoritairement ZEP, enfin, les IRIS dont le territoire est pour l'essentiel en ZUS et dont au moins 75 % des collégiens fréquentent des collèges ZEP ; cf. H. Lagrange, « Réussite scolaire et inconduites adolescentes : origine culturelle, mixité et capital social », *Sociétés contemporaines*, 2010.

2. Les propensions à la délinquance des adolescents sont ventilées de la même manière : IRIS hors politique ZEP/ZUS (losanges clairs), en ZUS ou

Au-delà quand la proportion de ménages de cadres dans l'IRIS est supérieure à la moyenne de la ville, la propension à la délinquance est stable, mais bien sûr les quartiers qui ont de telles proportions de ménages de cadres ne sont pas des quartiers ZUS et rarement des quartiers majoritairement en ZEP (graphique p. 276). S'agissant toujours de délinquance, la proportion des auteurs de délits diminue significativement lorsque les familles d'origine africaine sont nombreuses[1]. L'effet régulateur de la présence des familles d'origine africaine joue particulièrement pour les adolescents originaires du Maghreb, dont l'implication dans des délits est sensiblement plus faible.

% de réussite au brevet dans chaque IRIS en 2004-2005 selon sa composition sociale et son inscription en ZEP/ZUS

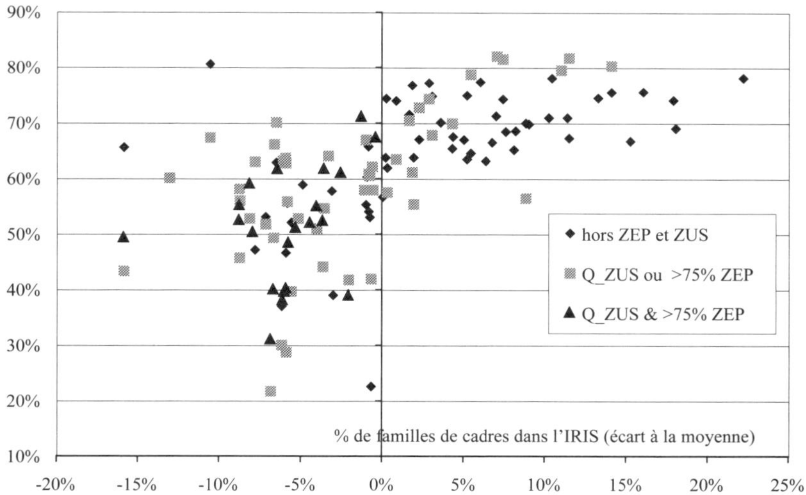

Source: enquête multi-sites. Lecture: chaque point représente le score de réussite dans un IRIS ou un groupe de 2 IRIS. Les coordonnées de ce point sont en abscisse le % de cadres (écart à la moyenne) et en ordonnée le % ajusté de succès au brevet. Les proportions de ménages de cadres dans l'IRIS, au recensement de 1999, sont en valeur relative à la moyenne de la ville (ou de l'arrondissement à Paris).

---

majoritairement en ZEP (carrés gris intense), en ZEP et en ZUS (triangles noirs).

1. Effet inverse de celui qu'on a enregistré pour la réussite au brevet (graphique non présenté).

En matière de délinquance, on note que les triangles noirs sont en moyenne en dessous des carrés gris foncé et des losanges clairs, c'est-à-dire que la propension à la délinquance est plus faible en moyenne dans les IRIS qui bénéficient à la fois des dispositifs ZEP et ZUS que dans ceux qui bénéficient seulement d'un seul ou d'aucun de ces dispositifs (graphique ci-dessous)[1]. Dans les IRIS très démunis d'élites (à gauche de la verticale), la politique publique parvient partiellement à compenser les effets d'émulation négative liés à la composition sociale.

% des adolescents auteurs de délits en 2005 selon la proportion relative de ménages de cadres et le type d'IRIS

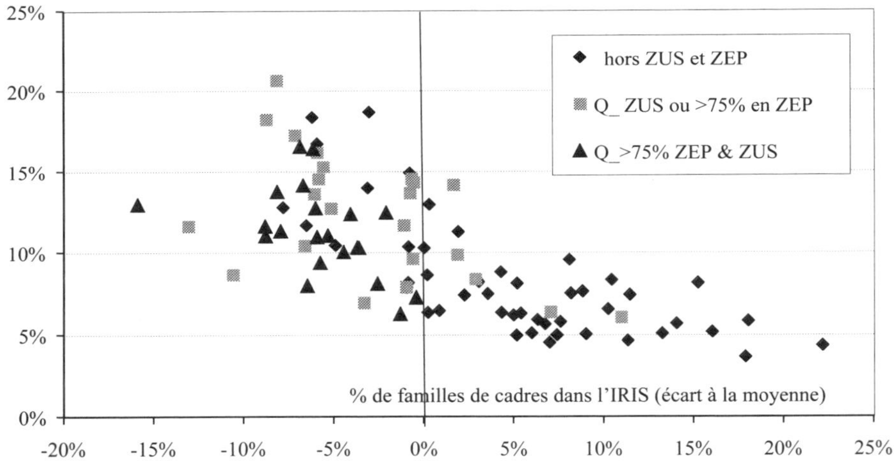

Source : enquête multi-sites. Lecture analogue au précédent : en ordonnée le % ajusté d'auteurs de délits.

En résumé, si l'impact des politiques de la ville est modeste, lorsqu'il y a cumul dans les mêmes périmètres des actions de prévention (ZUS) et des actions scolaires (ZEP), les adolescents

1. Menée avec un modèle multi-varié, l'analyse montre que, lorsqu'on tient compte de la composition sociale, la propension à la délinquance est légèrement, mais significativement, plus faible dans les IRIS à la fois ZEP et ZUS.

réussissent mieux et sont moins impliqués dans des délits que dans les quartiers de composition sociale et culturelle analogue qui n'en bénéficient pas. Cependant, quand, suivant l'idée que les quartiers aidés doivent rejoindre le droit commun, on envisage que ces politiques puissent permettre un rattrapage, on est déçu. Tout se passe comme si les efforts publics n'étaient, jusqu'au milieu des années 2000, parvenus qu'à compenser la concentration de difficultés dans les quartiers sensibles, sans parvenir à créer une autre dynamique.

Les appréciations portées sur ces politiques depuis dix ans par les organismes officiels sont plus pessimistes que la nôtre. Ces appréciations, du moins en ce qui concerne la cohésion sociale, ne se fondent pas sur les mêmes mesures.

Une appréciation administrative de la politique de la ville du point de vue de l'usage des fonds publics a été formulée par la juridiction de contrôle, la Cour des comptes. Elle a émis un jugement très critique sur l'action dans les ZUS, ZRU et ZFU : les politiques partenariales sont jugées complexes et illisibles, caractérisées par un manque de priorités hiérarchisées. Un rapport du Sénat, très sévère lui aussi, parle d'un empilement confus. Il n'y a pas eu à ma connaissance de diagnostic des effets sur la délinquance prenant en compte les contextes sociaux. À l'aune de sa capacité à traiter la délinquance à la racine, en tant qu'inconduite motivée par des inégalités sociales, le jugement que l'on peut porter sur la politique de la ville n'est pas nul, mais médiocre [1]. Les politiques publiques se sont délibérément engagées dans une démarche palliative et non curative. Les rapports sur les politiques territoriales

1. Faut-il ajouter que les émeutes de 2005 en France ne sont pas à proprement parler un plaidoyer pour les politiques de la ville ? Les émeutes ont touché des quartiers pauvres immigrés dans des contextes urbains situés souvent à la périphérie d'unités urbaines prospères. Les lieux des émeutes sont pour l'essentiel des quartiers ciblés par la politique de la ville. Une faible fraction (15 %) des quartiers impliqués dans les émeutes ne sont pas des quartiers classés en ZUS. Ceux qui ont connu des émeutes et n'ont pas le label ZUS pour des raisons politiques ont des caractéristiques en termes de pauvreté et de proportions de populations immigrées très voisines.

depuis une décennie abordent, suivant l'euphémisme maintenant en vigueur, la question de la « tranquillité publique ». Ils présentent de manière agrégée la fréquence des faits délictueux constatés par la police et le sentiment de sécurité des habitants. Cependant, il n'y a jamais eu de diagnostic territorial concernant les effets de l'action publique sur la propension à la délinquance, c'est-à-dire sur les lieux d'émergence des auteurs. De ce fait, cet aspect de la politique de la ville constamment réaffirmé comme essentiel échappe à tout bilan spécifique. En éliminant complètement la prise en compte des auteurs – politiquement trop sulfureuse –, les pouvoirs publics se sont condamnés à ignorer les facteurs qui sont à la source même des délits : outre les déficits de réussite scolaire, celui des modèles d'accomplissement. Cette focalisation sur les victimes, qui découle du regard comptable de la police sur son activité – les « faits constatés » –, a été renforcée par la pression exercée par les élus locaux, extrêmement sensibles aux manifestations du sentiment d'insécurité. Ceux-ci ont tendu à privilégier un traitement des incivilités et de la petite délinquance en termes de prévention situationnelle et de sécurisation. Les crédits engagés par les départements pour la prévention sont devenus misérables et l'absence d'orientation claire a ruiné les efforts d'équipes éducatives méprisées et paralysées par une définition de leur rôle dépassée.

Par ailleurs, à la question de savoir si, à milieu socio-économique égal, les enfants qui ont été scolarisés en ZEP ont de meilleurs résultats que ceux qui ont été scolarisés dans des écoles et des collèges ordinaires, une analyse de la Direction de l'évaluation et de la prospective répondait plutôt par la négative, tout en nuançant le constat : « Si les résultats des élèves scolarisés en ZEP sont en moyenne moins bons que les autres "toutes choses égales par ailleurs", les écarts sont moindres que ne le laisseraient penser les chiffres bruts[1]. » Cette évaluation en demi-teinte des ZEP est caractéristique du jugement porté à la fin des années 1990. Une décennie plus tard, le rapport sur les Zones urbaines sensibles est plus pessimiste : « Les différences,

1. Note d'information de la DEP, juillet 2001.

note-t-il, à la fois territoriales et selon le genre, se reflètent [...] dans les taux de réussite au brevet, nettement plus faibles dans les collèges des ZUS. Avec près de 14 points en 2005-2006, l'écart entre les collèges de ZUS et les autres établissements [...] est considérable[1]. » En matière d'éducation, la politique compensatoire s'est avérée, pour le moins, trop dispersée, les périmètres ont été mal calibrés, et les négociations politiques locales ont conduit à ne pas recentrer les dispositifs qui ont manqué une partie de la cible et dilué l'action sur un trop grand nombre de zones[2]. Lorsqu'on fait un bilan du point de vue de la réussite scolaire des adolescents, l'apport des politiques ZEP se révèle fragile, même là où les moyens mis en œuvre furent importants. Dans des régions comme celle du Mantois, où le zonage ZEP a presque 20 ans, le maintien de situations de moindre réussite en dépit de la continuité des actions périscolaires explique le sentiment mitigé qu'ont pu avoir ceux-là mêmes qui adhéraient à l'esprit de la politique de la ville.

Il y a, au-delà de ces insuffisances et incohérences, des obstacles sociaux puissants qu'on n'a pas pu et surtout pas voulu aborder dans ces bilans publics. L'échec relatif des politiques de la ville est, selon moi, notamment dû au refus de dissocier les objectifs de mixité sociale et de mixité culturelle, et au mépris des habitants des quartiers pauvres, des familles migrantes et de leurs enfants[3].

1. Rapport ONZUS, 2008, et le « toutes choses égales » n'épuise pas la différence.

2. Je ne suggère pas que l'action publique puisse se passer du débat démocratique, et il est normal que des solutions techniquement bonnes soient abandonnées si elles ne rencontrent pas une adhésion. Ce que le chercheur peut regretter, c'est que les données qui pourraient éclairer le débat démocratique et le nourrir ne soient pas produites. Cf. D. Fougère, F. Kramarz et J. Pouget, « Délinquance et mobilité résidentielle », numéro spécial « Économie et sociologie », *Revue économique*, vol. 56, n° 2, 2005.

3. Certes, en France, les politiques de la ville ont nourri une attention qui n'a cessé de se renouveler et elles sont, de toutes les politiques publiques françaises, celles qui ont été le plus évaluées. Cf. R. Epstein, « L'évaluation en développement ? Retour sur vingt ans d'évaluation de la politique de la ville », in B. Bouquet, I. Sainsaulieu et M. Jaeger (éd.), *Les Défis de l'évaluation en action sociale et médico-sociale*, Dunod, Paris, 2007, p. 75-94. Les rapports de l'ONZUS, fort utiles, ne constituent pas des évaluations. Seuls quelques

On ne peut pas intégrer en se mettant à distance et en rejetant.

Qui a intérêt à la mixité sociale ?

À Paris, les familles des classes moyennes qui habitent des quartiers populaires comme le 18ᵉ ou le 19ᵉ arrondissement évitent de laisser leurs enfants dans les mêmes écoles et les mêmes collèges que les enfants d'immigrés « africains ». Dans les communes périphériques, quand on s'éloigne de la capitale, la faiblesse de la mixité sociale infracommunale, dont on a vu l'effet positif majeur sur la réussite scolaire et sur la réduction de la délinquance, permet cette dissociation. On a tenté en France d'imposer la mixité sociale aux communes par la loi : une des dispositions législatives les plus importantes sur la mixité sociale est la loi SRU qui vise une péréquation de la charge du logement social entre les communes. Le premier constat est qu'elle reste partiellement inappliquée[1]. Moins de 40 % des communes s'y conformaient en 2005, à peine plus de 50 % en 2007, même en comptant le locatif privé conventionné comme du logement social.

Prenons le cas des Yvelines, intéressant dans une logique de péréquation puisqu'il comporte des communes riches et des communes pauvres. Les communes pauvres et immigrées forment une bande large qui serpente le long de la vallée de la Seine de Carrières-sous-Poissy à Limetz, à laquelle s'ajoute un plus petit ensemble autour de Saint-Quentin-en-Yvelines (Trappes, Élancourt). Dans cette dernière zone, les communes très en dessous du seuil de 20 % de logements sociaux comme Voisins-le-Bretonneux (moins de 14 % de logements sociaux) ou L'Étang-la-Ville (moins de 3 %) n'ont pas construit davantage

textes comme le Rapport au CAE – par J.-P. Fitoussi, É. Laurent et J. Maurice, *Ségrégation urbaine et intégration sociale*, Paris, La Documentation française, 2003 – posent les bases d'une évaluation.

1. Notamment parce qu'il n'y a pas d'incitations fiscales fortes des communes pour l'application de la loi SRU, cf. F. Meunier, « Un bonus/malus pour le logement social », in H. Lagrange et M. Oberti, *Émeutes urbaines et protestation*, Paris, Presses de Sciences Po, 2006.

de logements sociaux au cours de la dernière décennie. Il n'y a donc pas eu là de possibilités de relogement des ménages vivant en HLM à Trappes ou Élancourt. Quant aux villes du bassin de Seine-Aval, la péréquation aurait pu se faire si les petites communes riveraines de la Seine s'étaient acquittées de leurs obligations. Villennes, Triel-sur-Seine, Vaux, Juziers, Issou, Hardricourt, Gargenville comportent une moyenne de logements sociaux inférieure à 10 % qui n'a pas bougé tout au long de la dernière décennie. L'existence de la loi SRU n'a guère entraîné de péréquation.

Cette loi pourtant a des vertus que les analystes des politiques urbaines n'ont pas toujours vues. Ainsi, ils déplorent que le logement social ne profite pas assez aux ménages pauvres en raison de la hauteur du plafond de revenu dans les HLM et des dérogations[1]. Du point de vue de la mixité, ce défaut pourrait être un atout : le fait que vivent en HLM des ménages qui ont des revenus supérieurs au plafond est de nature à favoriser la mixité sociale, majorant la présence des familles à revenus moyens. Paradoxalement, la loi SRU en obligeant des communes aisées à construire leur part de logements sociaux pourrait démultiplier cet effet. On nous répondra qu'en raison de la carte scolaire, l'accroissement du parc HLM, s'il compose une ville dans la ville, n'accroît pas la mixité à l'école élémentaire ni même au collège : les enfants des beaux quartiers ne coudoieront guère ceux des HLM, sauf quand ces derniers parviendront au lycée. Toutefois, si les effets d'émulation associés à la mixité sociale sont effectivement plus forts lorsqu'il y a une mixité à « grain fin » au sein des IRIS, ils sont cependant réels lorsqu'existe seulement une mixité communale. Ainsi, on a vérifié qu'à Paris, où la mixité socio-spatiale est inévitable mais où beaucoup de familles des classes moyennes envoient leurs enfants dans le privé, il reste un effet positif de la mixité sociale sur les dynamiques scolaires, tirant les enfants pauvres du quartier vers le haut[2].

1. Les HLM sont accessibles à près de 70 % des ménages.

2. C'est un résultat de l'analyse, en dépit des procédures d'évitement scolaire comme celles qu'on observe dans le nord de Paris.

Les limites qu'on rencontre ne renvoient pas seulement au déficit de l'application de la loi. Elles tiennent à l'esprit qui domine dans la société civile. Les politiques publiques peuvent prétendre contraindre à la mixité les services publics mais elles ont peu de poids sur les comportements privés. Les mécanismes d'évasion par le « haut » que nous avons évoqués expliquent que depuis vingt ans, lorsqu'un quartier entre dans les périmètres aidés, il a peu de chances d'en sortir[1]. Sur les 148 quartiers – ou ensembles de quartiers – qui étaient recensés dans le cadre des contrats de Développement social en 1984 (DSQ), près de 80 % sont toujours dans le dispositif des quartiers prioritaires en 2006. On a prétendu faire revenir des classes moyennes, voire des classes populaires autochtones, dans les quartiers immigrés, mais on n'y est pas parvenu. Je l'avais constaté, avec un peu de surprise étant donné le caractère militant de la mixité à la Villeneuve de Grenoble à la fin des années 1980. Beaucoup d'autres l'ont montré depuis : Jean-Claude Toubon pour des communes du nord de Paris (La Courneuve, Pierrefitte, Stains), Michèle Tribalat s'agissant du quartier des Chamards à Dreux. Les pouvoirs publics ne l'ignorent pas, pourtant on ne le dit pas, on l'écrit encore moins. La Délégation interministérielle à la ville (DIV) – agissant comme institution publique – mettait sous embargo, au moment où j'ai commencé cette étude, les documents qui le montraient à l'échelle des ZUS, alors que parallèlement la proportion des classes populaires était devenue un critère d'attribution du label ZUS.

On peut envisager le problème de la mixité sous un autre angle. Comme le souligne D. Sabbagh, « les problèmes que les décideurs américains ou britanniques qualifieraient "d'ethniques" sont officiellement appréhendés en France selon une grille territoriale »[2]. Le critère pour définir des politiques de discrimi-

1. Si l'on met à part un petit ensemble de quartiers dégradés en centre-ville, qui avaient été inclus dans les quartiers prioritaires et ont disparu de la liste.

2. « Facteur racial et facteur territorial », in R. Kastoriano, *Les Codes de la différence*, Paris, Presses de Sciences Po, 2006, p. 176.

nation positive à l'égard des populations issues de l'immigration est le lieu de résidence[1]. Cette substitution a été possible en raison du recouvrement, partiel mais important, entre ethnicité et territoire. Ce n'est pas anodin. On s'est dispensé de s'interroger en revanche sur la dialectique entre mixité sociale (celle des statuts socioprofessionnels) et mixité culturelle. De mon point de vue, l'échec des politiques de la ville tient en partie à l'ignorance de cette dialectique.

Un des enjeux est de préciser de quelle mixité on parle. Il y a quatre situations possibles : (1) une mixité sociale combinée avec une diversité culturelle, (2) une mixité sociale sans diversité culturelle, (3) une diversité culturelle sans mixité sociale, (4) ni diversité culturelle, ni mixité sociale. On a opposé les situations (1) et (4) sans voir l'intérêt de la position (2). On a dénoncé les effets du ghetto ethnique (situation 4), en même temps qu'on méconnaissait les conséquences négatives du départ des quartiers sensibles des élites immigrées. Cette dénonciation est malvenue pour ne pas dire infondée. Ce qui a régressé depuis trente ans, ce sont surtout les quartiers populaires multiethniques (situation 3). Pourquoi ne pas encourager une mixité de statuts sociaux dans des quartiers à faible diversité culturelle (disons-le clairement, à forte population immigrée), c'est-à-dire les situations de type (2) ?

L'effet de la réduction de la place des classes moyennes issues de l'immigration dans les ZUS a été ignoré. Pourtant il a contribué à ce que les quartiers sensibles deviennent des nasses. Depuis deux décennies au moins, les déficits qui s'y développent entraînent des synergies négatives que l'action publique ne parvient pas à compenser. Au lieu que les quartiers d'accueil des immigrants gardent leurs élites internes parce qu'un certain nombre des fils/filles d'ouvriers immigrés

1. On s'est avisé en 1993 que l'inclusion du pourcentage d'étrangers comme critère de définition de ZUS était trop explicite, et on l'a remplacé par d'autres indicateurs, notamment le taux de non-diplômés qui lui était étroitement corrélé.

qui y habitent deviennent cadres ou professions intermédiaires, ceux-ci perdent une fraction de cette élite locale et, de ce fait, leur composition sociale ne se diversifie pas. Ce phénomène n'est pas circonscrit au Val-Fourré. On a pu le mettre en évidence de façon indirecte dans l'ensemble du bassin aval de la Seine. Les départs sélectifs divisent la population issue de l'immigration. Ce qui était un sort commun, quasi unanimement partagé jusqu'à la fin des années 1980, a disparu au cours des décennies suivantes. On dira que ces départs des enfants de migrants, constatés depuis le début des années 1990, sont un bon signe : celui d'une différenciation sociale dans ces quartiers. Là encore tout est question de rythme : il faut que les quartiers se diversifient et que les départs des élites qui s'y forment n'interviennent ni trop vite ni trop massivement, à l'inverse de ce qui s'est passé avec les départs de la classe moyenne noire des quartiers ghettoïsés à Chicago dans les années 1980.

Souvent le départ de l'élite locale, maghrébine notamment, a privé les écoles de têtes de classe issues de l'immigration, les associations de parents d'élèves de membres habiles et informés des arcanes de la vie scolaire, les associations d'accompagnement à la scolarité ou d'action culturelle d'animateurs et de cadres. Bref, ce qui fait la capacité d'adaptation de la microsociété des quartiers a été mis en péril. Les effets d'externalité négatifs ont supplanté les effets régulateurs. De ce fait, les situations de relégation se sont enkystées.

On ne l'a pas vu en raison d'une focalisation sur la mixité au sens (1) ou, corollairement, de la hantise du ghetto social et culturel (4). Le non-dit qui sous-tend le refus du ghetto ethnoculturel, c'est que ces groupements de nombreuses familles d'origine africaine ont des effets sociaux négatifs et, au premier chef, qu'ils favorisent la délinquance et l'échec scolaire. Cet argument est d'autant plus étonnant qu'il est en général énoncé par ceux qui se disent choqués par le racisme visant les Noirs et les Maghrébins. Posons la question sans préjuger : Est-ce que la densité des familles d'origine africaine dans un quartier a des conséquences sociales négatives ? S'agissant de l'échec scolaire, la densité de familles d'origine africaine a un impact négatif, dont cependant la force n'est pas considérable[1]. Quant à la propension à la délinquance, elle croît moins que proportionnellement à l'importance du nombre des familles « africaines » dans les IRIS (cf. graphique p. 286). La croissance des propensions à la délinquance des IRIS en fonction de la densité des familles africaines est en réalité la combinaison de deux processus. Il y a une croissance de la propension à la délinquance avec le pourcentage des familles venues d'Afrique dans les quartiers hors politique de la ville (carrés), comme s'il y avait dans ces quartiers un entraînement de la délinquance vers le haut, mécaniquement lié à la composition ethnique. Réciproquement, dans les quartiers ZUS, la propension à la délinquance ne varie pratiquement pas avec l'ethnicité du quartier (losanges). Les quartiers ethniquement ségrégés ne connaissent pas, en moyenne, des propensions à la délinquance plus élevées que ceux qui comportent peu de familles d'origine africaine. Y a-t-il un effet régulateur de la densité des familles « africaines » dans les ZUS ? C'est possible mais cet effet n'intervient en quelque sorte qu'à un palier relativement haut, c'est-à-dire qu'il y a dans l'ensemble des ZUS un socle plus élevé d'inconduites.

Dans beaucoup de villes de la Région parisienne, la population est moins ouvrière aujourd'hui, même dans les cités, si le tertiaire domine dans la population active, le boom industriel a laissé des traces en termes de capacité d'action collective. Et si, pas plus au Val-Fourré qu'aux Hautes-Noues, il n'y a eu véritablement formation d'une culture ouvrière locale, cependant le mouvement associatif qui, dans les années 1990, va se mobiliser sur la question scolaire a profité de l'engagement d'anciens militants syndicalistes. On peut aussi suggérer qu'il y a dans les IRIS inclus dans les périmètres ZUS un effet régulateur lié à l'existence d'une politique de soutien aux familles dans leur action éducative. Cependant on s'explique mal pourquoi cet effet ne joue pas dans les zones ZUS où la densité de familles

1. Les analyses multi-variées montrent que, toutes choses égales, l'accroissement de la proportion de familles d'origine africaine est associé à une réduction du taux de réussite au brevet.

% d'auteurs de délits, selon la densité des familles d'origine africaine et le type d'IRIS

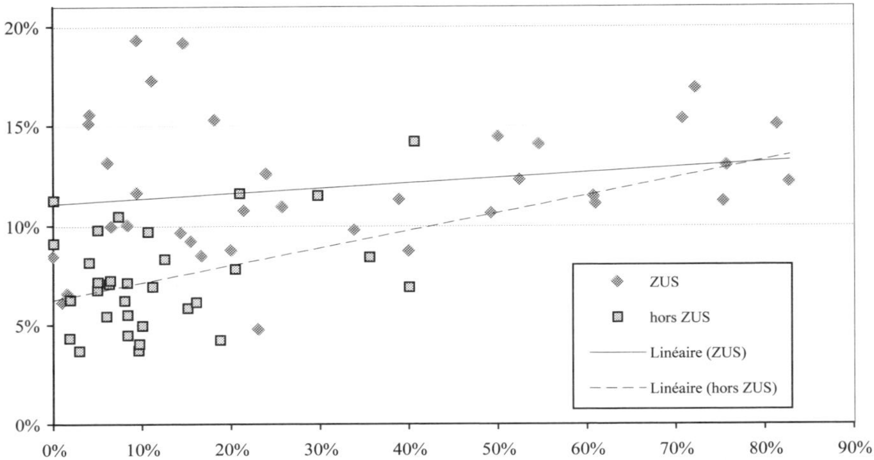

Source : enquête multi-sites. Les droites tracées sont les droites de régression du % d'auteurs en ZUS et hors ZUS.

« africaines » est relativement faible. La relation globale que nous observons mérite d'être spécifiée.

Toujours est-il que la politique publique gagnerait à s'appuyer sur les capacités régulatrices de la société civile. Nous savons par des monographies qu'elle ne découle pas *seulement* des possibilités d'emploi local ou même de logement. Si elle est marquée par la ségrégation, la distribution intracommunale des migrants dépend, plus que les répartitions intercommunales, de rejets et d'affinités – les migrants trouvent chez leurs compatriotes des appuis et des solidarités qui leur sont nécessaires. Les regroupements culturels n'attendent d'ailleurs pas la politique publique pour se réaliser. Comme le souligne Mirna Safi, « certains groupes peuvent se concentrer dans des zones désirables [...] même lorsque l'assimilation spatiale au sens du mélange avec la "majorité" leur est accessible[1] ». Les appariements et

1. Mirna Safi, « La dimension spatiale de l'intégration des populations immigrées, 1968-1999 », *Revue française de sociologie*, *op. cit.*

détestations culturels infléchissent les logiques économiques et statutaires ; les regroupements identitaires ne véhiculent pas que du négatif. Les acteurs, en privé et en public, ne se laissent pas toujours stigmatiser sans retourner la marque à leur profit. Sur le plan symbolique, on l'observe quotidiennement, les individus en jouent et revendiquent des identités ethnicisées ou racialisées. S'appelant *renois* ou *rebeus*, ils s'en font un label. Cela a aussi des conséquences moins ostentatoires. Pour les individus dont les ressources individuelles, et notamment le niveau d'éducation, sont faibles, la densité du groupe ethnique est parfois une ressource. Celle-ci perd son rôle lorsqu'une élite immigrée a atteint une masse critique, alors le maintien d'un réseau trop centré sur la « communauté » devient un obstacle.

À Paris, dans le 18e arrondissement, il n'y a pas de concentration forte de ressortissants d'une même région, comme c'est le cas dans le bassin de Seine-Aval avec les familles originaires de la « région du fleuve Sénégal », aussi les actions éducatives extrascolaires ne sont pas directement prises en charge par des associations liées à l'origine culturelle. Dans la capitale, la vie associative est pluriculturelle, le maillage associatif est dense et les propositions d'activités très diversifiées mais aussi plus souvent « à la carte ». Alors qu'à Mantes les associations africaines noires les plus solides ont une forte référence identitaire, lorsqu'on prend en compte l'origine des animateurs des associations qui font de l'accompagnement à la scolarité dans le 18e arrondissement, on constate que la majorité des responsables et animateurs sont autochtones[1]. Dans leur profession de foi, les associations parisiennes incluent rarement des références identitaires. La participation des leaders d'associations d'accompagnement scolaire à des projets de codéveloppement n'a pas été mentionnée non plus dans nos entretiens parisiens.

1. Il y a certes des exceptions : dans la période de notre enquête, les membres des centres d'animation Chapelle et Hébert sont maghrébins, un animateur d'Espoir-18 est « africain » – Mamadou Doucoura. C'est aussi une femme originaire du Maghreb, Naïma Taleb, qui est responsable de la compagnie Résonances. L'association Ney-village est animée par Aïssa M'Ballo.

Cela peut expliquer que l'effet de régulation des inconduites et de stimulation scolaire soit moins marqué à Paris, où l'action autour de la scolarité est plus instrumentale.

Ce processus de régulation par les groupes immigrés, nettement visible dans les quartiers excentrés, conduit à réinterroger les politiques de mixité. Comment favoriser la construction de dynamiques de différenciation sociale dans les quartiers sensibles ? Découpler la mixité sociale et la mixité culturelle n'est pas forcément une mauvaise stratégie. En ce domaine, comme souvent, il est difficile sinon impossible de franchir deux obstacles à la fois. Retrouver un équilibre social par une présence significative de cadres et d'intermédiaires dans les quartiers pauvres est le premier objectif à atteindre. On a voulu rétablir la mixité culturelle en faisant venir des classes moyennes *autochtones*, conformément à l'idéologie d'une République *color blind*. Cela a été un échec. On aurait dû comprendre qu'il était préférable de favoriser le maintien sur place, ou à défaut à proximité, des classes moyennes issues de l'immigration qui ont des liens culturels et émotionnels forts avec les classes populaires de même origine. Car, contrairement à l'idée reçue, la densité des familles issues de l'immigration africaine ou turque est un atout supplémentaire pour contrôler la délinquance. Elle induit une dynamique positive lorsqu'il y a une diversité sociale au sein de ces familles qui, outre les effets d'émulation, favorise une dé-traditionalisation des mœurs.

Demi-défection

L'émergence de pôles de diversité sociale à la périphérie immédiate des quartiers sensibles constitue en quelque sorte une amorce de ce processus de reconstitution de la mixité. Elle ne passe pas par le mythique retour vers les quartiers « immigrés » des classes moyennes ou populaires stables autochtones.

Le processus de diversification sociale dans les zones ségrégées mérite des encouragements. Ainsi, au Val-Fourré, les pertes de population, considérables entre 1990 et 2000, ont concerné essentiellement la tranche d'âge 25-44 ans : près de 40 % de l'effectif de 1990 de cette tranche d'âge a disparu du quartier une décennie plus tard. Ce déficit de jeunes ménages a entraîné avec lui un déficit d'enfants de 0-15 ans. En revanche, dans le même quartier, les générations âgées de 45 à 60 ans perdaient relativement moins d'effectifs (de l'ordre de 20 %) et, corrélativement, dans ces ménages âgés, les adolescents et les jeunes adultes ne voyaient pas leurs effectifs diminuer autant (moins 15 %). De cette façon, la cité perdit des jeunes ménages formés d'ouvriers qualifiés et de techniciens issus de l'immigration, les mieux insérés professionnellement, avec des enfants en bas âge, tandis que les ménages dans la maturité, vraisemblablement moins diplômés parce qu'arrivés en France sans qualification s'y maintenaient ainsi que leurs enfants alors adolescents ou jeunes adultes. Plusieurs indices recueillis dans l'enquête périodique sur l'occupation du Parc social indiquent de façon congruente qu'une fraction des « partants » furent de jeunes ménages maghrébins qui avaient acquis des diplômes ou obtenu du travail. Ces ménages ne pouvaient pas tous s'installer dans les quartiers historiques autour de la collégiale de Mantes, déjà trop denses et où, de plus, les prix de l'immobilier n'étaient guère accessibles : ils sont allés habiter des quartiers intermédiaires proches de la ZUS[1].

Le retour d'un peu de mixité sociale s'est fait en lisière de la cité. On a observé de forts gains de population dans la tranche 20-35 ans à Gassicourt, quartier contigu. Des ménages immigrés, jeunes et diplômés issus de la cité et ayant conservé des liens forts sont, pour la moitié d'entre eux, venus s'installer dans les IRIS limitrophes des communes voisines[2]. Ces demi-retours sont un compromis entre le maintien des liens familiaux et la volonté d'échapper aux plus mauvaises écoles, par lequel les jeunes ménages maghrébins tentent de concilier les nécessités contraires de l'affect et du désir de réussite. À travers ces

1. Une autre fraction de l'élite d'ascendance immigrée qui est partie du Val-Fourré ou des « cinq quartiers » des Mureaux va s'installer dans le Domaine de la Vallée à Mantes ou aux Sablons (Mureaux), moins discrédités.

2. Provoquant parfois des réactions de mécontentement chez des habitants « anciens » qui réagissent au faciès.

mouvements résidentiels, une nouvelle classe montante issue de l'immigration se met partiellement à l'écart des quartiers sensibles sans se distancier vraiment. Ce retrait partiel a fait penser à la notion originaire de sécession à Rome[1]. Le maintien à proximité de la cité d'une élite d'origine maghrébine qui en est issue est susceptible de contribuer à maintenir une dynamique positive dans les familles qui ont des liens directs avec ces jeunes ménages. Dans les familles du Sahel, les départs sont inexistants, mais réciproquement il n'y a guère eu d'ascension sociale jusqu'à présent. Bien sûr, on doit se demander si les demi-départs de l'élite maghrébine permettent de jouer le rôle d'attracteur ou si, à l'instar de ce qui a été observé par W. J. Wilson à Chicago, ils n'inaugurent pas une fracture sociale au sein de la population issue de l'immigration maghrébine. Tout est une question de dosage.

Pour éviter de vrais départs, il faut compléter la politique, illustrée par la démarche de Sciences Po, consistant à donner aux meilleurs élèves des cités accès aux établissements prestigieux, par un développement non moins important de l'offre locale de services de qualité : un élargissement des filières d'excellence dans les collèges et lycées des quartiers défavorisés, l'implantation de classes préparatoires, d'IUT, voire de « grandes écoles ». Pour empêcher le maintien des quartiers dans leur état de sous-attractivité, il faut mettre les enfants des ménages défavorisés en contact avec des modèles de réussite sociale proches. Ces enjeux n'ont guère été soulevés et pas seulement en France. En effet, si les cités doivent durer, abritant comme ce fut le cas dans les dernières décennies, plus de quatre millions d'habitants, l'amélioration de l'offre scolaire et de formation professionnelle est une action décisive.

Le succès mitigé des politiques de mixité culturelle couplée avec une mixité sociale n'est pas purement français. Motivés par des études qui s'accordent à montrer que la présence de membres des classes moyennes dans les quartiers pauvres a

1. Cf. A. Bruston et J. Donzelot, *Conférences de la DIV*, Paris, ministère de la Recherche, 2002.

tendance à élever la réussite scolaire, à réduire les abandons précoces et à diminuer la propension à la délinquance, beaucoup de programmes, développés en Europe du Nord et aux États-Unis, ont cherché à tirer parti de la mixité sociale. Ils n'ont pas donné dans l'ensemble de résultats totalement convaincants. Les programmes comme *Gautreaux*, *Hope VI*, *Moving to Opportunities* lancés dans les années 1980-1990 aux États Unis visaient à favoriser le relogement de familles pauvres, habitant dans des quartiers très ghettoïsés, dans des quartiers socialement plus mixtes. Pour les familles qui ont bougé, le constat est qu'au terme de quelques années les avantages initialement enregistrés en termes d'accès à l'emploi ou de réussite scolaire ont largement disparu. De plus, ces programmes ont augmenté la concentration des familles pauvres dans les quartiers qui ont été l'objet d'une intervention[1]. Il y a eu au Royaume-Uni et aux Pays-Bas des programmes orientés dans l'autre direction, visant à faire venir dans les quartiers d'habitat social des familles en accession à la propriété (*New Towns*, *Right to Buy*, *GSB*). Dans le dernier exemple, la source de l'échec a été la difficulté à trouver des familles qui acceptent de s'installer dans des environnements dépréciés. Au surplus, quand un peu de mixité est atteint à travers de tels programmes, il n'y a pas véritablement d'effet d'émulation. Dans plusieurs des cas cités, le même écueil surgit : l'échec à produire de la mixité à la fois sociale et culturelle.

La prise en compte de la pluralité des normes s'impose aux politiques sociales qui ne peuvent ignorer les contextes culturels

1. « De loin, la raison la plus importante invoquée par les volontaires du programme *Moving to Opportunities* était d'échapper aux zones les plus criminogènes, et les bénéficiaires ont en grande majorité dit qu'ils avaient moins peur. Mais après sept ans, le bilan est que l'offre de bons d'accès n'a pas eu d'effets sur les gains des adultes, ni sur l'emploi. Les enfants qui ont été impliqués dans ce programme (à travers leurs familles) n'ont connu ni amélioration de leurs notes ni baisse du taux d'abandon scolaire » (Philip Oreopoulos, *Neighbourhood Effects in Canada : A Critique*, University of Toronto, Department of Economics & National Bureau of Economic Research, 2008). Cette perception n'est pas unanimement partagée. Pour T. Kirszbaum, le bilan de ces programmes est positif (cf. *Rénovation urbaine. Les leçons américaines*, Paris, Presses universitaires de France, 2008). Mais elle prévaut, me semble-t-il, lorsqu'on ne s'attache pas seulement aux effets déclaratifs.

dans lesquels elles sont mises en œuvre. La politique publique doit s'appuyer sur tous les ressorts sociaux, sur l'*agency* qu'on observe dans les quartiers qui concentrent beaucoup de familles d'origine africaine. Une dynamique de développement des quartiers sensibles ne peut reposer sur l'invraisemblable venue – il ne s'agit pas de retour – des élites autochtones. Ce qui pourrait, dans le registre des politiques de la ville, éviter d'accroître la dérive des cités, c'est le développement d'incitations fiscales plus fortes à l'application de la loi SRU ; la fourniture d'une offre scolaire d'excellence localement (encourageant au maintien dans la proximité des cités d'une élite immigrée qui permettra que les enfants élevés dans les espaces « ghettoïsés » soient en contact avec des modèles de réussite sociale accessibles) ; le renforcement des moyens d'action éducative des familles africaines à travers des formes associatives.

CHAPITRE XI

ACTIVITÉ DES FEMMES ET *EMPOWERMENT*

Que faire d'autre si l'on veut favoriser la réussite scolaire des enfants issus des migrations africaines, si l'on souhaite réduire les inconduites et, au-delà, si l'on veut véritablement inclure ceux qui vivent en France dans le respect des identités de chacun ? Le poids du cadre de socialisation individuel et familial est considérable. Le statut des parents, leur bagage scolaire, la taille des familles et donc la nature des migrations jouent un rôle déterminant dans la réussite des enfants et des adolescents. Mais le statut professionnel des hommes à l'âge adulte est peu malléable, la taille des fratries ne change vraiment que d'une génération à l'autre, et les traditions familiales dans la population adulte des quartiers pauvres se présentent comme une donnée peu accessible aux politiques publiques et à l'action politique en général. Or, c'est dans ce premier cercle que se font l'introduction au monde et la socialisation des nouvelles générations. Les politiques qui ont tenté de sélectionner les flux migratoires en fonction de l'origine culturelle se révèlent moralement détestables et largement inefficaces. Le principal facteur explicatif de la migration des pauvres est le différentiel de revenu par habitant entre les pays du Nord et ceux d'Afrique notamment. En dépit de la récession, ce facteur d'attraction continuera d'être extrêmement puissant et ne disparaîtra pas de sitôt.

Poursuivre ce qui a été positif

Comment agir ? On observe des phénomènes de repli, de protestation, mais aussi de mobilité sociale, voire des dynamiques entrepreneuriales dans les quartiers pauvres. Peut-on penser qu'il y a là des leviers utilisables ou faut-il interpréter ces dispositions comme des modes d'adaptation inadéquats ? La voie est étroite. Les familles des quartiers pauvres n'ont pas vraiment de maîtrise sur leur destin : les possibilités qui s'ouvrent à elles sont contraintes par les opportunités, notamment d'emploi mais aussi de choix résidentiel et, pour les jeunes, de choix de formation et même de sociabilité. Cependant le bricolage de chacun à partir de ses dispositions et ressources n'est pas nécessairement dysfonctionnel.

Au sein des quartiers d'habitat social une fraction progresse, une autre stagne ou même s'enfonce dans les problèmes. Quels sont les indices de ce changement ? D'abord, un peu paradoxalement, le fait même que les quartiers HLM produisent une élite qui s'en va témoigne d'une reprise de leur rôle ancien de tremplin. De plus, dans certains quartiers, on a vu des progrès scolaires remarquables au cours de la dernière décennie du XXe siècle. On sait que lorsque des cadres et des professions intermédiaires, même en petit nombre, vivent dans un quartier populaire, il y a moins d'échec scolaire[1]. Ce qui est accessible aux politiques publiques relève du rapport au travail – le chômage, le taux d'activité – et, plus nettement encore, de l'offre institutionnelle de services, notamment en matière d'école, de transport, d'action sociale. Nous n'aborderons, faute de connaissances suffisantes, que quelques-unes des directions : celles qui sont au cœur de l'analyse menée jusqu'ici dans une perspective d'inclusion ethnoculturelle pluraliste.

S'agissant de la lutte contre l'échec scolaire, le constat d'une spatialisation des inégalités scolaires est largement partagé par la gauche et la droite modérée, les désaccords se situant dans la manière d'y répondre. La divergence tient à un accent plus collectif à gauche et plus individuel à droite. Dans le futur

1. Mécaniquement d'abord – les enfants de ces catégories vont à plus de 95 % avoir le brevet – et ensuite par effet induit (externalité positive) lié à la mixité sociale : la présence d'une diversité de situations dont des situations de réussite, même en présence de contournements de la carte scolaire ou de fuite dans le privé, produit un effet d'émulation.

proche, on doit continuer de recourir à des dispositifs d'aide à la réussite scolaire. L'accompagnement scolaire de type associatif, tel qu'il a été mis en œuvre pendant les années 1990 et au début des années 2000 en France, a joué un rôle important pour éviter que le fossé entre les cités et les autres territoires ne se creuse davantage. Il a été réorganisé depuis 2005 dans le cadre de la Réussite éducative. Celle-ci constitue un dispositif d'aide pour la remise à niveau tout au long de l'enfance et de l'adolescence : c'est une politique d'égalisation des situations plus individualisée que l'accompagnement scolaire qui l'a précédée[1]. De ce point de vue, on pourrait dire que le programme de Réussite éducative vise un compromis assez équilibré entre la discrimination positive (compensation) et l'égalité des chances (mise sur la même ligne de départ de tous les enfants). Il est trop tôt pour en évaluer les effets d'ensemble (quoique l'on dispose déjà de certaines évaluations locales). Au plan des principes, il s'agit d'un dispositif qui vise la compensation des handicaps saisis à l'échelon individuel par les partenaires sociaux dans les quartiers d'habitat social. Pour aller plus loin dans ce sens, il faudrait développer l'offre institutionnelle scolaire plutôt que d'aspirer les familles vers les quartiers riches, privant les quartiers pauvres de leur élite (la mise en place de classes préparatoires dans les lycées des quartiers ZUS va dans le bon sens).

Cependant la Réussite éducative ne constitue pas vraiment une politique d'en-capacitation (d'*empowerment*)[2]. La seule dimension des politiques de la ville qui s'inscrive aujourd'hui peu ou prou dans une logique d'en-capacitation est celle qui est

1. L'opposition entre égalité des chances et égalisation des situations doit être nuancée : lorsqu'on compense tôt chez des enfants le manque de bagage scolaire dans la famille, c'est bien une égalisation des chances de vie future que l'on produit.

2. La Réussite éducative, si elle marque une inflexion dans le sens d'une individualisation des prises en charge, se situe encore dans une logique d'égalité de résultats, de compensation. Elle doit être complétée par une politique de renforcement de l'égalité des chances dans ces quartiers mêmes : diversification de l'offre scolaire avec des filières d'excellence.

menée à travers les Zones franches urbaines (ZFU)[1]. Cette politique s'inscrit dans une logique d'autonomisation radicalement différente de celle des transferts monétaires. On peut bien sûr discuter le fait que les ZFU donnent des moyens aux habitants des quartiers pauvres eux-mêmes. Mais il faut comparer les réalisations des ZFU à celles des régies de quartiers et d'autres dispositifs visant à développer l'activité et l'emploi localement. Le fait que près de 25 % des emplois créés en ZFU bénéficient aux habitants des ZUS est très positif. Certes, cette politique est sous-dimensionnée (seulement 100 ZFU en 2007), le taux de survie des entreprises créées reste trop faible[2] et les initiateurs des projets viennent trop rarement des quartiers en ZUS eux-mêmes. Mais tout cela suggère plutôt de réfléchir à son extension.

En France, à côté des allocations spécifiques qui apportent une compensation de revenus plutôt qu'un revenu de substitution, des politiques d'accès à l'emploi ont été mises en œuvre par la gauche : les emplois aidés. Dans les années 1990, les organismes de formation et les chantiers d'insertion ont joué un rôle important. En offrant de l'alphabétisation, des stages en entreprise, ils ont permis à des femmes immigrées sans bagage scolaire d'avoir accès à des emplois en contrat aidé. Or, d'une façon croissante depuis 2002, les politiques de formation en faveur des femmes les plus démunies de bagage scolaire ont été abandonnées au profit d'une détaxation des entreprises et celles-ci privilégient, pour participer à ces formations, les salariés les mieux dotés. Elles ont donc exclu les femmes peu scolarisées. Ces changements politiques se sont développés en même temps que se redéployait un discours sur les dangers de la monoparentalité en matière éducative… Certes, l'encouragement à l'activité des femmes n'est pas toujours suffisant pour permettre aux familles monoparentales de sortir de la pauvreté. On peut cependant penser que son couplage avec des subventions ciblées

1. On devrait dans cette perspective rejeter comme ne produisant pas d'*empowerment* à peu près toute l'activité qui se fait à travers la microfinance en Afrique et en Asie.

2. Cf. rapport d'évaluation du Sénat, 2007.

et cumulatives, plus incitatives que l'actuel Revenu de solidarité active (RSA), pourrait permettre de produire des bénéfices éducatifs rarement pris en compte[1].

L'activité des femmes

Dans une logique de développement social, les politiques publiques devraient viser spécifiquement l'encouragement à l'activité professionnelle des femmes. Dans les quartiers sensibles des communes de quatre départements d'Île-de-France, les différences de taux d'activité des femmes sont corrélées avec les taux de réussite au bac. On retrouve cette relation à un niveau moins agrégé, en comparant les dynamiques scolaires moyennes dans les quelque 650 IRIS des Yvelines[2]. À ce niveau, l'analyse singularise trois facteurs qui contribuent à expliquer les progrès scolaires : l'importance de la proportion des classes moyennes (cadres, artisans, commerçants, professions intermédiaires), l'existence d'un solde migratoire positif (ce qui signifie que l'IRIS attire des résidents) et l'augmentation du taux d'activité des femmes de 35 à 59 ans[3]. Il est difficile d'élever l'attractivité des quartiers et nous avons vu les obstacles au maintien des cadres, d'où l'importance d'une action en faveur de l'activité des femmes.

Un effet positif de l'activité des femmes sur la réussite scolaire des enfants ressort également au niveau individuel. D'après l'enquête multi-sites, le niveau des élèves en sixième dépend positivement de l'implication des mères d'origine africaine dans une activité professionnelle hors du domicile. Ce résultat suggère qu'une politique favorisant l'activité des femmes est susceptible d'avoir des effets positifs sur la réussite scolaire,

1. Pour l'heure, il faut s'interroger sur les raisons pour lesquelles le RSA « activité », c'est-à-dire la part qui correspond à un dépassement de l'assistance, n'a pas véritablement décollé.

2. Les ZUS sont des unités généralement plus larges que les IRIS, hétérogènes par la taille. Si certaines comme les « Plaisances » à Mantes-la-Ville coïncident avec un seul IRIS, la ZUS du Val-Fourré en recouvre 11.

3. Les résultats sont analogues calculés sur les 52 IRIS de Seine-Aval ou sur les 643 IRIS du département des Yvelines.

et sans doute plus globalement, pour autant qu'il y ait des marges de progression de l'activité des femmes. Or la France est un des pays européens où les taux d'activité féminine sont les moins élevés. La statistique européenne (Eurostat) montre qu'en pourcentage de la population en 2006, la France se trouve en queue de peloton de ce point de vue : seulement la Pologne et l'Italie ont des taux plus faibles. Certes, l'écart de taux d'activité globale avec les prédécesseurs immédiats – Espagne, Allemagne – n'est pas considérable, mais l'analyse par tranches d'âge montre que, pour les femmes de 50 ans, les différences de taux d'activité sont sensibles (les pays scandinaves comme la Suède et le Danemark ayant des taux d'activité féminine beaucoup plus élevés). Il y a donc des marges de progression de l'activité féminine, particulièrement des femmes qui ont des enfants de plus de 12 ans.

Les pays scandinaves ont procédé à une « dé-familialisation » de leurs dispositifs de protection sociale. En Suède, vers 1995, 89 % des mères seules travaillent et reçoivent des aides substantielles, alors qu'aux États-Unis, par comparaison, seulement 45 % travaillent et elles sont peu aidées : les premières peuvent élever leurs enfants seules, pas les secondes. En France, bien que le modèle « familialiste » donne une prime au salaire unique, la division sexuée des rôles entre l'intérieur et l'extérieur du domicile s'est réduite par rapport à ce qu'elle était au lendemain de la guerre. Les femmes seules reçoivent des aides importantes – qu'elles travaillent ou non. Cela a contribué à une autonomisation des femmes des classes moyennes, tandis que le modèle de la famille à salaire unique s'est plus souvent maintenu dans les milieux populaires.

Le rapport des femmes au travail varie aussi fortement selon l'origine culturelle. Les taux d'activité ne sont pas strictement hiérarchisés en fonction du taux de fécondité ou du niveau d'études comme on aurait pu s'y attendre. Ils sont plus élevés chez les femmes d'origine subsaharienne (en partie peut-être en raison des taux d'activité élevés des femmes venant de la région du golfe de Guinée) que chez les Maghrébines et les Turques. Il y a des marges de progression importantes dans plusieurs groupes et certaines des évolutions enregistrées dans notre étude suggèrent que ce mouvement des femmes des quartiers pauvres vers le travail n'est pas négligeable à la fin du XXe siècle.

Au cours des années 1990, la population des quartiers sensibles a été largement rejetée hors de la sphère du travail. Ce rejet s'est exercé surtout sur les hommes aux deux extrémités du spectre des âges – chômage des hommes jeunes peu diplômés, mise en préretraite de la génération aînée qui occupait les emplois industriels. L'entrée des femmes dans le monde du travail dans un contexte de récession n'a pas été facile et restera difficile. Pourtant, dans les quartiers sensibles, une part croissante des femmes, chrétiennes ou musulmanes, et spécifiquement les femmes venues d'Afrique noire, a cherché à avoir une activité professionnelle légale, en dépit d'un taux élevé d'analphabétisme et d'une progéniture nombreuse. Une fraction d'entre elles y est parvenue.

De 1990 à 1999, le taux d'activité féminine reste stable, autour de 55 % hors des quartiers d'habitat social du Val-de-Seine, tandis qu'il baisse de 45 % à 41 % dans les quartiers sensibles de cette zone, du fait de l'élévation de la proportion de femmes immigrées ayant de faibles taux d'activité. Une fraction des femmes des quartiers pauvres s'est retirée du marché du travail tandis qu'une autre y entrait[1]. On ne dispose évidemment pas de données de recensement sur l'évolution des taux d'activité des femmes selon l'origine culturelle, mais on peut faire ressortir indirectement un phénomène intéressant en observant l'évolution de leur taux d'activité dans les IRIS des communes du Val-de-Seine. Dans deux types d'IRIS, les uns hors ZUS, les autres au contraire en ZUS « puissance deux » (quartiers avec une forte présence des familles africaines noires), le taux d'activité des femmes a augmenté alors même que la tendance globale était à la baisse dans les quartiers populaires. Lorsqu'on classe les IRIS par pourcentage croissant de familles étrangères, on observe qu'à mesure que le taux d'étrangers augmente, on trouve d'abord plus d'IRIS où le taux d'activité des femmes a

1. Le taux d'activité des femmes est sensible à la conjoncture. Ce sont elles qui, lorsque le chômage augmente, sont les premières à devoir accepter des contrats précaires.

diminué de 1990 à 1999, mais au-delà de 25 % de familles étrangères, la tendance se renverse : dans les IRIS très « étrangers », la variation du taux d'activité des femmes de 1990 à 1999 est positive. Au total, les augmentations du taux d'activité viennent à la fois des IRIS aisés sans immigrés et des IRIS pauvres et très immigrés, tandis que les IRIS intermédiaires connaissent des variations du taux d'activité féminine nulles ou plus souvent encore négatives (cf. graphique ci-dessous).

Val-de-Seine : variation du taux d'activité des femmes entre 1990 et 1999 selon la proportion de familles étrangères dans les IRIS

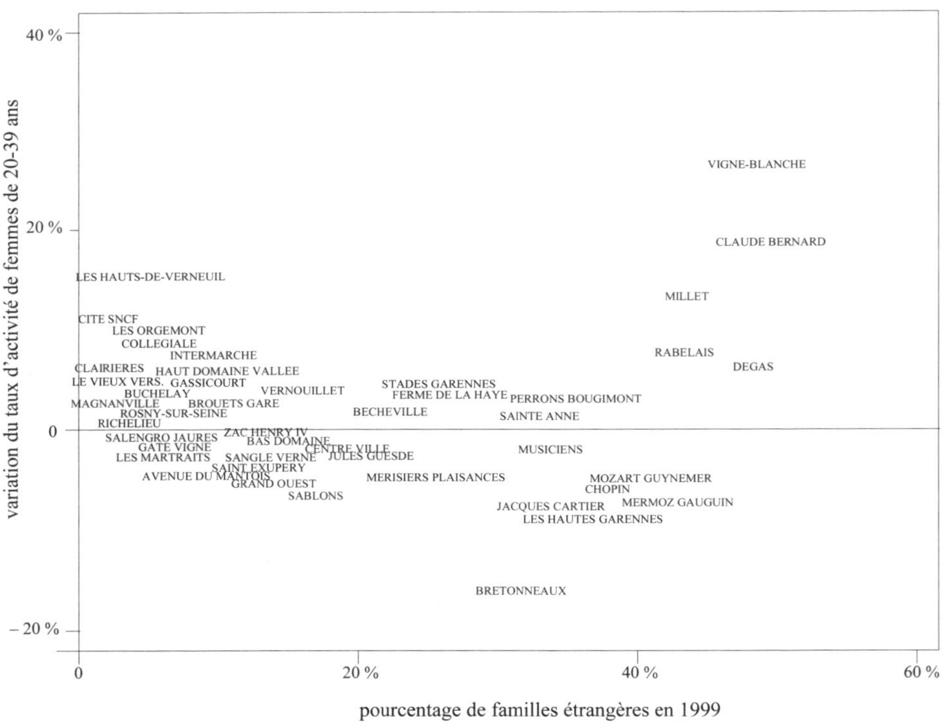

Source : recensement 1999. Lecture : les accroissements les plus forts des taux d'activité des femmes se sont produits à la fois dans les IRIS les plus dépourvus de familles étrangères (Hauts-de-Verneuil) et dans les IRIS où ces familles sont les plus nombreuses (Vigne-Blanche aux Mureaux).

Un examen attentif de la liste des IRIS où les taux d'activité des femmes ont le plus augmenté montre que ce sont, tant à Mantes qu'aux Mureaux, des quartiers où la présence des familles du Sahel est importante. Les IRIS pour lesquels on observe, au contraire, une baisse du taux d'activité des femmes au cours des années 1990-2000 sont des quartiers plus mixtes par le statut, où la présence des familles issues de l'immigration d'Afrique du Nord est relativement grande, et celle des familles du Sahel plus modeste. Ainsi dans plusieurs des IRIS les plus pauvres, où la différence des taux d'activité entre les hommes et femmes atteignait 40 points de pourcentage en 1990 – Vigne-Blanche, Bougimonts, Rabelais, Claude-Bernard –, elle s'est réduite à 20 points de pourcentage en 1999 (dans la grande majorité des quartiers l'écart a diminué moins sensiblement). Il y a eu, au cours de la dernière décennie du XXe siècle, au sein même des quartiers populaires, deux dynamiques divergentes : une croissance de l'activité des femmes dans les quartiers à forte présence des grandes familles sahéliennes, en dépit du nombre élevé des enfants, et une régression de l'activité féminine dans les quartiers où dominent les familles venues d'Afrique du Nord[1]. Des inclinations ou des pressions ont tendu à restreindre les taux d'activité féminine dans les quartiers où les femmes venues du Maghreb sont le plus nombreuses. Réciproquement, la volonté de travailler a été très forte dans ceux où les Africaines venues du Sahel et dépourvues de bagage scolaire comptent le plus.

Nous n'aurions sans doute pas remarqué l'importance que revêt l'activité des femmes pour la socialisation des adolescents sans les entretiens avec les adolescents des collèges, en particulier ceux dont les familles sont venues d'Afrique sahélienne. Plusieurs d'entre eux ont affirmé avec fierté que leur mère travaillait. Au commencement des entretiens nous avions des réticences à aborder ce sujet sachant l'importance de la proportion de mères

1. Comme les quartiers où sont le plus présentes les familles d'Afrique noire concentrent aussi des familles originaires d'Afrique du Nord, donc les proportions de familles étrangères les plus élevées.

au foyer. En posant la question : « Ta mère, que fait-elle ? », nous nous sommes rapidement aperçus qu'il n'y avait, de la part des adolescents élevés dans les familles du Sahel, aucune gêne à dire « ma mère est femme de ménage à l'hôtel… » ou bien « elle fait les bureaux à Paris ». Ce qui entraînait chez d'autres adolescents, même de milieux populaires, une expression de confusion, avait dans la bouche de ces jeunes un accent de fierté. Comment l'activité des « mamans » africaines produit-elle de la réussite scolaire ? Le mystère de cet effet se dissipe en partie au moins si l'on voit cette élévation de l'activité comme l'indice d'un changement de posture. Ces mères ne sont pas, pour la plupart, capables d'aider concrètement leurs enfants, même à l'école élémentaire. D'ailleurs, si c'était un effet de socialisation, il faudrait au moins une dizaine d'années pour percevoir ses conséquences sur les taux de réussite à l'examen de fin de scolarité obligatoire. L'implication des femmes dans la vie professionnelle est l'indice d'une orientation vers le monde – qui est souvent aussi celle de leurs maris – et qui indique qu'elles croient pouvoir réussir par leurs propres efforts. Cette affirmation de ce que les psychosociologues appellent une norme d'internalité intervient chez des femmes dont on n'attend pas cette posture. L'accroissement de l'implication des femmes dans le travail n'est pas, chez elles une affirmation d'autonomie de type néoféministe, c'est la trace d'une volonté d'améliorer les perspectives de réussite de leur famille. Si ces femmes relèvent à leur façon le défi de la modernité, c'est d'abord pour leurs enfants. On peut en effet concevoir qu'ayant fait, à travers l'obtention d'un travail, la preuve qu'il est possible d'y parvenir, elles sont susceptibles de faire partager à leurs enfants une volonté de réussir par eux-mêmes.

Encourager le travail des femmes ?

La politique publique est prise entre l'exigence d'apporter un soutien matériel aux foyers monoparentaux au nom de l'autonomie des femmes et la nécessité de ne pas fragiliser les familles. La tension qui résulte de ce double objectif est réelle et particulièrement aiguë dans les quartiers d'habitat social. Elle doit être assumée en conscience. Pour apprécier les bénéfices et les risques sur les comportements des adolescents d'une élévation du taux d'activité des femmes, il faut tenir compte de l'interaction entre configuration familiale et origine culturelle, des liens entre pauvreté et monoparentalité, de l'existence des dispositifs de prise en charge des jeunes enfants. La littérature internationale montre que si l'activité des femmes commence avant le premier anniversaire, elle a des effets négatifs sur le développement cognitif de l'enfant. En revanche, l'activité après le premier anniversaire a des effets positifs quasi universellement reconnus[1]. Les politiques qui favorisent l'autonomie des femmes ne sont pas nécessairement vouées à produire des inconduites. En outre, celles qui fournissent un soutien aux femmes seules élevant leurs enfants peuvent être compatibles avec le maintien d'un niveau élevé d'activité des mères.

On distingue souvent, au sein des mesures d'aide sociale, des mesures dites « actives » et des mesures « passives ». La métaphore de la bicyclette en rend compte : en apprenant à faire du vélo, chacun, petit ou déjà plus grand, a éprouvé le désir de stabiliser le vélo en mettant les pieds par terre ou en gardant les petites roues de côté qui garantissent l'équilibre même à l'arrêt. Mais il existe un équilibre dynamique non moins puissant lié à l'acquisition de la vitesse. Serrer les freins ou pédaler sont deux moyens qui concourent à favoriser l'équilibre, mais ils n'ont pas la même signification. Les politiques qui placent le curseur du côté de l'assistance jouent, en phase de mobilité, un rôle de tremplin mais ont, dans une période de faible mobilité, un effet inverse. Le remplacement des *Aid to Families with Dependant Children* par les *Temporary Assistance to Needed Families* et la montée en puissance de l'*Earn Income Tax Credit* aux États-Unis, typique de ce passage des dispositifs passifs aux dispositifs actifs, ont eu des effets mitigés parce qu'ils ont accru les inégalités au sein de la population pauvre en même temps qu'ils élevaient le taux d'activité des femmes[2]. En revanche,

1. S. Baydar et J. Brooks-Gunn, « Effects of maternal employment on preschoolers' cognitive and behavioural outcomes », *Development Psychology*, 27, 6, 1991, p. 932-945.

2. « The numbers of families receiving assistance have declined by more than half since the law was implemented in 1997, and the labour force participation rate of single mothers has increased dramatically. Some children

au Royaume-Uni, où le *Working Families Tax Credit* (mesure conditionnelle active) a été remplacé par une allocation plus généreuse associée à un retour à l'emploi, le *Family Credit* (mesure non conditionnelle ou passive), les analyses montrent que cet instrument bien ciblé a permis l'accroissement du taux d'activité des chefs de familles monoparentales (avant la crise de 2008 en tout cas). Ce qui suggère que l'on ne peut se contenter de juger les mesures à leur orientation – assistance *versus* incitation – sans prendre en compte les conditions dans lesquelles elles sont mises en œuvre et le degré d'implication des bénéficiaires[1].

On imagine que la droite a une plus forte inclination pour les mesures « actives » et la gauche pour les mesures « passives », mais les dispositifs sont très loin d'être aussi nettement polarisés. Même quand elles affirment qu'elles visent l'égalité des chances ou la redynamisation urbaine, les politiques de la ville restent fortement marquées par une visée compensatrice. Les individus auxquels elles s'adressent sont envisagés comme des bénéficiaires, individuels ou collectifs, et rarement comme des acteurs auxquels il s'agirait de donner les moyens d'agir par eux-mêmes. Cependant au long des dernières décennies, un glissement s'est opéré d'une logique d'allocation monétaire vers une compensation des handicaps, puis vers une égalisation des chances. Ainsi s'accentue une orientation qui suppose que les bénéficiaires sont acteurs et reçoivent des moyens de faire plutôt que des ressources complémentaires. Le bénéfice d'un retour à l'emploi ne se limite pas à des gains monétaires. Une politique favorisant l'élévation des taux d'activité féminine, complétée

---

appear to have benefited economically as the child poverty rate declined. However, the increase in income was not large enough to substantially raise children's standard of living and deep poverty (income less than half the poverty threshold and using the U.S. absolute poverty measure) may have risen. » Cf. M. J. Zaslow *et al.*, *The National Evaluation of Welfare-to-Work Strategies : Impacts on young children and their families two years after enrollment*, Washington, DC, U.S. Department of Health and Human Services, 2000.

1. Quelle que soit la manière dont on apprécie ces politiques, disparition des allocations durables AFDC au profit d'allocations beaucoup plus conditionnelles TANF et, peut-être, le retour « d'AFDC new-look » dans le contexte de la crise financière et de la victoire de Barack Obama, le débat sur les dispositifs d'aides se pose à nous.

par des dispositifs de prise en charge précoce des enfants et les actions de formation récemment délaissées, pourrait avoir des effets positifs sur la réussite scolaire et la réduction de la délinquance.

La gauche, assommée par le résultat de 2002, a inauguré un cycle de méfiance à l'égard de tout ce qui s'apparente à ses yeux à du libéralisme et ignore le potentiel d'une lutte pour l'*empowerment* des femmes des quartiers pauvres[1]. On peut stigmatiser le néolibéralisme des Anglo-Saxons comme un système abominable qui investit toutes les sphères de la vie en prétendant les soumettre aux règles de la compétition. Je ne suis pas convaincu que la contractualisation des droits et devoirs des individus et des familles dans le cas de mesures de solidarité « actives » puisse être assimilée à une logique de marché, mais peu importe. La gauche française qui a repris le volet coercitif de la politique des néotravaillistes peut-elle ignorer les mesures d'*empowerment*[2] ?

Si c'est à partir des zones pauvres et immigrés que l'involution des mœurs se diffuse, ce pourrait être d'elles aussi que vienne une nouvelle impulsion et notamment des femmes. En effet, en Inde et en Afrique, on voit s'organiser les femmes à travers des structures associatives, des *Self-Help Groups*, des tontines, l'usage du microcrédit. Partout ce qui est en jeu c'est bien sûr d'élever leur niveau de vie, de pouvoir disposer de ressources propres, de donner une meilleure éducation à leurs enfants mais aussi de promouvoir un changement des rapports entre les sexes. À travers ces démarches une évolution susceptible d'atteindre le pouvoir patriarcal s'opère. Au Bangladesh, dans plusieurs États de l'Inde, ce mouvement d'*empowerment* féminin se diffuse largement : environ 10 % des femmes actives sont impliquées dans les *Self-Help Groups* au Tamil Nadu et

1. Cf. l'accueil très mitigé qu'elle a réservé au rapport de P. Cahuc, F. Kramarz, *De la précarité à la mobilité : vers une Sécurité sociale professionnelle*, Paris, La Documentation française, 2004.

2. Un Robert Castel pourrait, me semble-t-il, adhérer à cette exigence du New Labour dès lors qu'on donne aux individus et aux familles les moyens effectifs de remplir le contrat. Cf. Robert Castel, « Débat avec Jacques Donzelot », *Esprit*, août 2005.

au Bengale-Occidental. En Asie du Sud, en Afrique de l'Est à travers le microcrédit, un mouvement analogue des femmes pauvres s'est développé. La portée de ces actions fait l'objet de nombreux débats, toutefois leur extension est telle en Asie qu'elles marquent indiscutablement une rupture par rapport aux réponses assistancielles jusqu'ici dominantes : il ne s'agit pas seulement d'étendre des droits mais d'accroître les capacités de réalisation.

Peut-on, et si oui comment, transposer cette expérience dans les quartiers d'habitat social européens ? L'économie solidaire, par sa capacité à repenser l'articulation entre famille, marché, autorités publiques et société civile, offre une opportunité inédite pour penser la lutte contre les inégalités de genre[1]. « D'une part, l'existence d'espaces intermédiaires socialise et mutualise la prise en charge de problèmes qui incombaient jusque-là à la sphère privée, et donc essentiellement aux femmes. D'autre part, en permettant la formulation, l'expression et la revendication des difficultés rencontrées par certaines catégories de population et en particulier les femmes, mais ignorées ou négligées par le marché ou l'État, ces espaces intermédiaires répondent au caractère foncièrement inégalitaire d'une justice universaliste, insensible et aveugle à certaines formes d'inégalités[2]. » Si le mouvement associatif des femmes des quartiers pauvres en Europe, si les pratiques du microcrédit n'ont pas suffisamment d'ampleur, une série d'indices montrent cependant que les femmes des milieux les plus pauvres, en cherchant à avoir une activité rémunérée, en s'inscrivant dans une démarche d'autonomie, pourraient contribuer à inverser la spirale d'échecs éducatifs.

Une politique d'en-capacitation donnant la priorité aux femmes des quartiers pauvres dans l'accès à des ressources ou au microservice est une politique de discrimination positive territoriale. Elle ne repose pas sur l'attribution de droits spécifiques mais vise à encourager l'auto-organisation, à l'instar des syndicats de

1. Cf. l'action de l'ADIE en France.

2. I. Guérin, « Économie solidaire et inégalités de genre : une approche en termes de justice sociale », *Revue internationale de l'économie sociale RECMA*, n° 289, juillet 2003, p. 40-57.

salariés, pour leur faciliter l'accès à des formations et permettre de proposer des prestations aux particuliers (services à la personne). Ce qui est essentiel, et que l'expérience des pays asiatiques souligne, c'est cette dimension d'organisation collective. A-t-elle une capacité de corrosion des mœurs patriarcales ? C'est une question débattue en Asie et en Afrique. Ces débats mériteraient d'être mieux connus en France où nous nous arrêtons souvent à une lecture purement rhétorique des politiques sans voir qu'elles permettraient aux femmes des quartiers pauvres d'accéder à des « fonctionnements[1] » qui leur étaient jusque-là inaccessibles. Elle a commencé de se développer et mérite un puissant encouragement.

Une des sources d'échec de ces politiques d'en-capacitation ne résulte pas d'un déficit de moyens mais d'un manque de confiance des bénéficiaires potentiels qui ne relèvent pas des dispositifs sociaux. Les politiques territoriales se heurtent aujourd'hui à une défiance des acteurs locaux issus de la société civile qui dérive de la perception négative qu'ils ont de la politique globale à l'égard des migrants du Sud. Peut-on faire progresser l'inclusion tout en brandissant vis-à-vis des candidats à l'immigration des menaces d'exclusion ?

1. Au sens donné à ce mot par Amartya Sen, en l'espèce, par exemple, avoir voix au chapitre au sein de la famille élargie.

CHAPITRE XII

INCLUSION

À la fin du siècle dernier, les pays européens sont devenus, à des degrés divers, des sociétés multiculturelles qui ont une puissance limitée et voient leur avantage comparatif se réduire au sein d'un monde multipolaire. Ces sociétés n'ont plus l'homogénéité que l'histoire a façonnée à travers des recompositions et des politiques d'assimilation drastiques. Les récentes migrations du Sud apportent en Europe des traditions hétérogènes, différentes de l'héritage noir américain et caribéen : c'est une raison pour ne pas translater les interprétations et les politiques publiques mises en œuvre outre-Atlantique vers nos sociétés sans être attentifs aux cultures des migrants. On observe dans les pays d'Europe au cours des dernières décennies du XXe siècle deux réactions. La première est une réaction à la modernisation des mœurs qui s'est diffusée dans tout l'arc arabo-musulman. Celle-ci, pour une bonne part, peut être conçue comme une réaction différée à la domination coloniale et, en même temps, une contestation du leadership occidental. La seconde, on l'a évoqué, est un mouvement de repli moral qui affecte tant cette zone que les pays occidentaux eux-mêmes. Ces facteurs se sont conjugués à travers les tensions entre migrants et autochtones en Europe. Dans ce contexte, les modèles d'intégration européens qui faisaient référence à des États-nations homogènes, produits par l'histoire au cours des deux siècles passés, sont devenus caducs.

Même lorsque le processus d'inclusion s'opère, il n'y a pas d'effacement des différences culturelles. Ce maintien caractérise un processus d'inclusion sans assimilation de type postnational. C'est ce processus qu'il faut favoriser.

Inclusion *versus* assimilation

Les sociétés postnationales et multiculturelles présentent à la fois, positivement, une moindre fermeture sur l'extérieur, une perte de similarité et, négativement, une fragmentation intérieure car des sous-cultures pourvues d'une certaine autonomie se forment et se maintiennent. La cohésion ne passe plus par un renforcement de la cohérence par similitude : l'intégration-assimilation n'est pas une nécessité des sociétés postnationales.

L'intégration est la qualité en quelque sorte naturelle de l'État-nation tel qu'il se constitue au XIXe siècle, corrélativement à la mise en place d'une sphère publique, qu'a décrite avec beaucoup de pertinence J. Habermas. L'inclusion dans une société postnationale ne peut avoir pour ambition ce programme assimilationniste. Comme le rappellent très clairement S. Beau et G. Noiriel, il faut remonter à la matrice historique républicaine de cette notion d'assimilation pour en saisir la portée[1]. Dans l'idéal de la IIIe République, la notion d'assimilation n'était pas conçue comme une injonction, ce qu'elle est aujourd'hui, mais comme un processus long de socialisation, comportant deux aspects. Le premier concerne l'intériorisation des normes et des valeurs qui s'imposent à la nouvelle génération pour toute société. Le second concerne la participation à la vie collective, les modalités d'accès aux emplois publics et privés, aux fonctions politiques, bref l'intégration civique (la notion d'insertion professionnelle n'est pas alors saillante). Ces deux aspects n'ont pas disparu, mais ils ont été profondément réorganisés par l'évolution même de nos sociétés. En effet, la modernité du second XXe siècle est fortement découplée des exigences qui l'avaient accompagnée du milieu du XIXe siècle à la Seconde Guerre mondiale. Une modernité cosmopolite s'est substituée à l'idéal humaniste, introspectif, européo-centré, homogène. Les cultures modernes des sociétés postnationales fonctionnent avec un niveau de prescription (et de prohibition) limité, obtenant de la conformité par

1. *Hommes et migrations*, 1991.

des pressions normatives indirectes[1]. Ces sociétés ne revendiquent pratiquement, outre les libertés de base et l'équité, que des valeurs procédurales au plan du droit. Ouvertes sur le monde, elles s'appuient sur une technologie tout à fait compatible avec les particularismes culturels. Cette perspective moderne véhicule un standard moral minimaliste : elle n'oblige pas positivement car elle n'affirme presque rien substantiellement. De ce fait, l'intégration ne peut aujourd'hui avoir pour ambition de parvenir à une similitude de l'ensemble des valeurs et des comportements. Une politique publique inclusive dans une société ouverte ne doit pas faire de la fusion dans un même creuset de valeurs et de mœurs un préalable ni même une priorité politique.

C'est pourquoi ceux qui, comme Alain Finkielkraut, conservent ce référent IIIe République, non seulement sécularisé mais offensivement laïque dans ses attentes, considèrent toujours et de manière assez obsessionnelle que les jeunes Franco-Maghrébins ne sont pas intégrés et difficilement intégrables. D'autres, au contraire, ayant adopté les premiers un référent ouvertement multiculturel, soutiennent que l'intégration culturelle des jeunes issus de l'immigration maghrébine est accomplie. À l'appui de cette affirmation, ils évoquent la place non négligeable que les jeunes d'origine maghrébine ont prise dans certains domaines comme la musique populaire rap, hip-hop, breakdance, le comique et une partie de l'activité du « show-biz », dans les sports comme le foot ou la boxe, dans certaines disciplines de l'athlétisme, et plus modestement dans le cinéma, la littérature, même si leur percée dans la vie politique nationale ou à la télévision est plus récente. Mais, selon ces auteurs, l'intégration culturelle des jeunes issus de l'immigration ne vaut pas intégration tout court, car les différentes dimensions – économiques, politiques et culturelles – ne sont pas naturellement corrélatives. « Pour les plus démunis [...], écrivait D. Lapeyronnie au début des années 1990, la lutte pour l'affirmation de la spécificité d'une expérience ou d'une identité peut être vécue comme une entrave à l'augmentation de la participation économique. » À l'encontre du stéréotype dominant, il soutenait que ce qui sépare alors

1. Cf. François Dubet, *Le Travail des sociétés*, *op. cit.*

les migrants maghrébins des nationaux, ce n'est pas un déficit d'intégration culturelle mais un double déficit d'intégration économique et politique. Il ajoutait que « dans les sociétés postnationales, l'exclusion économique et l'intégration culturelle se sont accrues en parallèle[1] ». Vingt ans après, cette analyse me paraît devoir être abandonnée. Au début des années 1990, on a tendu à théoriser les contraintes du moment. Le manque de réussite scolaire et l'échec à réaliser une mobilité ascendante chez les jeunes issus de l'immigration maghrébine ont été considérés comme des faits pérennes, entretenus par les contradictions entre les exigences d'une affirmation identitaire et celles de l'intégration dans le courant central de la société. Dans les années qui suivirent, avec des études comme celle de J.-P. Caille et L.-A. Vallet sur la réussite scolaire des enfants issus de l'immigration, on a admis que le blocage ne se situait pas, ou du moins pas principalement, au niveau de l'école[2]. On est plus circonspect aujourd'hui sur la meilleure réussite scolaire à milieu égal de ces enfants, mais le chemin parcouru par beaucoup de groupes de migrants est appréciable[3]. Pour les Franco-Sahéliens, l'histoire n'est peut-être pas si différente, mais ils ne se trouvent pas au même point du cycle et la phase actuelle est encore celle d'une affirmation ethnique. La vie dans les quartiers ségrégés a gardé des fonctions protectrices – ce n'est plus certes le foyer où le nouvel arrivant reçoit des papiers, est aidé pour avoir du travail, employé pour nettoyer ou cuisiner –, mais le groupe fonctionne encore comme une communauté. À l'exception d'une étroite frange (notamment ceux qui, excellant dans les disciplines sportives, ont pu contourner la voie scolaire), les jeunes issus des migrations du Sahel sont largement relégués dans des emplois de service subalternes.

1. D. Lapeyronnie, « De l'intégration à la ségrégation », *Cultures et conflits*, juillet 1992.

2. Bien que l'accès aux grandes écoles reste largement fermé aux enfants issus de l'immigration, les barrières se situent plutôt dans l'accès à l'emploi, cf. M. Euriat, C. Thélot, « Le recrutement social de l'élite scolaire en France, évolution des inégalités de 1950 à 1990 », *Revue française de sociologie*, 36-2, 1995.

3. Cf. J.-P. Caille, intervention au séminaire de la CAF, Paris, avril 2007.

Peut-on soutenir aujourd'hui encore que l'intégration culturelle, affirmée à propos des migrants d'Afrique du Nord, est si forte et l'intégration économique si faible ? S'agissant de l'insertion économique, on constate avec le recul que les Maghrébins de la seconde génération ont vu leur niveau de formation et leurs statuts sociaux se différencier[1]. Il est choquant qu'à diplôme égal (supérieur au bac), durant les années 2000, les « Maghrébins » aient un taux de chômage de 28 % contre 14 % chez les natifs issus de natifs : le déficit ne se situe pas principalement dans l'accès aux études mais dans la transformation de cet accès en positions sociales. D'un côté, pour une fraction large de ces jeunes, une inclusion sociale s'est réalisée et n'a pas eu pour présupposé une assimilation, un effacement des différences culturelles. De l'autre, une diversification des statuts sociaux et des niveaux de diplôme est apparue chez ces enfants de migrants. Cette diversification affecte non moins fortement les valeurs et les conduites, la culture en somme, que les positions statutaires. Parallèlement, en raison entre autres de l'isolement des familles immigrées, les porte-à-faux normatifs se sont durcis pour ceux qui habitent les cités. Là, les mœurs – faits culturels s'il en est, sauf à restreindre la culture aux expressions artistiques – qui impliquent les garçons et les filles issus de l'immigration d'Afrique du Nord ne témoignent pas en faveur d'une convergence. Je serais tenté de dire, vingt ans après, que l'intégration culturelle pour une fraction d'entre eux s'est au contraire figée dans une contre-culture qui se diffuse à partir de ces lieux dans toute la société.

Les jeunes Franco-Maghrébins insérés professionnellement n'ont eu besoin d'abandonner ni leur identité – qui ne se confond pas avec celle de leurs parents –, ni leur groupe d'origine, ni leur lieu de résidence. Certains se sont installés près de leur famille, dans un quartier seulement un peu plus chic que la cité, de sorte qu'ils restent disponibles pour participer à la vie de leur groupe culturel, auquel ils peuvent en contrepartie apporter un soutien. Là encore, contrairement à une vision des formes culturelles

1. Cf. Chloé Tavan, *Insee Première*, n° 1042.

conçues comme des catégories étanches, il apparaît avec le recul de deux à trois décennies que beaucoup des Franco-Maghrébins ont su concilier le maintien de relations étroites avec leur famille, un sens de la communauté et simultanément une adaptation aux exigences d'une modernité technique. Certes, en France, ce modèle d'insertion économique s'est mieux appliqué à l'immigration marocaine et tunisienne, et moins bien à l'immigration algérienne. En tout cas, la participation économique n'a pas eu pour préalable, ni même pour contrepartie directe, un abandon des loyautés familiales ou même néocommunautaires.

Aliénation politique

Le processus d'inclusion politique est lui aussi partiel. Robert Dahl pose que l'intégration passe d'abord par une affirmation communautaire et suggère que, dans un second temps, les communautés se diversifient, perdent de leur homogénéité et que les comportements politiques deviennent aussi plus différenciés, tandis que parallèlement l'offre politique s'adapte à leurs demandes. Ce schéma d'intégration politique peine à se réaliser en France. Au cours des années 1980 et 1990, le succès de la marche pour l'égalité a dissimulé le maintien d'une forte aliénation politique des migrants d'origine africaine devenus français. Les très faibles taux d'inscription sur les listes électorales en portent témoignage. Alors, une fraction importante des nouveaux Français qui habitent les cités vote pour la droite et même l'extrême droite, populiste et xénophobe (notamment des migrants d'origine portugaise ayant acquis la nationalité française). Dans le Mantois, pendant les années 1990, le vote de droite et d'extrême droite atteint localement des sommets, cumulant près de 90 % des suffrages exprimés dans plusieurs bureaux de vote situés au cœur de la cité. La géographie des émeutes de novembre 2005 en France porte aussi la trace de cette aliénation. Elle révèle que les villes qui ont connu des émeutes sont, de manière générale, des villes où les formations d'extrême droite recueillent des scores sensiblement plus élevés que la moyenne. Un vote « petit blanc » ou un désintérêt pour la politique sont observables dans les zones où les grandes familles issues de l'immigration africaine sont nombreuses et stimulent une forte réaction politique des autochtones. Je ne pense pas ici à une possible affinité des valeurs, je veux souligner les connexions entre les désordres urbains et le désarroi politique dont ces choix témoignent. La corrélation entre la géographie des émeutes et celle de l'abstention en 2002 et 2007 suggère aussi que l'aliénation politique est, sinon le fait des jeunes émeutiers eux-mêmes ou de leurs aînés, au moins celui de leurs voisins qui expriment là une défiance à l'égard de la politique et une exclusion civique (cf. tableau ci-dessous). Les cités cumulent non-inscription des jeunes Français issus de l'immigration, abstention des adultes devenus français et vote d'extrême droite d'une population autochtone pas toujours âgée mais insécurisée devant l'ouverture du monde. Dans la foulée des émeutes de 2005, des actions et des mouvements pour encourager l'inscription sur les listes électorales se sont développés. On constate pourtant, en 2007, en dépit des actions collectives menées, qu'il y a une aliénation politique culturellement marquée : le taux d'abstention dans les cités reste massif[1]. « Les résultats des élections régionales [de 2010], qui prolongent les constats des précédents scrutins, devraient [...] interpeller la société française, plus encore que des véhicules brûlés, écrit Luc Bronner[2]. Avec des taux d'abstention qui dépassent les 70 % des inscrits, les habitants des quartiers difficiles ont exprimé leur sentiment d'être en dehors de la vie électorale, en dehors du système politique, en dehors de la République. »

Un groupe large de jeunes issus de l'immigration n'a, de façon directe ou indirecte, aucune représentation politique, la violence urbaine et l'abstention politique sont pour ces jeunes deux expressions corrélatives. Un second groupe issu de l'immigration, ayant aussi un meilleur bagage scolaire, trouve depuis

1. S. Brouard et V. Tiberj notent d'ailleurs, dans une enquête réalisée en 2008, que 29 % des jeunes de 18 à 31 ans d'origine maghrébine ou noire africaine se déclarent ni de droite ni de gauche, se trouvant mal représentés par l'offre politique, cf. S. Brouard et V. Tiberj, « L'incorporation politique à la française », *Migrations-Sociétés*, vol. 19, 2007, p. 111.

2. *Le Monde*, 25 mars 2010. Cf. aussi *La Loi du ghetto*, Paris, Calman-Lévy, 2010.

Villes de France : corrélations entre intensité des émeutes de 2005 et aliénation politique

	Nombre de jours d'émeutes	abstentions 1er tour 2002	abstentions 1er tour 2007
Abstention 2002	0,22**		
Abstention 2007	0,27***	0,25***	
Vote extrême-droite 2002	0,38***	0,36***	0,46***

Source : calculs de l'auteur.
Abstentions au 1er tour de l'élection présidentielle de 2002 ou 2007 ; % de suffrages exprimés recueillis par les formations d'extrême droite, Front national et Mouvement national républicain.
Trois *** : significatif à 1 ‰, ** à 1 %.

2002 dans le vote de gauche une expression, plus protestataire d'ailleurs que d'adhésion programmatique. Un troisième groupe dont les préférences politiques sont moins affirmées comprend des migrants devenus français dans la maturité qui, quand ils votent à gauche, restent porteurs d'un agenda moral très conservateur. Si les migrants et leurs enfants, quand ils votent, votent à gauche, c'est en découplant, à des degrés divers, dans les valeurs incarnées par la gauche, la recherche d'une sécurité et d'une protection sociale d'un côté, et les mœurs de l'autre. Les nouveaux Français – qui se recrutent parmi les migrants – sont frileux sur la liberté des mœurs : 41 % peuvent être qualifiés de permissifs en parole, contre 58 % dans l'échantillon témoin autochtone. S. Brouard et V. Tiberj soulignent que l'incidence des valeurs individuelles est moins marquée chez les migrants, en d'autres termes qu'ils se montrent plus traditionnels[1]. Cet éclatement de la « cohérence idéologique » du vote de gauche est rarement relevé, car il met en porte à faux les idéologies politiques.

1. S. Brouard et V. Tiberj, « L'incorporation politique à la française », *op. cit.*, p. 113.

Quelle diversité reconnaître ?

Il ne serait pas cohérent avec l'analyse qu'on a faite de l'involution des mœurs de considérer que nous devons reconnaître comme tels les mœurs inégalitaires, patriarcales, la polygamie et l'infériorisation des femmes qui se sont diffusées à divers degrés dans les cités parmi les immigrés d'Afrique. La reconnaissance de la différence, nécessaire à une politique d'inclusion tolérante, ne signifie pas adhésion aux valeurs d'autrui quelles qu'elles soient. Précisément la politique défensive qui a été adoptée au nom d'une conception vieillie de la laïcité consiste à refouler les questions religieuses et morales dans une sphère privée réduite à l'intimité des consciences, ce qui revient à dire que nous renonçons à mener les débats moraux.

La reconnaissance des différences ne doit pas conduire à concevoir la fragmentation sociale comme un état définitif (dans ce cas-là, il n'y aurait rien à inclure). Elle implique de favoriser un processus que les psychologues connaissent bien : pour rencontrer l'autre, il faut être soi et reconnaître son propre particularisme. Il faut donc revenir sur l'occultation de l'ethnicité et des différences culturelles, qui ne se résument pas à une opposition eux/nous, pour les faire évoluer. Il faut aussi voir quels sont les domaines dans lesquels une différence des conduites ou des traitements est acceptable. Au fond, il s'agit d'admettre que les démocraties postnationales sont des collectifs à responsabilités limitées qui sont d'accord sur les principes déontologiques et mettent en débat les orientations morales sans rechercher une quelconque uniformité.

En premier lieu, si l'on veut véritablement inclure les composantes qui forment notre société, il faut leur donner une représentation à différents niveaux. Cette exigence a des fondements philosophiques dont C. Taylor a fourni l'expression la plus conséquente. Représenter la diversité et d'abord se représenter notre société dans sa diversité est un des aspects majeurs de la reconnaissance que nous devons donner aux diverses composantes de la population. Ce besoin de reconnaissance doit être conçu comme essentiel : « Une personne ou un groupe de personnes peuvent subir un dommage [...] si la société qui les entoure leur renvoie une image limitée, avilissante ou méprisante d'eux-mêmes[1]. » Cette exigence cognitive et symbolique est très forte. Elle comporte le triple impératif d'asseoir les mesures sur des bases solides, de rendre compte des assignations et de faire droit à l'expression des subjectivités. Cette reconnaissance n'implique pas, selon moi, une représentation des groupes d'origine à tous les niveaux de la société à une proportion de leur place dans la société, mais une lutte contre les inégalités de représentation les plus scandaleuses. Aux inégalités de représentation s'adjoignent deux inégalités également associées à l'ethnicité : des inégalités de traitement et des inégalités d'accès aux « ressources primordiales » (éducation, logement, santé, emploi).

La lutte contre les discriminations

La lutte contre les inégalités de traitement, c'est-à-dire contre les discriminations, s'accorde plus facilement avec notre héritage politique que l'exigence d'équité. On admet dans nos sociétés que des inégalités sont acceptables quand les rétributions dépendent des qualifications ou de l'ardeur déployée dans une tâche. Une discrimination ethnique est une inégalité de traitement ou de rétribution fondée sur une caractéristique reçue des individus comme la couleur de la peau. Il faut donc pouvoir mesurer ces inégalités injustes. Une observation directe des discriminations est impossible. L'imputation de l'inégalité de traitement à des caractéristiques ascriptives ne peut être qu'indirecte, produite par des protocoles expérimentaux (*testing* entre autres) ou statistiques (modèles explicatifs). On ne peut qu'*inférer* une discrimination en constatant qu'une inégalité de traitement ou de rétribution n'est pas explicable par la qualification, l'habileté, la compétence ou le talent.

En France, sur le plan institutionnel, on a observé une inflexion des attitudes pendant une dizaine d'années. Cette période est

1. *Multiculturalisme*, Paris, Flammarion, 1997, p. 41.

close. Pendant les années 1980 et 1990, la plupart des « sensibilités » de l'opinion ont donné une légitimité à l'hostilité envers les immigrés et les étrangers. Puis, aux environs de 1998, la légitimité institutionnelle de cette position a commencé à s'affaisser, sans pour autant que soit mis fin à une politique de fermeture des frontières sur l'extérieur ni que l'opinion se montre plus ouverte[1]. Le regard porté en termes de discriminations a évolué corrélativement à ce changement salutaire de posture. Les pouvoirs publics, sans abandonner l'idée d'intégration, ont commencé à inclure dans l'action publique la lutte contre les discriminations. Il ne s'est agi d'abord que de changer les termes du référentiel juridique : « D'un côté, on allège les exigences dans la démonstration de la discrimination (charge de la preuve), de l'autre on promeut des modifications dans les comportements des personnes concernées (préférences pour les procédures civiles qui ont de meilleures chances d'aboutir que les procédures pénales) », écrit Didier Fassin[2]. Mais pas seulement. S'il n'instaure pas une « politique de reconnaissance », le renversement de l'imputation causale – ce ne sont plus seulement les migrants ou les étrangers qui constituent le problème mais aussi le comportement de la société à leur égard – peut susciter une attitude nouvelle. La prise en compte des différences culturelles implique à mon sens des changements profonds dans les comportements du courant central des sociétés. Ces changements ne sont possibles que si la représentation politique et l'administration donnent l'exemple d'une grande rigueur dans le traitement des membres des minorités et des minorités elles-mêmes.

1. « Dans une communication au Conseil des ministres [...] d'octobre 1998, la ministre de l'Emploi et de la Solidarité déclare faire de la lutte contre les discriminations à caractère racial dans le monde du travail une "priorité de sa politique". Cette initiative sera suivie d'une convention signée par plusieurs ministères et le Fonds d'action sociale (FAS) instituant un Groupement d'études et de lutte contre les discriminations (GELD) et de Commissions départementales d'accès à la citoyenneté (CODAC). » Cf. Didier Fassin, « L'invention française de la discrimination », *Revue française de science politique*, vol. 52, 2002.

2. *Ibid.*

En France, la Haute Autorité pour la lutte contre les discriminations et pour l'égalité (HALDE) a mené une action qui était urgente sur le plan du droit et alerte l'opinion. De grandes entreprises soucieuses de soigner leur image et de diversifier les origines de leur personnel ont signé la Charte pour la diversité. Elles se sont engagées dans des actions pour rétablir la représentation des membres des minorités visibles dans l'entreprise et parfois s'attachent à recruter et former du personnel issu des cités. Ces éléments d'une politique de lutte contre les discriminations sont, comme les programmes antiracistes, nécessaires. Ils restent toutefois limités à une politique d'inclusion des individus et n'accueillent pas les minorités comme telles.

Si la lutte contre les discriminations, engagée aux États-Unis au lendemain du mouvement des droits civiques, a permis qu'une élite noire trouve place à tous les niveaux de la vie publique, cette politique n'a pas empêché que la grande masse des Noirs américains restent dans des positions d'infériorité, qu'ils aient des parcours scolaires sensiblement moins bons que les Blancs et que les jeunes Noirs composent une large fraction de la population des prisons. En dépit du recul de la ségrégation, les programmes de lutte contre les discriminations n'ont pas suffi à produire véritablement de l'égalité des chances. Comme le remarque le sociologue W. J. Wilson, dès la fin des années 1980, l'action contre les discriminations n'a pas véritablement freiné la dérive des ghettos urbains. Pour autant, je ne suis pas convaincu qu'on ait intérêt à mettre en œuvre des politiques purement compensatoires, en aval, alors qu'il y a tant à faire par une action précoce en amont (du côté d'une égalisation des chances).

Les programmes de lutte contre les discriminations doivent être complétés par des dispositions favorisant l'inclusion institutionnelle des minorités. On a amorcé sur le plan procédural l'inscription de l'islam dans le paysage religieux institutionnel avec la création du Conseil français du culte musulman (CFCM). C'était nécessaire, mais l'horizon d'action vise davantage l'institutionnalisation des « communautés » que l'inclusion des groupes humains. Ainsi, par-delà l'installation du CFCM, on continue de mettre des freins aux changements qui permettraient d'accueillir dans notre société des cultures différentes : notamment pour la construction de mosquées, de carrés musulmans dans les cimetières, pour l'ouverture d'établissements confessionnels musulmans, l'enseignement des langues minoritaires, l'aménagement du calendrier, la participation politique. Suffit-il de laisser le temps faire son œuvre et dissoudre les héritages ? On doit spécifier les enjeux d'une inclusion qui ne se contente pas de dénoncer des discriminations mais doit permettre à diverses entités socioculturelles de vivre ensemble démocratiquement. Si l'on veut mener des politiques qui s'attachent véritablement à l'inclusion des populations issues de l'immigration, il faut préciser le terme d'intégration, devenu politique officielle avec la mise en place d'un Haut Conseil à l'intégration. Il faut aussi – est-ce paradoxal ? – oser parler de reconnaissance des différences, dans une société pluraliste et séculière, et dire au bénéfice de qui l'inclusion doit s'opérer[1].

Logiques redistributives

La troisième dimension des inégalités concerne l'accès aux biens de base et les politiques de discrimination positive. Si l'on constate que l'accès aux bonnes écoles, aux services de santé de qualité est moindre pour les originaires des Dom ou les populations issues de l'immigration, il est judicieux, dans une perspective inclusive, de favoriser un accès équitable. À ce point surgit une difficulté : si l'on admet de compenser, par des allocations ou la fiscalité, le déficit de ressources des plus pauvres, on voit mal comment justifier, sur un plan éthique, une allocation de biens rares (et non divisibles, à l'inverse de la reconnaissance) selon des critères ethnoculturels. Aux États-Unis, après le *Civil Rights Act* de 1964 qui visait les discriminations, on s'est orienté dans les années 1970 vers des politiques de discrimination positive (*affirmative action*). On a demandé aux entreprises de vérifier que leur personnel était réparti au prorata des composantes – sexe, âge, race – de la population. Bien qu'énoncée en termes

1. Question posée par N. Guénif-Souilamas à propos de l'intégration, dans un article publié dans *Ville, École, Intégration*, avril 2005.

de remède à la violation du 14e amendement, la généralisation du *busing*[1] est une mesure de discrimination positive (compensatoire), pour ne pas parler des quotas universitaires. Elle a suscité dès le début des années 1990 un retour de bâton. Les juges saisis dans une série d'affaires ont affirmé qu'il n'appartenait pas à la loi d'effectuer une action redistributive[2]. Parallèlement, au Royaume-Uni, où l'accent avait été mis fortement sur les discriminations avec la *Commission on Racial Equality*, dès le début des années 1990, on s'est interrogé de plus en plus sur l'excès de distinction des communautés, sur le séparatisme ethnique où l'on a vu une des sources des émeutes des années 2000. Ces revirements et ces contradictions se retrouvent au centuple en Inde. Les politiques antidiscriminatoires qui fixent des quotas sur des critères ascriptifs – sexe, couleur de peau ou origine culturelle – semblent vouées à produire des effets pervers et des contradictions.

Là encore, on l'aura compris, la critique que nous avons faite des politiques de discrimination positive territoriale ne vise pas le principe de ces dispositifs qui précisément constituent une voie entre le déni de l'existence des minorités ethniques ségrégées et les politiques des quotas ou, dans le vocabulaire indien, des « réservations ». L'analyse qui précède conduit à ne pas préconiser des politiques redistributives fondées sur des critères d'origine culturelle, mais à envisager des actions qui réduisent les déficits culturellement marqués. Prenons l'exemple des « quotas méritocratiques » : 5 % des places dans les classes préparatoires réservées aux meilleurs élèves des lycées des quartiers sensibles[3]. Ils prennent en compte un double critère, le lieu de résidence et le mérite. Il n'y a pas là, pense-t-on, d'allocation de ressources sur un critère ethnoculturel. Cependant, il s'agit bien d'une allocation indirectement ethnoculturelle au mérite dès lors qu'en pratique la moitié de la population de

1. Transport des écoliers vers des écoles moins ségrégées.

2. Mais on ne s'est pas contenté de rectifier le tir : une série de mesures discriminatoires à l'égard des étrangers ont été prises, notamment en Californie (la proposition 187), cf. D. Sabbagh, *L'Égalité par le droit*, Paris, Economica, 2003.

3. Suivant la proposition de P. Weil, cf. *La République et sa diversité*, Paris, La République des Idées/Seuil, 2005.

ces quartiers sensibles est composée d'immigrants d'origine africaine ou turque. Toutefois, le caractère indirect a de l'importance sur le plan éthique. Dans la mesure où elle est indirecte, l'allocation n'est pas un droit réservé à un groupe. Elle lui est octroyée seulement dans la mesure où les familles de cette origine sont surreprésentées dans ces quartiers. De ce fait, elle est appelée à disparaître avec cette surreprésentation. Une telle mesure prend en compte les effets négatifs de la concentration des familles immigrées, sans constituer au sens strict un quota ethnique. Elle va bien au-delà de la lutte contre les discriminations mais exige, comme elle, une connaissance de la diversité ethnoculturelle de notre société.

Les politiques de discrimination positive territoriale, qui procurent des avantages aux minorités culturelles pour autant qu'elles sont dans des positions sociales défavorisées – revenus, niveau de diplôme, etc. – et sont géographiquement concentrées, me paraissent devoir être poursuivies et recentrées, à rebours des logiques de quotas, dans une perspective d'égalité des chances. Cela implique d'évaluer leur impact sur la situation des membres des minorités. L'inclusion parmi les variables de l'origine culturelle ou de l'ethnicité n'implique pas qu'on en fasse des critères de redistribution directe[1]. En revanche, ne pas pouvoir représenter les progressions ou les échecs en fonction de l'origine culturelle comme on le fait en fonction du sexe ou du milieu professionnel me paraît être un déni de réalité. Cette démarche vise à prendre sans hypocrisie la mesure de ce qu'elles apportent aux groupes ségrégés, à saisir leurs effets sur les membres des minorités culturelles sans dénégation ni faux-semblants, pour articuler véritablement les différentes composantes.

Les droits des individus et des minorités

Dans la plupart des pays d'Europe, les gouvernements ont quelque peine à considérer que les minorités récentes issues de

1. Le fait que la description de la population inclut de façon systématique le sexe comme variable ne nous conduit pas à faire du sexe un critère systématique d'attributions compensatoires.

l'immigration pourraient bénéficier de droits collectifs accordés à des groupes présents depuis beaucoup plus longtemps sur le territoire national : les minorités indigènes, les groupes historiques incorporés par des changements de frontières ou des déplacements. C'est un domaine extrêmement difficile, dans lequel les mesures peuvent rapidement se retourner contre les fins recherchées. Je me contenterai ici de quelques jalons.

On n'est pas allé très loin en France, ni d'ailleurs dans la plupart des pays d'Europe continentale, s'agissant des droits culturels, de l'enseignement des langues minoritaires ou des aménagements du calendrier. Après le cataclysme de la Seconde Guerre mondiale, les politiques visant à protéger les minorités en tant que telles ont été bannies de l'agenda politique. L'approche qui s'y est substituée, dès la Déclaration universelle des droits de l'homme en 1948, a été complètement centrée sur l'individu. C'est à travers les individus que les droits culturels et collectifs de base comme la pratique de la langue et les croyances spécifiques sont protégés. Ce système, que les Anglo-Saxons appellent parfois *denial*, ignore l'existence des minorités. Il trouve depuis la fin des années 1960 des limites. Une série de dispositions ont été prises dans le cadre des Nations unies, du Bureau international du travail (BIT), de l'Unesco, du Conseil de l'Europe, de l'Union européenne et de l'Organisation pour la sécurité et la coopération en Europe (OSCE) qui reconnaissent un minimum de droits à des entités infranationales. L'article 27 de l'ICCPR[1] stipule dès 1966 que « dans les États dans lesquels des minorités ethniques, religieuses ou linguistiques existent, les personnes appartenant à ces minorités ne peuvent se voir dénier le droit, en communauté avec les autres membres de leur groupe, de jouir de leur propre culture, de pratiquer et de professer leur propre religion, ou d'utiliser leur propre langue ». Ce n'est que dans les années 1990 que cet article a reçu, dans certains pays, notamment au Canada, une interprétation qui n'en limite pas la portée aux minorités historiques installées

1. *International Covenant of Civil and Political Rights* de l'Organisation des Nations unies.

de longue date. Selon des modalités variables, la présence de ces groupes originels pose des problèmes analogues à ceux des migrants : la question de l'enseignement des langues minoritaires, de l'ouverture des lieux de culte, de la création et de la gestion d'établissements d'enseignement (confessionnels ou non), de l'accès aux postes dans l'administration, de la possibilité de recours à des dispositifs judiciaires ou arbitraux spécifiques. Par-delà la reconnaissance de droits culturels qui relèvent de la protection de groupes humains et ne pose pas de problème de principe, un débat fort complexe, qui n'a été qu'effleuré dans les pages qui précèdent, concerne notamment les demandes qui tournent autour d'une différenciation des procédures judiciaires en fonction des normes culturelles, et l'idée d'une redistribution ou d'une compensation sur des critères ethnoculturels. Ce sont des questions pendantes.

On enregistre en Suède des demandes venant d'associations musulmanes pour que les imams aient le droit de dire si un divorce autorisé par une cour de justice est valide du point de vue de l'islam, ce qui revient à établir des conseils communautaires (ils émettent des avis). Au Royaume-Uni, plusieurs cas portés à la connaissance des autorités policières et judiciaires ont montré la volonté de certains groupes de mettre en œuvre des dispositions civiles et pénales communautaires en lieu et place des lois nationales. S'appuyant sur les développements récents de la loi pénale qui ouvrent la possibilité de recourir à la médiation, on a vu des affaires de violences légères être traitées par des cours arbitrales qui se sont traduites par le versement d'une indemnité compensatoire par les agresseurs à la victime[1] et, de façon symptomatique, l'auteur des violences légères a précisé qu'il se « sentait plus lié par les lois traditionnelles de son pays de naissance que par celles de son pays d'adoption[2] ». La pression exercée par les minorités musulmanes au Royaume-Uni a conduit à mettre en place en 2007, en remplacement des « Sharia's Councils » qui existaient depuis une trentaine

1. Cf. l'affaire Aydarus Yussuf, à Woolwich, au sud de Londres, http://islameurope.blogspot.com.

2. Dans un entretien diffusé en janvier 2006 sur Channel 4 de la BBC.

d'années, des cours arbitrales. Ces cours sont chapeautées par un *Muslim Arbitral Tribunal*, institué par le truchement d'une clause de l'*Arbitration Act* de 1996[1]. Ces cours arbitrales ne sont pas censées traiter des divorces, du droit de garde des enfants, ni des affaires criminelles, c'est-à-dire que leur action est assez étroitement encadrée. Les parties y ont recours de façon volontaire. De plus les décisions de ces cours sont soumises à « revue » par les cours civiles ordinaires[2]. Faut-il aller dans cette direction ? Ces dispositifs ne relèvent pas des droits culturels évoqués par la résolution des Nations unies mais de la mise en place d'un système judiciaire parallèle selon des clivages confessionnels. Même limités dans leurs prérogatives, ils risquent de conduire non pas à une articulation entre les minorités culturelles et le courant central, mais à la consécration par le droit d'un *apartheid* social et à un encouragement à la fermeture communautaire.

Cependant, si l'on ne veut pas se payer de mots, l'articulation des différences culturelles implique, sans rompre l'unicité de la loi dans un sens particulariste, de réfléchir sur les dispositifs de médiation ou de justice de paix qui représentent cette diversité culturelle. Affirmer que des formes d'intégration non assimilatrices sont possibles ne signifie pas *ipso facto* que tout s'harmonise ni qu'il faille créer des droits communautaires. Mais cela invite à réinterroger ce qui est fondamentalement dysfonctionnel, ce qui interdit une inclusion des groupes humains qui vivent sur le même sol et ce qui est compatible. En France, les débats qui pourraient conduire à une telle reconnaissance ont été systématiquement éludés. Pourtant, les expériences de médiation mises en œuvre, non seulement au civil mais aussi

1. La minorité juive avait trouvé depuis près d'un siècle le moyen de rendre des arbitrages en matière de divorce à travers le Beth Dinh sans passer par l'*Arbitration Act* de 1996, et sans que cela ne soulève les interrogations actuelles, ce qui prouve que d'autres aspects interviennent.

2. Une dualité de la loi civile existe dans des pays démocratiques nettement plus multiculturels, comme l'Inde, où l'on juge notamment des affaires de divorce suivant des codes civils distincts, cf. Swati Shirwadkar (éd.) *Violence against the women*, Jaïpur, Jaïpur University Press, 2008 ; Flavia Agnes *et al.*, *Women and law in India*, New Delhi, Oxford University Press, 2004.

au pénal, comportent une volonté de rapprochement de l'auteur et de la victime, sans pour autant faire disparaître le tiers. Ce tiers, c'est la loi commune mais c'est aussi, de manière moins abstraite, la collectivité locale. On a dû préciser les limites qu'on leur impose (en particulier le fait que les protagonistes acceptent d'être jugés dans ce cadre), la liste restrictive des situations qui relèvent de la médiation culturelle, enfin le fait que les recours contre les décisions prises dans ce cadre s'exercent dans le cadre des procédures ordinaires. De tels dispositifs méritent d'être examinés au regard des critères d'un multiculturalisme libéral. Pourquoi les formes d'arbitrages devraient-elles être absolument uniformes alors que les logiques d'équité conduisent partout à une différenciation des traitements ? Dans mon esprit, cette institutionnalisation d'une justice civile de premier degré ne va pas du tout dans le sens des cours arbitrales réunies sous l'égide du *Muslim Arbitral Tribunal* britannique. En effet, ces cours arbitrales séparent les individus en fonction de la confession au lieu de définir un lieu commun d'arbitrage. Elles ne font pas dialoguer les références au sein d'un même cadre, mais translatent mécaniquement la confession des individus en séparation normative. Mettre en place des institutions de médiation ne signifie pas nécessairement que ces instances appliquent un droit extérieur, acceptent des pratiques comme la polygamie, etc. Articuler une pluralité culturelle signifie précisément qu'on rejette à la fois l'idée que les groupes identitaires fonctionnent comme des entités extérieures les unes aux autres, et qu'ils se soumettent à un moule unique. Entre le déni des minorités culturelles qui caractérise les discours laïques classiques et les cours arbitrales qui appliquent les dispositions de la charia, il existe d'autres voies.

CONCLUSION

Les tensions que nous vivons dans les pays occidentaux ne sont pas détachables de l'exacerbation de la compétition mondiale pour des ressources rares. Les questions qui touchent les pays et les villes d'Europe sont étroitement connectées avec les déséquilibres écologiques, économiques et urbains sur la planète et spécifiquement entre l'Afrique et l'Europe. Ces déséquilibres entre les zones riches et pauvres, entre les zones dépourvues de ressources du fait des changements climatiques et les zones encore préservées suscitent des mouvements de population. On ne peut pas poser la question des inégalités et des tensions en se plaçant dans un cadre hexagonal, ni même européen, ou en se cantonnant à une comparaison au sein des pays riches. Pour prendre la mesure des enjeux qui lient la cohésion sociale, les inégalités et les menaces écologiques, il faut se situer dans le cadre des rapports entre les différentes parties du monde, entre pauvres et riches tels qu'ils se manifestent crûment. La répartition des revenus est très inégale dans les pays pauvres, à cette inégalité entre les couches sociales au sein des pays s'ajoute une inégalité entre continents et entre pays qui s'est fortement accrue du début de la colonisation au seuil des indépendances. Ainsi, dans les zones du Sahel, la conjonction de la pauvreté et de la sécheresse a conduit les hommes par milliers à quitter leurs villages pour tenter des traversées du désert et de la Méditerranée. Ces écarts de richesses alimentent les migrations à longue portée vers l'Europe, que celle-ci repousse au mépris des droits de l'homme. De ce fait, en raison aussi de la globalisation économique, les sociétés européennes ont changé.

On continue cependant de les penser comme des sociétés nationales, des entités pourvues d'une personnalité historique unifiée. Celle-ci s'est fortement atténuée, des strates distinctes régies par des mœurs distinctes s'y juxtaposent. Chaque pays tend à former une mosaïque composée d'éléments hétérogènes combinés en des arrangements variables. Les élites se ressemblent de plus en plus d'un pays à l'autre, cependant les strates pauvres diffèrent plus par construction, et chacune compose avec les médias de masse modernes des environnements identitaires spécifiques. Des pans entiers de traditions d'origines diverses coexistent, parfois dans les mêmes espaces. Aujourd'hui, dans les pays d'Europe, la fragmentation des espaces nationaux conduit à la fois à une convergence entre les pays et à une élévation des contrastes internes au sein de chacun d'eux entre des entités beaucoup plus petites, locales, qu'il faut bien faire vivre ensemble. Par un effet d'émulation réciproque, le repli des autochtones a rencontré l'accentuation du recours à la tradition dans une large fraction des familles migrantes. Il s'est produit quelque chose comme une poussée normative de part et d'autre, sautant par-dessus les frontières, réorganisant les rapports interpersonnels, les limites entre privé et public. Toutes les sociétés européennes sont dès lors contraintes de réarticuler modernités et traditions (pour le coup il faut employer le pluriel). C'est sur ce point que la position de certains, parlant de notre tradition comme de la seule, paraît nostalgique. Ce n'est pas pour autant qu'on peut ignorer l'exigence de réinstituer notre vie sociale. La coexistence au sein de notre société d'une pluralité de traditions et de mœurs, qui interagissent peu et donc s'ignorent largement, invite à repenser le lien civique, ou le pacte social si l'on préfère, dans le contexte de sociétés ouvertes, culturellement hétérogènes, en prenant explicitement en compte cette diversité.

Or, l'empressement mis aujourd'hui, au sommet de l'État comme à la tête des grandes entreprises, à entonner le discours de la diversité intervient parallèlement aux expulsions et reconduites à la frontière exécutées en France à l'instigation du sinistre ministère de l'Identité nationale. On ne peut pas prétendre ainsi effacer la ségrégation et la xénophobie qui se sont développées depuis trois décennies, faisant fi du politiquement correct, à tous les niveaux de la vie sociale. L'inflexion dans une perspective d'intégration pluriculturelle qui s'est produite en France ne suffit pas à envoyer des signaux politiques inclusifs parce qu'elle est contredite par d'autres signaux. Dans le même temps, l'administration pratique une politique très peu inclusive s'agissant de l'asile ou du maintien sur notre territoire des familles qui y vivent et travaillent depuis longtemps, parfois avec des contrats (cf. *supra*). Les municipalités, même de gauche, jusqu'à une date récente, hésitent à inclure les citoyens issus de l'immigration dans les instances municipales. En France, l'exigence des gages de républicanisme, voire de « francité », de la part des administrations et des institutions publiques a accentué la crispation des familles immigrées sur des valeurs néopatriarcales. Le retour de bâton patriarcal et autoritaire qui traverse les sociétés africaines et la quête d'une identité dans un islam radical se conjuguent ici pour favoriser des tensions sociales.

La crise de confiance dans les quartiers concerne spécifiquement la population issue de l'immigration africaine. Certes, la défiance à l'égard des Algériens, héritée de la guerre, a nourri une défiance réciproque de leur part qu'on ne trouve pas au même degré chez les Marocains et les Tunisiens. La confiance des Africains noirs s'est détériorée depuis une décennie au moins. Quand le gouvernement français prétendit en 2007 vérifier à l'aide de données biométriques si les enfants qu'un immigré veut faire venir dans le cadre du regroupement familial sont effectivement les siens, il a détruit des années d'efforts pour amener une confiance dans les institutions, particulièrement chez les Africains noirs. On ne peut pas susciter chez les migrants le désir de s'insérer sans une politique de reconnaissance qui leur donne des raisons de croire dans l'équité de la société. Fournir des aides, tout en construisant la défiance à l'égard des nouveaux entrants, ne peut qu'induire des comportements opportunistes à l'égard de l'État social. Faute d'avoir construit ce rapport d'adhésion, on ne peut engager un dialogue critique. Dénoncer des pratiques que nous trouvons inacceptables est nécessaire. Mais faut-il faire des lois spécifiques ? La loi française sur le voile à l'école a été un témoignage éloquent de notre incapacité de traiter les quelques cas de contraintes imposés aux jeunes filles par les dispositifs ordinaires. On voulait effacer la différence, ou du moins la faire disparaître de l'espace scolaire, ce qui revenait à dire « chacun fait ce qu'il veut chez soi, mais pas au cœur du cœur de la République : à l'école ». Ainsi on a exalté notre particularisme. L'affirmation intransigeante d'une loi universelle rejoint un point de vue radicalement relativiste sur les cultures et conduit à dévaluer ceux qui sont différents puisqu'on abandonne l'idée d'articuler les différences, reconnues, au sein d'un espace commun. Le mépris me semble précisément tenir dans une séparation des sphères morales, dans une attitude acritique à l'égard des valeurs et des mœurs des migrants. Si l'on veut effectivement mener des politiques publiques qui s'adressent à une population culturellement hétérogène, il faut inclure leurs pratiques dans le champ de notre réflexion morale, c'est-à-dire prendre au sérieux les modèles éducatifs familiaux, la place des femmes, et énoncer politiquement nos désaccords.

La gauche n'a pas osé affronter l'opinion sur le plan de la reconnaissance symbolique et les progrès réels en matière d'emploi n'ont guère profité aux jeunes des cités dont les taux de chômage dépassent 40 %. La droite a pris l'option du tout méritocratique, tablant sur l'universalité des bienfaits de l'égalité des chances, tout en confortant une politique de fermeture et de soupçon à l'égard des migrants, en pratiquant des renvois arbitraires précisément de ceux dont les enfants sont scolarisés ou qui ont une activité professionnelle. Nos politiques publiques sont schizophrènes et pleines de duplicité. Elles envoient à travers le ministère de l'Identité et le secrétariat à la Ville des messages contradictoires aux migrants. On ne peut gagner l'adhésion des familles issues de l'immigration aux exigences que comporte l'inclusion moderne si, simultanément, le discours des responsables politiques et les attitudes du courant central de la société civile indiquent qu'elles ne sont pas bienvenues, qu'on les soupçonne de fraude et qu'on veut les renvoyer. Si d'un côté on prétend lutter contre les discriminations au sein de la société française, si l'on mène des politiques urbaines fondées sur une forme d'*affirmative action*, et si, de l'autre, on traque sans ménagement les immigrés installés sur notre sol et intégrés, on renvoie les parents des enfants bien scolarisés sans motif sérieux d'ordre public ou de délit caractérisé. Bref, on rend la politique illisible.

Retrouver la confiance implique une lutte contre les discriminations dans plusieurs domaines – emploi, accès au logement, meilleure représentation à tous les niveaux de la vie sociale. Ce dernier point, semble-t-il, fait largement consensus parmi les décideurs politiques, même s'il y a loin de la coupe aux lèvres... Restaurer et renforcer les liens entre les habitants des cités et les institutions a pour préalable une reconnaissance politique, c'est-à-dire critique. Ce qui fragmente la société n'est pas seulement de l'ordre d'un conflit d'intérêt mais d'une crise de confiance des migrants dans les institutions et les autres citoyens. L'emprise du discours xénophobe, les multiples formes légales de la préférence nationale, les discriminations – dont l'extension des contrôles au faciès des jeunes « Noirs » et « Arabes » est un exemple flagrant – sont profondément inscrites dans les pratiques administratives[1]. Nos comportements quotidiens manifestent que nous ne voulons pas partager les mêmes quartiers, être soignés dans les mêmes dispensaires, envoyer nos enfants dans les mêmes écoles que ces « gens-là ». Les distances prises de manière plus ou moins délibérée par les autochtones avec les Antillais, les Réunionnais, les migrants et les descendants de migrants africains et turcs, parfois installés sur notre sol depuis plusieurs générations, ont contribué effectivement à diminuer la qualité de services et notamment celle des écoles dans les quartiers immigrés. On ne pourra surmonter cet obstacle qu'indirectement en favorisant, par une politique publique attentive aux différences culturelles, le développement d'une élite immigrée dans ces quartiers ou à proximité.

1. Cf. le rapport *Police et minorités visibles : contrôles d'identité à Paris*, rédigé par F. Jobard et R. Lévy pour l'Open Society Justice Initiative, *op. cit.*

ANNEXE

Cette annexe présente des données plus techniques d'abord sur la population issue des migrations et sur les enquêtes qui nous ont servi de base au long de ce livre.

Migrants et descendants de migrants

On pourrait faire observer que le problème des familles d'ascendance africaine est d'une ampleur très limitée. Ce n'est pas exact. Cette perception est due à une comptabilité formelle basée sur la nationalité : la récente prise en compte par l'INSEE de la catégorie « migrants » est encore très insuffisante. Si l'on cherche à embrasser la dimension multiculturelle de la société française et, au-delà, des sociétés européennes, il faut au moins adjoindre aux migrants leurs descendants directs. Les descendants de migrants – au sens des enfants de personnes résidant en France, nées étrangères à l'étranger – représentent d'après les estimations un volume approximativement égal à la population des migrants. Suivant cette estimation, la population des migrants originaires d'Afrique et leurs descendants directs[1] peut être évaluée à cinq millions de personnes en France, soit près de 9 % de la population métropolitaine en 2008. Sur ces cinq millions, on compte un peu moins de deux « Maghrébins » pour un « Noir » (en incluant les Domiens).

L'évaluation faite ici de la population des descendants directs de migrants – nés de deux parents immigrés ou élevés par un seul

1. Dont les deux parents sont immigrés ou qui ont été élevés par un seul parent immigré.

Estimation de la population originaire d'Afrique au sens large en métropole 2008 (milliers)

Migrants et descendants de migrants	Population des migrants 1999 × 1,2 (ajust. C. Borel)	Flux 2000-2008 répartis au prorata des groupes en 1999	Descendants de migrants	Total 2008
Maghreb	1 560	161	(*) 2 054	3 614
Afrique noire hors Sahel (+ Madagascar)	378	37	415	793
Afrique sahélienne	258	27	285	543
Domiens	240	26	266	506
Total origine africaine	**2 436**	**251**	**2 687**	**5 123**

(*) Pour les Maghrébins, nous disposons d'estimations précises du poids des descendants directs de migrants.

parent (immigré) – repose sur une hypothèse simplificatrice pour fournir un ordre de grandeur : les descendants sont en nombre égal aux migrants. Elle repose sur un certain nombre d'éléments connus. En 2005, les enfants d'Espagnols ayant au moins un de leurs deux parents nés en Espagne sont, pour un flux migratoire de gens venus dans leurs 20 ans dans les années 1950-1960 déjà très âgés (plus de 75 ans). De ce fait, beaucoup des parents de cette génération ont disparu et en conséquence les enfants sont plus nombreux que les parents : on trouve alors 9 % d'enfants de migrants pour 4 % de migrants. Pour les Maghrébins, le ratio observé est de 37 % dans la génération des descendants pour 31 % dans celle des migrants. Pour d'autres groupes le ratio est plutôt inférieur à un. La part des descendants est d'une manière générale d'autant plus élevée que la migration est ancienne, mais cette part est fortement modulée par les taux de fécondité. Ainsi, il paraît raisonnable d'imputer aux migrants venus du Sahel, qui sont parmi les plus récents, une population de descendants de migrants à peu près égale en pourcentage à celle des descendants de Maghrébins, arrivés plus tôt mais moins féconds.

Les pourcentages présentés ici sont tirés de l'étude préparatoire à l'enquête « Trajectoires et Origines ». Les chiffres absolus de la population immigrée viennent des fiches thématiques « Les immigrés en France », INSEE, 2005 ; on s'est aussi référé à C. Borel et P. Simon, *Histoires de familles*, INED, 2005. En 1999, la population immigrée est évaluée officiellement à 4,3 millions de personnes. Les études ultérieures ont conduit l'Institut de la statistique à réviser le chiffre de 1999 en appliquant un coefficient de 1,2. Si d'autre part on prend en compte les flux migratoires de la période 2004-2008 – soit 65 000 personnes en flux net d'après les estimations de François Héran – et si l'on répartit ce flux au prorata des proportions dans les différents groupes d'après les estimations tirées de l'enquête préparatoire « Trajectoires et Origines » ou de nos propres enquêtes, on obtient le tableau ci-dessus.

Le schéma de l'enquête multi-sites

1/ Origine des données

L'enquête essentiellement mobilisée dans ce livre s'inscrit dans un protocole de recherche sur la socialisation dans les quartiers pauvres. Les analyses qui s'attachent à l'échec scolaire sont développées dans un rapport pour l'EPAMSA (Établissement public d'aménagement du Mantois-Seine-Aval) sur le décrochage scolaire et social en 2004. Les premières analyses qui portent sur les inconduites et délits pénaux figurent dans le rapport remis au GIP-Droit et Justice en 2004. Une étude des dynamiques de ségrégation dans les sites enquêtés a fait l'objet d'un rapport pour la Délégation interministérielle à la Ville (DIV) en novembre 2005 et une étude de la sociabilité et des inconduites des adolescents a été réalisée pour la CNAF en 2006.

On dispose de cinq cohortes pour lesquelles les informations recueillies ne sont pas identiques. S'agissant des dynamiques scolaires, trois enquêtes couvrent presque la totalité des cohortes d'élèves de sixième des collèges publics à Mantes-en-

Yvelines (2000), Paris 18e (2001) et Saint-Herblain en Loire-Atlantique (2001). Pour ces études, on s'appuie sur le suivi de cohortes d'élèves 2000-2004 ou 2001-2005 au sein desquelles ont été extraits des échantillons d'élèves en difficulté scolaire – les 50 % qui ont le moins de réussite aux épreuves nationales de sixième – auxquels on a ajouté un ensemble d'élèves sélectionnés parmi ceux qui étaient en sixième classés dans les premiers déciles. La cohorte de Mantes-en-Yvelines comporte 1 463 adolescents, celle de Paris 18 934 élèves, celle de Saint-Herblain, 460 élèves. Pour l'ensemble des cohortes, les informations sont assez sommaires quant aux dynamiques scolaires entre la sixième et la troisième.

S'agissant des inconduites, on a procédé à des analyses en s'appuyant sur les cinq cohortes d'élèves parvenus en troisième (ou en quatrième) quatre ans après. Les échantillons des enquêtes réalisées en 1998-1999 et 2000-2001 sont composés d'élèves de troisième interviewés au printemps dans le cadre d'un appel d'offres de l'Éducation nationale, de la Protection judiciaire de la jeunesse (PJJ) et de la DIV sur la déscolarisation. Au cours de ces enquêtes, ont été étudiés les conduites délictueuses autodéclarées et les procès-verbaux de délits enregistrés dans la Nouvelle chaîne pénale (NCP) au mois de septembre qui suit l'accomplissement de la scolarité au collège. Dans la troisième, les quatrième et cinquième enquêtes, on a également consulté dans la NCP les fiches informatisées concernant des élèves qui étaient en sixième en 2000 dans les collèges de la Communauté d'agglomération de Mantes-en-Yvelines et respectivement en sixième en 2001 dans les collèges publics du 18e arrondissement de Paris et de Saint-Herblain. Les données recueillies lors des entretiens en face à face ont été complétées par des données collectées auprès des éducateurs et par une enquête de suivi téléphonique, réalisée sur la base d'un bref questionnaire en juin 2006. On a vérifié que les échantillons des différentes enquêtes sont semblables par la composition selon l'âge et le sexe. Ils permettent donc des comparaisons temporelles et surtout de dresser un portrait des inconduites adolescentes dans un ensemble de villes comportant de très grands quartiers d'habitat social (notamment des ZUS). La constitution des échantillons est présentée pour les cinq cohortes. Lors d'une des deux premières enquêtes centrées sur les questions de décrochage scolaire, les notes en sixième n'ont pas été recueillies, une brève enquête a été menée dans les classes (en 1999). Le chiffre « interviewés face à face ou classe » est élevé pour cette cohorte. Les analyses de base sur le décrochage scolaire et la délinquance portent sur les 4 339 jeunes des cinq cohortes. Les analyses sur les dynamiques scolaires portent sur 3 472 adolescents.

2/ Construction de l'échantillon

L'échantillon analysé est composé de cinq cohortes d'adolescents. Il faut distinguer les deux premières cohortes enquêtées en 1999 et 2001 et les trois dernières enquêtées en 2004 et 2005 (correspondant aux jeunes scolarisés en sixième en 2000 et 2001), l'enquête de suivi ayant été réalisée pour tous en 2006. S'agissant des trois cohortes enquêtées en 2004-2005, le protocole d'enquête reproduit pour chaque cohorte d'adolescents peut, quant à lui, être résumé par le schéma ci-après (p. 341).

Le premier rectangle représente les informations collectées concernant l'ensemble des collégiens qui étaient scolarisés en sixième, soit en 2000, soit en 2001, dans chacune de ces localités. Au sein de cet ensemble, échantillonné à 100 %, on a tiré un échantillon de 10 % des élèves, par une procédure de tirage aléatoire stratifié qui privilégie fortement les élèves ayant les résultats les plus faibles en sixième ou un taux d'absentéisme élevé (voir la distribution des élèves dans les strates *infra*). En effet, l'objectif était de surreprésenter des adolescents qui engagent leur parcours au collège avec des difficultés scolaires : c'est pourquoi, sur le schéma, l'ovale représentant l'échantillon tiré au sein de chaque cohorte est déporté sur la gauche du rectangle, dans la zone des taux de réussite inférieurs à 50 % en sixième (2004, 2005) ou un taux d'absentéisme élevé (1999, 2001). Avec ces adolescents, des interviews approfondis ont été menés portant sur leur carrière scolaire depuis le primaire, leur vie familiale, leurs liens avec les adolescents ou des jeunes adultes du quartier, leur éventuelle implication dans des inconduites, susceptibles ou non de susciter la rédaction d'un PV pour une infraction pénale et le passage devant un juge des enfants. Au cours de ces interviews, on a reconstitué, par la technique du « générateur de noms », le réseau de sociabilité de ces adolescents, précisant la date de commencement de ces relations – copains, partenaires de sortie ou de « business », etc. – de façon à pouvoir distinguer des interactions durables, d'autres plus éphémères. Avec les pondérations adéquates, ces réseaux donnent une image représentative de la sociabilité des adolescents.

Les cinq cohortes d'adolescents suivis : 1999 et 2006

Cohortes	Taille des cohortes prises en compte
Mantes-Mureaux 1998-1999	560
Mantes-Mureaux-Vernouillet 2000-2011	924
Communauté d'agglomération de Mantes-en-Yvelines 2004-2005	1 461
Paris 18e, 2005-2006	934
Nantes-Saint-Herblain, 2005-2006	460
Total	4 339

Source : enquête multi-sites.

Pour les deux cohortes enquêtées en 1999 et 2001, les élèves enquêtés l'ont été sur la base non des notes en sixième mais du taux d'absence au premier trimestre de leur année de troisième. Le protocole étant pour le reste symétrique à celui décrit pour les trois dernières cohortes. Pour l'ensemble des adolescents des cohortes appartenant aux trois cohortes « scolaires » de 2004 et 2005, ainsi que pour les deux cohortes constituées quelques années plus tôt dans les mêmes villes du Mantois, on a fait une investigation systématique dans la Nouvelle chaîne pénale de façon à retracer les éventuels parcours pénaux des adolescents de ces cohortes ou leur suivi au titre de l'assistance éducative (voir la figure ovale). De sorte que l'on peut calculer la prévalence des prises en charge au titre de l'ordonnance de 1945 ou de celle de

Protocole de l'enquête multi-sites auprès des cohortes d'élèves scolarisés en sixième en 2000 ou 2001 à Mantes, Paris XVIIIe et Nantes/Saint-Herblain

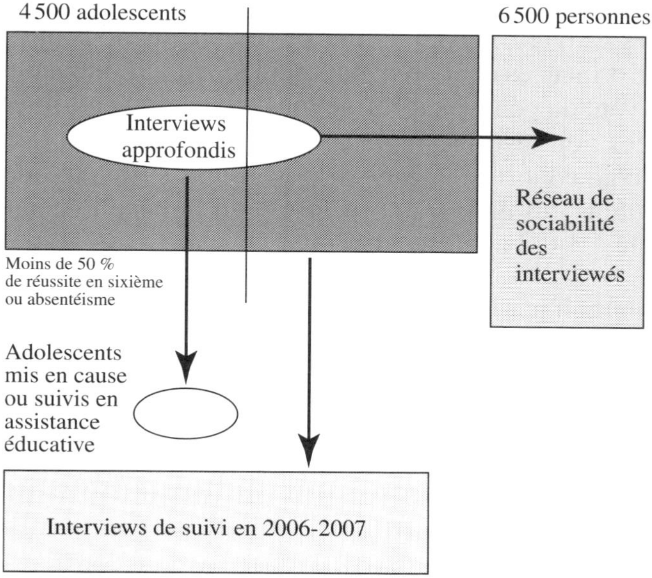

1958 sur l'échantillon de 4 339 adolescents représentatifs de la population de cette classe d'âge dans les sites choisis.

Il est difficile de donner des taux d'attrition par cohorte, puisque les types d'entretiens et de suivis ont été variables. Ainsi, s'agissant des données scolaires on a des résultats pour 87 % des élèves des trois dernières cohortes, tandis que la profession du père n'est connue que pour environ 60 % des élèves. Cependant, le tirage aléatoire des élèves interviewés au sein des cohortes a permis d'établir un vecteur de pondération pour fournir des résultats représentatifs des adolescents des sites retenus. La stratification a été faite selon les nombres de demi-journées d'absence pour les deux premières cohortes, selon les résultats aux épreuves de sixième pour les trois suivantes. S'agissant des trois dernières cohortes, dont le tirage est stratifié en fonction des résultats aux épreuves nationales de sixième, la répartition en adolescents était un peu concentrée au centre de l'échelle, compte tenu du fait que les strates ont été constituées cohorte par cohorte alors que la répartition en déciles selon les notes varie d'une cohorte à l'autre.

Quand nous avons commencé, il y a près d'une dizaine d'années, ce travail sur la socialisation des adolescents des quartiers pauvres, nous n'avions pas en tête de nous intéresser aux performances scolaires mais seulement aux inconduites – qui relèvent du pénal ou d'infractions aux règlements intérieurs (absences non justifiées). De ce fait, pour les deux premières de nos cinq cohortes nous ne disposons pas systématiquement des résultats des élèves au brevet, ce qui ramène l'échantillon utilisable à 3472 adolescents.

Distribution par type d'enquête des interviewés (en nombre)

	Enquête sommaire + éducateurs/ médiateurs	Télé-phone	Face-à-face, individuel ou classe	Enquête sommaire + données administratives	**Total**
Nombre d'interviews selon les sources	338	1350	735	1049	**3472**

Source : enquête multi-sites.

L'enquête « Trajectoires et Origines »

L'enquête TeO vise à décrire et analyser les conditions de vie ainsi que les trajectoires sociales des individus en fonction de leurs origines sociales et de leur lien à la migration. Elle s'interroge sur l'importance et l'impact des expériences de discrimination sur les parcours des individus.

Le champ de l'enquête est celui des individus nés entre 1948 et 1990 vivant dans un ménage ordinaire en France métropolitaine en 2008. Pour les individus descendants d'un immigré ou d'un parent né dans un DOM, le champ représentatif de l'enquête est limité aux personnes nées après 1958. TeO a été réalisée auprès d'environ 21 000 personnes, avec l'objectif de réaliser des analyses fines sur les principales minorités ayant une expérience directe ou indirecte de la migration vers la France métropolitaine. Les immigrés et les personnes originaires des DOM ainsi que leurs descendants directs nés en France métropolitaine ont donc été surreprésentés, l'échantillon comprenant par ailleurs des individus représentatifs du reste de la population (des personnes nées françaises en France métropolitaine de parents eux-mêmes français, mais également, par exemple, des rapatriés des anciennes colonies françaises ou leurs descendants).

Le questionnaire de TeO explore l'histoire migratoire de personnes ou de leurs parents, décrit leurs parcours scolaires et professionnels, leur vie de couple et la solidarité familiale, leur histoire résidentielle et leurs conditions de logement, de même qu'il investigue la transmission des langues et de la religion dans le cadre familial. De façon transversale, il examine l'accès des individus aux ressources de la vie sociale (travail, logement, services, soins...) ainsi que les discriminations pouvant y faire obstacle.

L'enquête est une coproduction de l'INED et de l'INSEE. Elle a été réalisée entre septembre 2008 et février 2009 par les enquêteurs de l'INSEE.

Classifications ethnoculturelles

Nous avons élaboré une classification de la population en fonction de l'origine culturelle pour définir la composition des quartiers et nous avons aussi fait une classification des adolescents en fonction de leur ascendance. La classification des adolescents a pu s'appuyer sur des éléments plus nombreux que celle des familles. Pour les adolescents, nous disposons d'indications sur le pays de naissance des parents, et parfois sur la langue parlée à la maison en plus des prénoms et patronymes. La classification qui nous a paru pertinente dans le contexte de cette recherche sur la socialisation n'est pas une classification par pays mais par ensembles ethnoculturels. Le recours à ces catégories, qui n'est pas fréquent en France, ne peut se faire sans un minimum de clarification des notions utilisées.

Dans une acception large du mot, le *groupe culturel* est synonyme d'ensemble d'individus qui se reconnaissent dans une ascendance commune ou une histoire commune ou des mythes communs, quels que soient les éléments d'objectivité sur lesquels cette croyance se fonde. C'est à peu près la définition que Max Weber donne des groupes ethniques dans *Économie et Société*. Cette définition met très fortement l'accent sur le caractère imaginé de la communauté. On entend par ailleurs par groupe ethnique au sens restreint un ensemble d'individus réunis par un principe d'endogamie plus ou moins fortement régulé, et par extension un ensemble de ces groupes qui partagent souvent un territoire (cf. M. Izard et P. Bonte, *Dictionnaire d'anthropologie*, Paris, PUF, 1992). Mais c'est une définition qui s'applique difficilement de manière littérale aux grands ensembles humains.

On adopte ici une définition intermédiaire qui considère comme groupe ethnoculturel un ensemble humain qui partage une langue, des mœurs, un territoire, une histoire et se distingue d'autres ensembles humains qui revendiquent un autre héritage dans ces mêmes domaines. Cette définition, qui n'est pas une euphémisation de la race, ni du groupe ethnique au sens de groupe endogame, se fonde sur des caractéristiques à la fois reçues et reconstruites. Ce groupe culturel doit être pensé complémentairement sous les registres d'une part, de l'appartenance en raison de ce dont ses membres ont hérité, d'une adhésion plus ou moins délibérée (dont témoigne la *color consciousness*) et d'autre part d'une assignation liée au regard et au comportement des autres. On met alors l'accent sur les processus sociaux dont l'identité témoigne. On conçoit l'appartenance à un groupe culturel en lien avec un héritage reçu par l'individu du fait de sa naissance et de sa socialisation dans un groupe humain donné. L'héritage reçu est indissociablement physique, psychique et social, il est fait de dispositions que l'individu peut se réapproprier ou répudier, plus ou moins aisément, mais avec lesquelles inévitablement il a été confronté pour les adopter ou s'en affranchir. Cet héritage est aussi fait de caractéristiques moins malléables. Si l'héritage génétique est inaltérable, le phénotype est plus ou moins accessible à des modifications : on peut se blanchir les cheveux comme on peut modifier ses organes sexuels externes[1]. Mais, même dans ces cas extrêmes où l'ethnicité revendiquée se conquiert contre l'héritage physique, psychique et social, elle reste définie dans son rapport à eux, elle compose avec eux. La double assignation ou ascription qui résulte de l'héritage et se prolonge dans le regard des autres, dans des réappropriations et des répudiations distingue donc une telle définition de la conception privilégiée par Weber, et à sa suite par Fredrik Barth et Benedict Anderson, d'une appartenance subjectivement formée ou imaginée.

Il importe d'avoir une définition de l'ethnicité comme caractéristique ascriptive, c'est-à-dire entée sur un héritage et non seulement sur une adhésion ou un choix, si l'on veut en faire la base d'une action collective contre les discriminations.

S'affranchir d'une conception raciste des prédispositions ou de l'inégalité des talents ne conduit pas logiquement à ignorer les effets d'un héritage culturel, d'une socialisation précoce, ni leurs variations d'un contexte socio-historique à l'autre. Devant l'idéologie du talent ou du mérite, pour laquelle les performances sont attribuées aux individus comme des accomplissements personnels, il importe de reconnaître des déterminations extra-individuelles, sans qu'il s'agisse d'un « destin anatomique », c'est-à-dire des effets des conditions d'existence culturellement organisées. À ce point de vue, le degré des différences normatives entre la culture d'origine et la culture du pays d'accueil est important. De plus, son intensité peut être augmentée par les effets de la ségrégation spatiale qui a tendance à fermer les groupes culturels sur eux-mêmes, ou réduite dans le cas inverse[2].

1. Des analyses récentes sur les différences ethniques ou raciales, inspirées des travaux de Judith Butler (2006), invitent à considérer les caractéristiques physiques non comme un support muet mais comme les surfaces d'inscription de différences socialement construites. Cf. Didier et Éric Fassin (dir.), *De la question sociale à la question raciale ?*, *op. cit.*, 2006.

2. Il y a lieu de s'intéresser à plusieurs processus. Premièrement, les effets des contraintes dans lesquelles s'est opérée la migration – sélection de populations rurales plus ou moins éduquées, durée du séjour dans le pays d'accueil –, deuxièmement les effets de la ségrégation, tels qu'ils s'exercent sur les populations migrantes. En adoptant ce point de vue, on reconnaît des différences

Adopter cette définition socio-historique de l'origine culturelle n'oblige pas à considérer les conduites dans les pays d'immigration, en l'occurrence en France, de membres des groupes stigmatisés ou ostracisés – les Noirs, les Arabes, les Asiatiques – comme le produit d'un ensemble de dispositions ou d'un habitus ethnoculturel[1], bref à voir leur conduite, positive ou négative, au regard des normes locales comme la conséquence d'une personnalité collective. Il nous paraît nécessaire de cesser de penser en naturalisant les caractéristiques de la société d'accueil – nos normes sont des normes particulières, celles de la modernité occidentale, elles ne sont pas l'expression même de l'universel. De même celles des groupes culturels ou des sociétés dont viennent les migrants ont aussi leurs particularités. Au surplus, la migration ne confronte pas deux sociétés mais des groupes qui, en quittant leur pays, ont dû reconstituer des nouvelles formes de sociabilité en bricolant avec les ressources qu'ils ont trouvée, dans les quartiers où ils se sont installés et en adaptant plus ou moins délibérément les façons de faire qu'ils ont reçues.

Nature des faits mentionnés dans les PV

Dans cette zone, pour la cohorte 2000-2004, la délinquance mentionnée dans la Nouvelle chaîne pénale se présente au premier abord comme un ensemble d'actes un peu plus graves que ceux qui ont été énoncés par les élèves interviewés. Pour une part cela tient à la mise en forme par les procès-verbaux de police. L'usage de la notion de vol en réunion désigne la plupart du temps des situations où deux ou trois adolescents se trouvent ensemble pour voler un CD au supermarché. Les mots utilisés dans les procès-verbaux laissent penser à l'œuvre d'un petit gang qui agit de concert. En 2004, on ne dénombre qu'un vol avec

de comportement de sous-groupes qui sont pourtant réunis par un même ostracisme. Ainsi les distinctions que nous avons faites entre les jeunes élevés dans des familles noires venues du Sahel et ceux qui viennent d'autres régions d'Afrique noire paraissent pertinentes aujourd'hui en France pour interpréter les inconduites. Ces distinctions ne recoupent pas celles que produit la notion, par ailleurs utile, de minorités visibles.

1. Du type « les Maghrébins sont comme ceci ou les Peuls sont comme cela ».

effraction (cambriolage), une seule violence avec Interruption totale de travail de plus de 8 jours et 3 avec ITT de moins de 8 jours ; 3 ports d'armes de la sixième catégorie (armes blanches et aérosols lacrymogènes), 2 cas de vols avec violence « en bande organisée », 3 infractions à la loi sur les stupéfiants[1] (un seul acte de cession, les deux autres procédures correspondant à de la détention de produits illicites) et une mise en cause pour viol. Aucun meurtre n'a été imputé par les services de police (nous avions rencontré une situation de meurtre aux Mureaux en 2000-2001). L'inspection de la liste exhaustive des délits présumés fait d'abord ressortir le caractère rarissime des actes graves repérés par la police chez ces adolescents d'un ensemble de quartiers de France réputé parmi les plus difficiles.

Une objection à l'utilisation des données sur les mises en cause de mineurs tient à l'idée de biais de sélection policière en fonction de l'origine culturelle. Pour vraisemblables que soient ces biais de sélection, encore faut-il en situer la nature et l'ampleur. Une étude sur les contrôles d'identité dans des lieux publics (Jobard et Lévy, 2009) apporte des éclairages[2]. Les biais de sélection considérables dans les contrôles révèlent un délit de faciès, conduisant à majorer la part des « Noirs » et des « Maghrébins » parmi les jeunes mis en cause par rapport aux « Blancs ». Des distorsions analogues peuvent-elles altérer les résultats de nos analyses ? On ne peut écarter cette hypothèse. Cependant les délimitations des groupes que nous avons adoptées ne recoupent pas le clivage entre jeunes appartenant aux minorités visibles et les autres. Nos délimitations n'étant pas construites à partir de caractéristiques comme la couleur de peau, de telles sélections ne peuvent expliquer l'essentiel des différences que nous analysons qui distinguent des groupes a priori également stigmatisés. Par ailleurs, il y a des raisons de penser que dans les territoires des politiques de la ville de puissants effets d'omerta réduisent les faits signalés, ce qui peut

1. Ce qui ne signifie évidemment pas qu'il n'y a pas de fumeurs de cannabis parmi nos collégiens.

2. Il ne s'agit pas d'une arrestation au sens juridique mais du fait de sélectionner un jeune plutôt qu'un autre pour procéder à des vérifications.

influer sur la distribution des plaintes reçues par la police. Enfin les transmissions de PV sont modulées en fonction des capacités de traitement, réduisant la délinquance enregistrée en Île-de-France (cf. le taux de verbalisation élevé en Loire-Atlantique comparé à la Région parisienne).

Pour des raisons énoncées ailleurs, nous avons privilégié une catégorisation différente qui s'appuie sur une autre conception de l'ethnicité et de l'histoire migratoire. Ces catégories ne recoupent pas les différences de peau, ainsi elles séparent entre eux ceux qui ont la peau noire, comme ceux qui ont la peau blanche.

Il y a un raisonnement qu'on entend fréquemment qui suggère que la police n'appréhende qu'une petite fraction des auteurs de délits, du fait même que pour certaines catégories d'actes, notamment les vols, les taux d'élucidation sont faibles. Prenons un taux moyen actuel d'élucidation de 20 %. Lorsqu'on commet un seul acte, on a 8 chances sur 10 de ne pas être repéré. Lorsqu'on en commet trois on a 1 chance sur 2 d'avoir été interpellé. Autrement dit, les jeunes qui ont commis un délit occasionnel et n'ont pas répété cet acte n'ont généralement été ni repérés ni sanctionnés, mais dès qu'il ne s'agit plus d'un comportement exceptionnel mais d'actes répétés – même un petit nombre de fois –, la probabilité de ne pas avoir été interpellé devient vite faible. Après, il est clair que tout jeune interpellé ne fait pas l'objet d'une procédure mais il s'inscrit déjà dans les registres de main courante et son « compteur tourne », si l'on nous passe l'expression. De plus, il ressort à l'évidence que les jeunes qui commettent les actes les plus graves sont aussi les plus actifs dans la délinquance. On ne passe pas à l'agression au couteau ou au cambriolage de but en blanc sans avoir fait une propédeutique avec des délits plus anodins. Dès lors, la probabilité d'une méconnaissance de situations graves et des auteurs d'actes graves est faible. Par conséquent, il semble injustifié de considérer que la délinquance qui est repérée par les procès-verbaux de police n'est que la partie émergée de l'iceberg[1]. Elle représente la grosse majorité de la délinquance réitérante.

1. Les procédures d'enquête sur la délinquance autorévélée ont d'autres mérites et d'autres biais.

INDEX THÉMATIQUE

Le Seuil s'engage pour la protection de l'environnement

Ce livre a été imprimé chez un imprimeur labellisé Imprim'Vert, marque créée en partenariat avec l'Agence de l'Eau, l'ADEME (Agence de l'Environnement et de la Maîtrise de l'Énergie) et l'UNIC (Union Nationale de l'Imprimerie et de la Communication).
La marque Imprim'Vert apporte trois garanties essentielles :

- la suppression totale de l'utilisation de produits toxiques ;
- la sécurisation des stockages de produits et de déchets dangereux ;
- la collecte et le traitement des produits dangereux.

RÉALISATION : PAO ÉDITIONS DU SEUIL
IMPRESSION : NORMANDIE ROTO S.A.S. À LONRAI
DÉPÔT LÉGAL : SEPTEMBRE 2010. N° 101477 (103043)
IMPRIMÉ EN FRANCE